# 나무에게 말을 걸다

저자 이재룡

도서출판
한국사진문화원

## 나무에게 말을 걸다

2016년 10월 25일 초판 인쇄
2016년 11월 11일 초판 발행

| | |
|---|---|
| 저자 | 이재룡 |
| 글/사진 | 이재룡 |
| 편집디자인 | 이정은 |
| 발행인 | 조연조 |
| 발행처 | 한국사진문화원 |
| 인쇄 | 씨앤제이프린팅 |

가격 15,000 원

판 권 소 유

| | |
|---|---|
| 등록번호 | 제 5-491호 |
| 등록일 | 1984년 11월 20일 |
| 주 소 | 서울시 종로구 숭인동 1375번지 |
| 전 화 | 02-2266-4848, 2277-8787 |

저자 홈페이지   예솔분재원(http://www.yesolbonsai.com)

※ 잘못된 책은 바꾸어 드립니다.
※ 편저자의 허락없이 무단복제 불허

# 나무에게 말을 걸다

# 차례 Contents

## 제1장 분재로 세상과 이야기하다

1. 분재란 무엇인가? ...9
2. 분과 분재의 차이 ...13
3. 분재를 보는 자세 ...15
4. 동물적 사고, 식물적 사고 ...19
5. 분재와 재벌의 역사 ...22
6. 손으로 하는 분재 입으로 하는 분재 ...26
7. 거꾸로 보는 분재인의 성격 ...29
8. 물과 콜라의 차이 ...32
9. 나를 대신해서 죽은 나무 ...34
10. 선물로 받은 나무는 왜 죽는가? ...37
11. 세간 문인목 시대 ...40
12. 좋아하다와 사랑하다 ...44
13. 불로장생의 비밀-새롭다는 의미 ...46
14. 소품 분재의 전성시대 ...49
15. 명목을 찾아 헤매는 당신께 ...52
16. 나의 초보시절 ...57

## 제2장 분재에게 말 걸기

1. 나무를 보는데도 안목이 있다 ...90
2. 분재의 무엇을 볼 것인가? ...96
3. 뭉치면 버린다 ...115
4. 10년의 꿈을 손바닥에서 키운다 ...119
5. 단풍은 밤이 되면 더 아름답다 ...122
6. 대통령의 조건 ...125
7. 미술시간에 배운 구도대로 그림을 그리려면 그림을 포기하는 것이 낫다 ...128

## 제3장 분재 사랑하기

1. 종자는 좋은 나무에서 채취하라 ...130
2. 처음 1년이 중요하다 ...132
3. 흙의 선택 ...136
4. 아침에 주는 물은 보약, 저녁에
   주는 물은? ...139
5. 거름은 2% 넘치게 주라 ...150
6. 순집기와 순고르기 ...155
7. 가지는 과감하게 잘라라 ...158
8. 나 어떡해? ...160
9. 철사감기는 아이 버릇 고치는
   회초리라 ...163
10. 잎을 보고 뿌리를 안다 ...167
11. 이끼의 미학 ...169
12. 화분은 나무가 입는 옷 ...173
13. 한번쯤은 얼어붙도록
    내버려두라 ...176
14. 단풍이 아름답게 드는 조건 ...179
15. 소사 예찬 ...183
16. 풀을 뽑는 아이에게 ...188

## 제4장 분재와 말을 섞다

1. 분재와 배우자의 공통점 ...195
2. 분재를 해서 얻는 것들 ...198
3. 분재를 하면서 해서는
   안 되는 것들 ...204
4. 자연에 대한 이해가 명품을
   만든다 ...208
5. 한겨울의 사스기 수입 ...210
6. 수형과 인간형 ...214
7. 분재인의 종류 ...218
8. 분재의 수업료 ...221
9. 취목의 함정 ...223
10. 완벽하게 시작하고픈 당신께 ...227
11. 초보 운전을 생각하며 ...229
12. 까치밥에 관한 명상 ...232
13. 자연의 순리에 하나 되는
    방법 ...236
14. 나무는 여럿을 키워라 ...239
15. 분재 철학? ...243
16. 예솔의 분재 철학 1 ...247
17. 예솔의 분재 철학 2 ...257

## 머리말 ♣ Preface

### 나무에게 말을 걸다

　세상이 참 빠르게 변하고 있습니다. 휴대폰을 사고 가게 문을 나서면 고물이 될 정도로 세상은 휙휙 달려갑니다. 그러나 우리의 몸과 마음은 더디기만 합니다. 눈알이 휘휘 돌아가는 세상에 잠시 정신을 놓다보면 우린 한참이나 뒤처진 채 어디론가 끌려가고 있는 느낌입니다. 최소한 속도라는 안경으로 들여다보면 몇 사람을 제외한 나머지는 낙오할 수밖에 없는 세상입니다.

　그런데 우리가 살아가는 시대의 고속도로에서 조금만 벗어나보면 아직도 굽이굽이 산길이 펼쳐지고 그 길 끝에는 첫사랑처럼 숨어있는 시골 풍경이 보입니다. 그리고 그 동네를 지키고 서있는 어린 시절의 늙은 느티나무가 보입니다. 그 그늘 밑에서 잠시 숨을 돌리며 쉬어갑니다.

　우리네 삶에 브레이크를 걸고 가끔은 자신이 살아온 그림자를 바라볼 공간과 시간이 필요하기 때문입니다. 그 휴식의 시간에 나무는 언제나처럼 우리 곁에 있습니다. 그때부터 나무는 말을 걸어오기 시작합니다. 아니 우리가 그들의 말에 귀 기울이기 훨씬 이전부터 나무는 우리에게 말을 걸어오고 있었는지도 모릅니다. 다만 그 소리가 나무 작기 때문에 애써 귀 기울이지 않았는지도 모르겠습니다.

　그 나무에게 귀 기울이기 시작하면 우리가 첫사랑을 앓을 무렵 그 나무의 잎 색깔과 모양과 겨울 가로등 너머로 그 나무를 향해 쏟아지던 무수한 눈발이 떠오릅니다.

　이렇게 시작하는 나무와의 대화는 어쩌면 너는 너대로 나는 나대로 살아가는 존재가 아닌 우리 삶의 동반자로서 나무라는 것을 의식하면서 시작되는지도 모르겠습니다.

　그중에서도 단순히 어딘가에 심겨져 있는 나무가 아니라 내가 물을 주고 벌레를 잡아주며 가지를 자르고 철사를 걸어가며 원하는 모양으로 만들어가는 분재. 내 삶의 기쁨과 아픔이 가지 하나하나에 아로새겨진 나무. 대화가 깊어지다 보면 선물처럼 다가오는 '나무를 가꾸는 것도, 자식을 키우는 것도, 그리고 세상을 살아가는 것도 결국은 하나'라는 놀라운 삶의 법칙을 만나게 됩니다.
　더불어 균형과 조화라는 분재의 아름다움에 취하다보면 자신의 삶조차도 어느 사이 정돈되고 고요해져 있음을, 그래서 실상은 나무를 가꾸어온 것이 아니라 '나'를 가꾸어 왔음을 깨닫게 됩니다.
　그래서 분재는 단순한 취미 생활을 넘어 도가 되고 예술이 됩니다.
　콘크리트와 아스팔트로 대변되는 현대라는 시대. 그리고 무한경쟁을 펼치는 속도. 그런 것들만이 존재하는 것처럼 느껴질 때 먼지를 뒤집어 쓴 나무의 이파리를 물로 씻어주는 만큼 우리네 삶은 싱싱한 아름다움으로 살아오는 것입니다.
　이제 분재라는 여인과 대화를 시작해야할 때입니다. 상대를 이해하고 그가 원하는 것을 해줌으로써 얻는 마음의 안식과 평화, 그리고 새로운 것을 창조해가는 이 아름다운 세계를 향하여 걸어온 사람이거나 내딛으려 하는 사람들, 혹은 그런 안락하고 좋은 세상이 이미 준비되어있음에도 정물처럼 나무를 보시던 분들에게 이 책이 새로운 삶의 문을 여는 문고리가 되기를 희망합니다.
　지금 곁에 심겨져 있는 나무에게 말을 걸어보세요. 그 나무는 여러분의 삶에 참으로 많은 대화를 나누는 소중한 친구가 되어줄 것입니다.

2016년 9월 3일<br>
예솔분재원에서 이재룡 씀

 나무에게 말을 걸다

▲ 필자의 분재 정원. 바위가 있는 산이 운치를 더해주고 있습니다.

# 제1장 분재로 세상과 이야기하다

## 1. 분재란 무엇인가?

차를 타고 낯선 길을 여행하다보면 눈에 들어오는 나무가 있습니다. 멀리서 보아도 한눈에 들어오는 멋지고 아름다운 나무들. 그 나무들은 대개 마을 언저리에 자리잡은 채 한 폭의 그림처럼, 또는 카메라에 담고 싶은 풍경이 되어 손을 흔듭니다.

길가에서 만났던 그림같은 나무, 나무에 대한 사랑은 나무가 보여주는 아름다운 생명력을 기억하고 있기 때문입니다. 봄의 신록, 여름의 녹엽, 가을의 단풍, 겨울의 한수寒樹의 모습으로 사람들을 사로잡는 잡목이든 화려한 꽃을 보여주는 나무든, 또는 사계절 한결같은 모습을 보여주는 송백류든 나무는 그 생명력과 아름다움으로 사람을 불러들이고 이야기를 만들어냅니다.

무엇이 나무를 저토록 아름답게 만드는 것일까? 이렇게 아름다운 풍경을 만들어내는 나무 가까이 다가서면 수피가 우둘투둘한 혹으로 덮여있거나 껍질이 두껍거나 혹은 깊이 갈라져 있는 모습을 보게 됩니다. 천둥 벼락을 맞아 큰 줄기 한두 개는 부러져 있고 때론 몸통의 가운데가 구멍이 나있는 경우도 허다합니다.

▲ 필자의 분재원에 단풍이 물들고 있습니다.

 나무에게 말을 걸다

▲ 흰 구름이 떠 있는 고창 청보리밭가에 우뚝선 해송의 자태

　그만큼 오랜 세월을 살아오면서 숱한 시련을 겪었다는 뜻입니다. 그럼에도 불구하고 그 나무가 아름답게 보이는 것은 무엇 때문일까요?

　나무 자체는 사람들에게 아름답게 보이기 위해 치장을 하지 않습니다.
　주어진 자리에서 햇볕과 바람을 가장 잘 받을 수 있도록 가지를 뻗고 그 가지 사이에는 틈새를 두어 바람의 통로를 만듭니다. 심지어 상처의 일부마저도 나무와 조화되어 아름다움의 요소가 됩니다.

　이렇게 생명을 향한 부단한 노력이 균형과 조화를 이뤄 아름다움으로 표현되는 것이고 그 아름다움이야말로 생명력의 정점을 찍게 되는 것입니다.
　비단 나무뿐만이 아닙니다. 사람 역시도 이런 생명에 대한 본능으로 아주 오랜 옛날에는 엉덩이가 풍만한 여인을 아름다움의 상징으로 삼았습니다. 지금은

분재로 세상과 이야기 하다

▲ 자연에서 만나는 나무들. 한 주 한 주가 예술 그 자체입니다.

키 크고 근육질 몸매의 남자와 가슴이 크고 허리가 가늘며 엉덩이가 큰 여자를 미의 대상으로 찬미합니다. 재미있는 것은 이런 현상이 궁극적으는 번식과 관련이 있다는 것입니다.

남자와 여자 모두 궁극적으로는 '다산(多産)'이나 건강한 출산을 위한 몸이 아름다운 대상으로 찬미됩니다. 우리 인간도 자연의 일부이기 때문입니다.

이처럼 나무는 오랜 세월 바람과 햇볕에 부대끼거나 혹은 그 바람과 햇볕을 가장 효과적으로 받아들여 스스로 균형과 조화를 갖춘 존재로 성장해갑니다.
다만 자연에서는 백년 넘게 걸려야 할 과정을 분재는 시간을 단축시키기 위하여 가지를 자르고 철사를 감고 거름을 주어 세력을 조절함으로써 시간을 축소시켜 갑니다.

 나무에게 말을 걸다

▲ 나목의 모과나무. 이상화된 자연의 모습을 담았습니다.

   그런 일련의 활동을 통하여 나무는 자그마한 분 안에서도 노수거목의 모습이 만들어지는 것입니다.

   그렇다고 분재가 자연의 모습을 모방을 하는 정도에서 그치는 것은 아닙니다.
   맨 처음 연극이 우리의 삶의 모습을 흉내 내기 시작하다가 지금은 고도의 예술적인 경지에 이르렀듯이 분재 또한 자연의 모방에서 시작하여 날이 갈수록 그 수법이 정교해지면서 하나의 '이상화된 자연'을 만들어냅니다.
   자연에서는 조금이라도 햇볕을 더 받기 위하여 아래가지를 차례로 도태시키지만 분재는 밑에서부터 가지를 그대로 유지시키고 그 흐름 또한 자연스럽게 만들어가게 됩니다.

   그 결과 자연에서는 찾아보기 힘든 '직간' 수형이 만들어지고 절벽이 아닌 곳에서 '현애(懸崖)' 수형이 만들어집니다. 그리고 그 흐름도 자연에서처럼 거칠고 소박한 것이 아니라 미적 안목에서 계산된 정제되고 이상화된 흐름을 보여줍니다.
   따라서 분재란 자연의 나무를 모범으로 삼되 자연보다 더 자연스럽게 노수거목의 형상을 만들어내는 나무와 그 일련의 작업을 가리킨다고 정의할 수 있습니다.

분재로 세상과 이야기 하다

## 2. 분과 분재의 차이

골목길을 지나다보면 참 많은 식물들을 만나게 됩니다. 꽃이 관능적이어서 능소화라 이름을 달고 담 밖을 기웃거리는 나무, 화려한 장미, 혹은 우리나라 사람들 대부분이 좋아하는 소나무. 이런 나무를 만날 때마다 그 안에 살고 있는 사람이 궁금해집니다.

어떤 나무든지 거기에는 가꾸는 사람의 손길과 혼이 들어있습니다. 수많은 나무 종류 중에서 그 나무를 선택한 사람의 취향이 보이고 그 나무 수형에 따라 그 나무를 가꾸어온 사람의 성격이 보입니다.

그리고 얼마나 그 나무를 열심히 매만지고 다듬었는가에 따라 그 사람의 생활 태도와 살아온 '모습이' 보입니다. 정원수가 아닐지라도 현관 앞의 계단에 놓인 화분들. 베고니아도 좋고 국화도 좋고 하다못해 고추를 심은 화분도 좋고. 그걸 키우는 사람의 삶의 모습이 묻어나는 부분입니다.

그런데 문제는 그것이 모두 분재는 아니라는 것입니다. 그럼 분과 분재의 구분은 어떻게 하는 걸까요?

▲ 능소화는 여름 한철 내내 피어있는 꽃입니다.

 나무에게 말을 걸다

▲ 같은 나무라도 의도에 따라 손질했는가 안했는가에 따라 분과 분재로 구별됩니다.

　대부분의 식물은 분에 심을 수 있습니다. 그리고 그걸 화분 혹은 분이라 부릅니다. 분의 재질은 플라스틱이어도 좋고 사기질이어도 좋습니다. 원모양도 좋고 네모가 져도 상관 없습니다. 그 분을 채우고 있는 것이 밭흙이거나 모래라도 상관없으며 부엽토가 넘쳐나도 괜찮습니다. 그 안에서 식물이 싱싱하고 건강하게만 자랄 수만 있다면 그 역할은 이미 충분히 하고 있기 때문입니다.

　그러나 분재는 이야기가 달라집니다. 분재는 분에 심겨져 있되 가꾼 사람이 의도가 들어있어야 합니다. 가지를 자르고 수형을 교정하고 일정한 모양을 갖추고 있어야 비로소 우린 분재라고 부릅니다.
　그러기 위해서는 분토를 조정해야 하고 거름을 인위적으로 보강해주어야 하며 가지의 방향을 정해서 철사를 감아 교정해주어야 합니다. 거름을 주어 성장시키면서 한편으로는 순과 가지를 잘라 성장을 조절해주어야 합니다. 그래야 비로소 분재라는 이름을 갖습니다.

　예를 들어 국화를 분에 심어 그대로 키우면 국화분이 됩니다. 그런데 가지를 고르고 순을 집거나 자르고 철사를 걸어 키우는 사람이 의도한 수형을 갖추게 되면 우린 그것을 분재라고 부릅니다.
　분이 자연스럽게 혹은 방치하는 것처럼 오로지 성장을 목표로 키워간다면 분재는 손질과 관리를 통해 일정한 수형을 만들어야 합니다. 자연적으로 방치해두는 삶과 계획되고 정제된 삶의 차이라고나 할까요.
　그런 정성과 관리가 집약되어 보는 사람이 감동으로 다가설 때 우린 그것을 분재라고 부릅니다.

분재로 세상과 이야기 하다

## 3. 분재를 보는 자세

"참, 그놈 장난꾸러기같이 생겼다."
"그 녀석 생긴 거 보니 영리하겠어."
어렸을 때 우리가 흔히 듣던 말입니다.

그런데 참 이상하지요? 어떻게 어른들은 성적표도 보지 않고 공부 잘하는 것을 알고 얌전히 내숭떠는 아이를 보고도 장난꾸러기인 줄 단박에 알아차릴까요? 그것은 그분들의 경험이 지혜의 눈으로 빛나기 때문입니다.

분재를 보는 안목 역시 마찬가지입니다. 분재를 처음 접한 사람들은 교과서에 나온 대로 밑에서부터 위로 훑어가며 하나하나 챙겨갑니다.

첫째는 뿌릿발. 둘째는 그루 솟음새. 다음은 줄기의 흐름, 가지 배열, 잎의 크기, 나무의 건강 등등. 그런데 재밌는 것은 이렇게 아무리 공식을 대입해보더라도 이 공

▲ 같은 나무라도 왼쪽 소재에서 오른쪽 작품을 떠올리기는 쉽지 않습니다.
미래를 그려볼 수 있는 상상력이 좋은 소재를 고르게 합니다.

식에 딱 맞는 소재는 정말 귀할뿐더러 만약 이런 공식에 딱 맞게 나무가 만들어진다면 대부분의 나무는 한 가지 모양만 하고 있을 거란 사실입니다.

그러나 불행하게도 교과서에 딱 들어맞는 나무는 존재하지 않습니다. 나무 역시도 사람처럼 어느 한부분이 부족한 것이 있고 보완해가야 할 부분이 있습니다. 어느 부분이 넘치면 어느 부분은 모자라기도 합니다.

위의 그림의 왼쪽 소재에서 오른쪽 작품을 떠올리기는 쉽지 않습니다. 미래를 그려볼 수 있는 상상력이 좋은 소재를 고르게 합니다. 그래서 완벽한 소재를 찾는 것보다는 내 맘에 들도록 내가 만들어갈 수 있는 소재를 찾는 것이 더 현명할지 모릅니다.

 나무에게 말을 걸다

내가 감당할 수 있는 소재, 내가 키워볼만한 소재를 찾아 키워보면서 그것을 마라톤을 위한 소중한 걸음마 연습이라고 생각하시는 것이 훨씬 좋은 입문이 될 것입니다. 아무리 심사숙고를 거듭하고 거듭하여 선택한 소재라도 나중에 안목이 높아지면 버리고 싶어지는 나무가 한두 주가 아닙니다. 그때에는 내가 저걸 왜 샀지? 라고 자책하는 것보다는 내가 이제 저 소재를 버려도 될 정도로 성장했구나 하고 안심하시기 바랍니다.

▲ 초록 싸리

세상에서 아무리 빨리 달리는 사람도 첫걸음마가 있었고 수없이 넘어진 기억이 있다는 것을 잊으시면 안 됩니다.

그래도 처음 시작을 좀 괜찮게 시작하시고 싶은 분은 주위에 나보다 고수인 사람들이나 분재원장에게 물어 나무의 우열을 묻고 구입하거나 감상하는 것이 좋습니다.

아는 만큼 보인다고 하는 것은 문화재나 미술에 국한 된 것이 아니라 분재에도 마찬가지여서 전시장에서, 도록에서, 그리고 분재원이나 소장가들 집을 두루 다니며 좋은 나무를 많이, 그리고 꼼꼼히 보는 것 이상으로 좋은 방법은 없습니다.

특별히 친분이 있는 사람이라면 그 사람한테서 작품을 감정 받아보는 것도 좋은 방법입니다. 이때에도 그 감정하는 사람이 좋아하는 수형이나 수종이 따로 있기 마련이어서 몇 사람에게 다양한 방법으로 조언을 듣는 것도 괜찮습니다.

▲ 다정큼나무

이렇게 하여 어느 정도 나무를 보는 안목이 생기다보면 나무를 볼 때마다 결점이 보입니다. 아무리 좋은 나무라도 결점이 보이면 아예 쳐다보지도 않으면서 투덜투덜, 뭐 이런 것도 작품이라고 헐 헐 하면서 돌아서게 되는데 이것은 발전의 한 단계입니다.

분재로 세상과 이야기 하다

▲ 벚나무

　다만 이 단계에서 비판만 하면 영원히 그 수준에 머물게 되지만 조금만 눈을 높이 보면  그 단점을 어떻게 고치고 발전시켜가야 할 것인지를 생각하는 고수의 길이 보이게 됩니다. 따라서 나무의 단점만 보고 성급하게 나무를 포기하는 것도 또 하나의 어리석음이라 할 것입니다.

　그중에는 간단한 손질이나 일이 년 배양하는 것만으로도 명목이 될 나무가 없지 않기 때문입니다. 세상에 사는 사람들 역시 장점과 단점을 모두 가진 존재이듯이 나무 역시 마찬가지입니다. 다만 그 단점을 어떻게 극복하느냐 하는 것이 문제인데 어느 정도 가능성을 가진 나무라면 충분히 미래를 투자할 수 있기 때문입니다. 그래서 권희는 방법이 '이 나무는 이 부분이 특히 좋다.' 이것입니다.

　매사에 부정적인 시각보다는 긍정적인 시각을 앞세워 나무를 보게 된다면 단점을 넘는 또 하나의 계단을 밟고 오르게 되는 것입니다.

　그래도 어느 정도 가능성은 있어야지 하는 분을 위하여 말할 수 있는 것은 기본이 되어 있는 나무를 고르라는 것입니다. 사람으로 치면 인성이라는 것이 그 기본에 해당될 터인데 나무는 그 기본 자체가 눈에 보이기 때문에 훨씬 판단하기 쉽습니다.

 나무에게 말을 걸다

그 기본 중에는 타고날 때부터 고칠 수 있는 것이 있고 없는 것도 있습니다. 때론 그 단점의 방향을 바꾸어 오히려 그것을 장점으로 승화시키는 경우도 있습니다. 해태 써니텐처럼 말입니다.

이 과즙 음료는 맨 처음 출시될 때 병 밑바닥에 과즙이 충전된다는 것이 문제였습니다. 그런데 '흔들어주세요.' 라는 카피로 이 단점을 개성으로 부각시켜 성공을 거두게 되지요.

이런 발상의 전환과 긍정적인 마인드가 나무든 사람이든 가능성 있는 존재로 만들어줍니다. 다음부터는 분재 작품을 보거나 소재를 볼 때 부정적인 측면보다는 장점을 먼저 보려고 해보세요. 단점은 내가 보강해야할 숙제같은 것입니다.

그리고 장점을 키워가면서 단점을 어떻게 극복할 것인가를 생각해보면 비단 분재 취미생활뿐만 아니라 사는 것이 즐거워집니다. 사는 것도 분재를 하는 것도 내가 즐기고 행복하기 위해서 하는 것이지 비평하고 불만을 늘어놓기 위해서 하는 것이 아니라는 사실을 항상 염두에 두시기 바랍니다.

▲ 비 오는 날, 소나무 분재와 여인

## 4. 동물적 사고, 식물적 사고

때론 상대에 대한 이해 부족이 엉뚱한 오해를 낳기도 합니다. 우리나라 대통령 중에서 유난히 분재를 싫어하는 분으로 김대중 대통령을 꼽습니다.

죽음에 이르실 때까지 절뚝거리며 살아오신 인생 역정이 나무에게 철사를 감고 가지를 자르는 것은 고통을 안겨준다고 생각했는지도 모릅니다. 분재를 구경하는 분들 중에서도 나무에 칭칭 감아놓은 철사를 보고 이거 '식물학대'가 아니냐고 묻는 분들을 종종 만나게 됩니다.

기본적으로 이런 분들이 가진 사고방식은 동물주의적 사고방식입니다. 그래서 나무에 철사를 감아놓은 것이나 개를 꽁꽁 묶어놓은 것이나 같은 것으로 보는 것이지요. 이 경우 필자는 그분들에게 묻습니다.

"이 나무는 가지를 잘라 땅에 꽂으면 새로운 나무 하나가 만들어집니다. 당신의 손가락을 가지고도 새로운 사람 하나를 만들어낼 수 있습니까?"

그렇습니다. 식물과 동물은 이렇게 다릅니다.

첫째로는 동물은 어미의 뱃속이나 알 속에서 기본적인 틀을 갖고 나옵니다. 그리고 세월이 지남에 따라 그 형태를 유지한 채 점점 커나가게 되고 기본 골격이나 모양을 그대로 유지한 채 죽습니다.

그러나 나무는 그렇지 않습니다. 일단 떡잎에서 출발하거나 꺾꽂이에서 시작하거나간에 어린 나무를 보고 아, 이 나무가 이렇게 자라겠구나 하고 그려볼 수 있는 사람은 아무도 없습니다.

▲ 철사감기는 나무에 대한 학대가 아니라 나무의 제 모습을 찾아주는 작업입니다.

 나무에게 말을 걸다

▲ 밭에서 만들어지고 있는 수많은 분재 소재들

    동물은 이미 기본 모양을 갖추고 성장하지만 식물은 햇볕과 바람, 그리고 그 나무가 자라는 토양이나 기후 환경이 그 나무의 미래 모습을 만들어갈 것입니다.
    그래서 나무들은 같은 모습을 한 나무가 존재하지 않을 뿐더러 정말 기형에 가까울 정도로 특이한 모습을 갖고 있는 나무도 많습니다. 이것은 동물이 이미 만들어진 형태를 발달시켜가면서 성장하는 것에 반해 식물은 이미 만들어진 부분을 바탕으로 새로운 것을 채워가는 형태로 성장하기 때문입니다.

    두 번째로는 나무에게는 신경이 없습니다. 조물주의 안배는 정말 놀라운 것이어서 햇볕을 받아 성장하는 모든 나무는 동물의 먹이가 되는 숙명에 어울리도록 존재합니다. 만약 그렇지 않고 동물이 잎을 뜯어먹을 때마다 식물들이 비명을 지른다면 세상은 아수라나 다름없을 것입니다. 그래서 나무들은 태어날 때부터 아예 통증을 느끼지 못하게 배려 받았는지도 모릅니다. 참으로 오묘한 자연의 섭리가 아닐 수 없습니다.

    세 번째는 나무에게 일상적인 농약을 살포하면 식물은 좋아하고 벌레들은 죽습니다. 식물에 농약을 살포하는 것은 식물의 잎과 줄기를 갉아먹는 해충들의 괴롭힘에서 식물들을 보호하기 위한 조치입니다.
    만약 동물과 식물이 같은 것이라면 나무도 동물도 모두 죽었을 테니 말입니다. 농약이라는 것은 이렇게 동물과 식물을 구분하는 기준이 되어주기도 합니다.

분재로 세상과 이야기 하다

▲ 살아서 천년, 죽어서 천년이라고 불리우는 주목의 사리간이 연륜을 말하고 있는듯 합니다.

　네 번째는 식물의 놀라운 재생능력입니다. 사람의 손가락이 잘리면 그 옆에서 다시 손가락이 자라지 않지만 식물은 다른 동물이 뜯어먹으면 바로 그 옆에서 새순이 자라나 원래 자기 모습을 유지해갑니다. 불이 난 산을 올라봐도 줄기가 모두 타버린 그루터기에서 새순이 올라오는 경우도 많습니다. 식물은 배고픈 동물에게 베풀고 베풀어도 살아남을 수 있는 무한생명의 유전자를 이미 갖고 있었는지도 모릅니다.

　이 외에도 식물은 가지 하나를 땅에 꽂아 무한하게 개체수를 늘려갈 수도 있지만 동물은 불가능합니다. 그리고 대개의 나무들은 사람보다 수명이 긴 것이 대부분입니다. 느티나무나 소나무 같은 것들은 500년을 넘게 사는데 동물 중에서는 그렇게 오래 산 동물은 아직 발견되지 않았습니다.

　이처럼 식물과 동물은 여러 가지 부분에서 다릅니다. 그리고 이 다름을 인정하게 되고 그것을 적절히 이용했을 때 나무는 학대가 아닌 예술로 거듭나게 됩니다.
　가지를 자르고 철사를 감고 뿌리를 잘라내고 열매를 붙이거나 떼어내는 모든 일들이 이런 자연의 법칙에서 위배되는 일이 아니기에 매년 되풀이되는 혹독한 작업에도 나무가 죽거나 고사하기는커녕 아름다워지는 것입니다. 그리고 분재는 바로 식물의 이런 특성을 최대한 활용하여 사람이 추구하는 이상적인 모습을 만들어가는 생명예술이라고 결론 내릴 수 있습니다.

나무에게 말을 걸다

## 5. 분재와 재벌의 역사
### 소재를 키우는 두 가지 방법

우리나라 재벌들의 역사를 살펴보면 1세 재벌들은 온갖 시련과 역경을 견뎌내고 세계적인 그룹의 토대를 마련합니다. 삼성상회에서 출발한 삼성그룹이나 집에서 소를 훔쳐 가출하여 자수성가한 현대가의 이야기를 들어보면 흥미진진함과 함께 인간 승리의 역사를 보는 듯 한 감동이 있습니다. 분재 역시 마찬가지입니다.

아주 예전에는 분재 소재들이 밭두렁이나 논두렁에서 나오는 경우가 많았습니다. 그 외에 나무꾼이 다니던 산길에서도 많이 발견되곤 했습니다. 해마다 새로 자라나는 가지나 줄기를 잘라내거나 발에 밟혀 비틀리다 보면 나무는 살기 위하여 이리저리 새 순을 내밀게 되고 그것이 하나의 선이 되고 고태미가 되어 훌륭한 분재소재가 되어주었던 것입니다.

삶을 향한 몸부림 같은 그런 소재가 오랜 시간 매만져지고 다듬어져서 균형과 조화를 이뤄 지금은 훌륭한 분재가 되어 전시회를 누비는 경우가 허다합니다.

다른 하나는 척박한 땅에서 자란 소재들이 차지합니다. 이 소재들은 성장속도가 더디고 힘들어서 줄기 자체가 단단할 뿐 아니라 모습 또한 일찌감치 노수거목의 형태를 잡아갑니다.

바위산이나 거친 황토(마사토)로 된 산에서 나온 소재들이 여기에 해당하는데 이 나무들은 한정된 공간에서 자연 분재처럼 자란 나무들이 대부분입니다. 이 나무들 역시 우리나라 1대 재벌그룹 총수들처럼 수많은 시련과 역경을 이겨낸 이야기를 가지고 있습니다.

그러나 현재에 이르러 2세, 3세 경영인들은 유복한 환경에서 충분한 교육을 받아 성장합니다. 그들 나름대로 고생이야 했겠지만 그렇다고 선대의 고생에 비하면 스토리가 작습니다.

▲ 매화나무

24

분재로 세상과 이야기 하다

▲ 고태미가 확연한 소나무

잘 관리된, 즉 성장 초기부터 이런저런 배려 속에서 잘 키워진 사람들이 현재 우리나라 재벌그룹들을 지배합니다. 지금의 분재, 혹은 앞으로 전개될 분재의 역사가 이렇게 진행될 것입니다.

분재 소재의 생산이 산채에서 점차 재배목 쪽으로 옮겨감에 따라 어떻게 분재 소재를 키울 것인가가 관건이 됩니다. 가장 보편적인 것이 씨앗을 뿌리거나 삽목을 하거나 접목을 한 소재들을 땅에 심어 키우는 것입니다. 그리고 자연에서와 마찬가지로 해마다 가지와 줄기를 자릅니다. 이런 방법으로 이 소재들은 줄기를 굵히면서 곡이 만들어지고 어느 정도 성장하게 되면 분에 올려 분재로서의 일생을 시작하게 됩니다. 그렇게 제대로 분재 소재하나를 생산하는데 한세대를 넘어 평생이 걸리는 경우도 없지 않습니다.

그러나 요즘 같은 스피드 시대에서 이런 전통적인 방식은 시간이 많이 걸리게 되고 그만큼 자금 회전도 느려져서 점차 사라져 가고 있습니다. 더구나 아파트라는 한정된 공간에서 분재를 하다 보니 대작이나 중품분재 대신 소품 분재가 각광을 받게 된 것도 시대의 흐름과 무관하지 않습니다.

 나무에게 말을 걸다

다른 하나는 2,3세 재벌경영인들처럼 분이나 포트에 묘목을 심은 다음 충분한 거름과 햇볕을 주면서 틀을 잡아나가는 방법이 있겠습니다. 현재 서천에서 출시되는 왜철쭉 소품이 여기에 해당할 터인데 이 방법은 잘 정리되고 조화로운 모습으로 소품분재의 묘미를 드러냅니다.

앞으로 전개될 방향은 대개 이 방법이 모델이 될 것입니다.

재벌을 만들어온 과정과 분재를 만들어온 과정이 크게 보면 둘이 아니듯이 앞으로 분재 전개 방향을 이런 현상으로 미루어 짐작할 수 있지 않을까 싶습니다.

이런 상황을 종합해보면 앞으로는 소품 분재가 주류를 이룰 것입니다. 일단 자연 소재의 고갈로 더 이상 산에서 내려올 소재도 드물뿐더러 자연보호에 역행하는 일이기 때문에 자연에서 소재를 얻는 일은 날이 갈수록 힘들어집니다. 그리고 앞서 언급했듯이 20년, 30년 장기적인 안목을 가지고 소재를 만드는 일도 드물어질 것이기 때문에 실생목 대작 분재의 출현은 개천에서 용 나는 것만큼이나 귀한 일이 될 것입니다.

그렇다고 하여 앞으로는 모두 분이나 포트를 이용해서 묘목을 키우라는 것은 절대 아닙니다. 지금도 일부 분재 애호가들은 자금회전이나 판매에 상관없이 취미삼아 소재를 땅에 심고 키워나가는 사람들도 있습니다.

조급하게 내일을 다투지 않고 그보다 더 먼 미래를 향하여 해마다 줄기와 가지를 자르고 거름을 주어가면서 키운 분재들이 나중에 우리나라의 재벌에 해당하는 명품대작이 되어 나타나지 않을까 은근히 기대하는 것도 이런 분들이 있기 때문입니다.

그리고 하나 더 분재원을 운영하시는 분들에게 권해드리면 새로 들여오는 소재나 분올림할 소재들 중에서 10%만이라도 10년 후를 내다보고 땅에 심으라는 것입니다.

▲ 전문가에 의해 정교하게 만들어진 육송소재.

분재로 세상과 이야기 하다

　다른 소재들이 모두 팔려나가 자금 회전이 되어준다면 그 땅에 심은 소재는 그 분재원의 얼굴이 되면서 미래를 담보하는 든든한 자산이 되어주지 않을까 싶습니다. 모두가 한 방향으로 달려갈 때 잠시 한눈을 파는 것도 그래서 의미를 갖습니다.

　그렇게 이삭처럼 흘린 나무들이 나중에 명목이 되어 돌아오는 기쁨, 이미 경험하신 분들도 상당하다고들 알고 있습니다만.

▲ 목화 야생초 분재〈이춘희 작가〉

## 6. 손으로 하는 분재, 입으로 하는 분재

아름다운 대상을 접하게 되면 인간은 특유의 호기심이 발동합니다. 상대에 대해 궁금해지고 대상을 소유하고 싶어집니다.

분재 역시 예외가 아니라서 처음 분재를 접하게 되면 사람들은 분재에 대한 왕성한 호기심과 혹시 저 예쁜 것을 데려다가 죽이면 어쩌나하는 노파심, 둘 사이에서 갈등을 겪다가 호기심이 강할 경우 결국 그것을 선택하게 됩니다.

비록 초라한 것이라 하더라도 처음으로 집으로 분재를 가져오면 그렇게 예쁠 수가 없습니다. 분재원에서 보았던 수많은 나무들보다 내 한주가 소중함을 다시 한 번 깨닫게 되고 아침저녁으로 물을 주고 수시로 엽수를 해가면서 지극정성으로 보살핍니다. 어쩌다가 출장길에 나서게 되면 안사람에게 전화를 걸어 집안의 안부대신 나무에게 물을 주었느냐고 먼저 물어 퉁을 당하기도 합니다.

그만큼 새로 생긴 애인, 분재에 대한 남모를 정이 깊어가고 여기저기 책자나 인터넷을 뒤져 분재에 대한 지식도 새록새록 저장해갑니다.

틈만 나면 여기저기 분재원을 둘러보는 것이 일과가 되고 모처럼 함께 나들이 나선 옆 사람이 짜증을 내도 분재원만 들어가면 시간가는 줄 모릅니다. 어여쁜 분재들의 자태에 매혹되어 옆 사람이 투덜투덜해도 돌아오는 길에 손에 넣은 자그마한 소품이 모든 것을 상쇄시켜 줍니다.

그대의 분재에 대한 사랑은 대개 이렇게 시작합니다. 그리고 한 달 두 달 석 달······.

시간이 지나면서 그렇게 예뻐 보이던 나무의 흠이 보이기 시작하고 일이년 정도 지난 후에는 '맞아 싼 게 비지떡이야 하는 속담의 놀라운 예지력에 감탄하게 됩니다.

▲ 배나무

▲ 상처가 문제가 되진 않지만 이 단점을 극복하기 위하여 취목을 통해 거듭난 모과나무

 그리고 그것을 밑천삼아 분재에 대한 지식을 넝마 줍듯 챙겨갑니다. 모르는 사람들이 분재에 대하여 한마디라도 할라치면 끼어들어야 직성이 풀립니다. 그리고 그동안 책이며 인터넷, 그리고 수많은 분재원 순례 길에 들었던 이야기들을 풀어놓으며 마치 박사가 된 듯 한 자아도취에 빠져 상대가 듣던 말든 열강을 토해냅니다. 사람들은 마치 고수를 대하듯이 존경의 눈빛으로 쳐다봅니다.

 아, 그러나 문제는 따로 있습니다. 이렇게 자신의 눈으로 흠결을 찾기 힘든 나무는 가격이 장난이 아니어서 한 두 달치 봉급을 털어 넣어도 언감생심입니다. 그래서 마치 여우가 높은 곳에 매달린 포도를 보면서 "저 포도는 시어서 못 먹을 거야"라고 한 놀라운 자기 합리화의 경지를 터득해갑니다. 흠이 없는 나무는 없다. 이 한마디를 교과서 삼아 나무마다 면밀히 살펴보고 어설픈 지식을 바탕으로 모든 분재를 도마 위에 올립니다. 여기는 무엇이 어떻고 저기는 무엇이 어떻고. 그 사람의 입에서 오르내리는 분재들은 모두 흠집투성이가 됩니다.

 그러다가 어느 날 고수를 만납니다. 대개 모든 분야의 고수들이 그러하듯 고수들은 대개 침묵으로 일관합니다. 그런데 이게 얼치기 분재고수의 눈에는 그런 상대의 무표정이 영 모자라 보입니다. 그래서 그 사람을 쫓아다니며 자기가 아는 모든 것을 총동원하여 이 사람을 흔들어보지만 미동도 하지 않습니다.

 어느 정도 분재의 경지에 오르면 흠이 있는 나무든 흠이 없는 나무든 그 나무가 살아온 연륜과 그 나무를 가꾸어온 사람의 정성을 생각하고 모든 나무들이 단점을 가지고 있듯 그 나무만이 가지고 있는 장점을 즐기게 됩니다.

 나무에게 말을 걸다

그러니 이 사람의 넋두리같은 하소연이 귀에 들어올 리 없습니다. 그래도 영 못마땅해서 한마디 툭 던져놓으면 이 사람은 마치 기다렸다는 듯이 싸움꾼이 되어 달려듭니다. 그렇게 평생을 입으로 하는 분재의 업을 이어갑니다.

분재를 하는 것은 씨앗에서 시작해도 좋고 고가의 나무에서 시작해도 좋습니다. 마치 운전을 처음 배우는 사람이 중고 티볼리로 배우든지 새 그랜저로 배우든지 차이가 없는 것과 같습니다.

자기 분수에 맞게, 그리고 자기 실력에 맞게 대상을 선택하고 장점은 즐기고 단점은 가리면서 상대에게 관심과 사랑을 쏟는 작업입니다. 굳이 그것의 좋고 나쁨을 평가하여 말하는 것은 전시회에서 심사위원이 할 일이요, 분재 전문가가 되기 위한 도정에 서있는 사람들이 할 일이요, 분재 시장에 나온 작품이나 소재를 흥정하는 상인들이 할 일이지 굳이 젓가락 같은 소재를 앞에 두고 열변을 토하거나 도가 지나쳐 상대의 인격까지도 폄하하는 일은 결코 참된 분재인의 길은 아닙니다.

열 번 말하는 것보다, 비록 못생기고 맘에 차지 않을망정 집에 있는 나무에게 물도 주고 거름도 주고 순도 집어주면서 아름답게 키워가려고 하는 노력, 평생을 분재에 매달리며 살았더라도 세상에는 나보다 더 많은 것을 알고 있는 고수들이 널려 있다는 것을 인정하는 겸손함, 그리고 비록 작은 나무일망정 거기에서 계절의 순환을 알고 우주의 질서를 깨달아가는 즐거움을 누리는 일이야말로 진정한 분재인의 길이 아닌가 싶습니다.

거기에다가 내가 가진 것을 사랑하고 즐길 줄 아는 안빈낙도의 즐거움이 분재 쪽에도 있음을 잊지 않았으면 좋겠습니다.

▲ 동물의 형상을 상상케 하는 느릅나무

분재로 세상과 이야기 하다

## 7. 거꾸로 보는 분재인의 성격

분재원을 찾은 분들이 대개 이야기를 나누다가 하는 말이 있습니다.
"참 성격이 좋으실 것 같아요. 찬찬하고 자상하시고 다정다감하시고."
아닙니다.
이 말은 절반이 틀렸습니다.
최소한 필자를 포함하여 분재를 하는 분들은 그런 사람들이 아니었습니다. 오히려 성격이 급하면서도 괴팍하고 화도 잘 내고 거친 면들이 많습니다. 제멋대로 자란 자연의 나무에 가깝지 화분에서 곱게 자란 그런 나무는 아닙니다.

이렇게 내놓고 말하면 분재를 전문으로 하는 분들은 저에게 조용히 만나자고 하는 일이 생겨날지도 모르겠습니다. 저 역시 살아남아야 하기 때문에 약간 다르게 표현하기로 합니다.

"분재인들은 타고날 때부터 성격 좋고 모나지 않은 사람들은 거의 없습니다. 다만 그것을 분재를 가다듬듯 고쳐나가는 분들이 많죠."

이 부분을 생각해보면 참으로 세상은 오묘하다는 생각을 많이 합니다.

제가 아는 분 중에서 자기 아들과 원수처럼 지내는 분이 있었습니다. 아버지는 아들의 성격이나 행동거지를 극도로 싫어했고 그것은 아들도 마찬가지였습니다. 그런데 재미있는 것은 제가 볼 때 두 사람의 성격이 똑같다는 것이었습니다.

그래서 저는 그 분에게 늘 말하곤 했습니다.
" 형, 그거 알아? 형 아들, 형하고 똑같다는 거?"

▲ 배나무 분재

만나기만 하면 싸움을 하고는 속상해하는 그분에게 이렇게 한 말이 얼마나 도움이 되었는지는 모르겠습니다만 그 아들이 대학에 진학하고 군대를 다녀오고 직장에 취업을 하면서 외국에 드나들게 되니까 아버지는 그 아들 자랑에 여념이 없습니다.

" 하, 고 자식 말야, 나를 닮아서. 허허허허허"

맞습니다. 그런데 뭐가 달라졌을까요?

아버지가 먼저 변했습니다.

31

## 나무에게 말을 걸다

나이 들면서 다른 사람들의 말에 성격은 온순해졌고, 또한 다른 사람들의 말에 귀를 기울이게 되었고, 다른 사람의 입장도 충분히 헤아릴 만큼 여유도 생겼습니다. 젊었을 때 패기 하나로 좌충우돌하며 살아가던 모습이 언젠가부터

'이제는 돌아와 거울 앞에 선 내 누님'의 모습처럼 변해가기 시작했습니다. 자신의 삶을 사랑하게 되었고 자신의 분신을 보는 눈이 따뜻해지기 시작했습니다.

그런데 왜 부딪혔을까요?

그것은 본인의 성격을 본인이 너무 잘 알기 때문이었습니다. 젊어서부터 운동을 하면서 자수

▲ 제주 아트랜드 소장

성가하다시피 살아온 자신의 모습과 아들이 너무나 닮아있던 것이었지요. 성격 급한 사람은 성격이 느린 사람과 만나야 조화를 이루고 외향적인 사람은 내성적인 사람을 만나야 조화를 이룹니다. 분재인들의 성격을 엿보는 비밀도 여기에 있습니다.

차분하고 성격도 느긋해서 분재를 아주 잘 할 것 같은 분들은 실상은 분재에 대하여 크게 매력을 느끼지 못합니다.

자기의 성향과 비슷해서 마치 동성이 동성에게서 매력을 느끼지 못하는 것과 같다고나 할까요? 오히려 성격이 급하고 불같은 사람이 그 반대편에 있는 분재에 대하여 더 매력을 느끼게 됩니다. 마치 조폭들이 더없이 여성적인 분들을 아내로 선택하는 현상과 비슷합니다.

사람들은 이렇게 자신의 성격하고는 반대편을 동경합니다. 그리고 그런 면들을 세월과 버무리면서 상대의 성격과 자신의 성격을 조화시켜 나갑니다. 양 극단을 피하고 중용을 쫓아가는 삶의 본능이 자신도 모르게 자신과 조화를 이룰 수 있는 대상을 찾게 만드는 것입니다. 다시 이야기하면 분재를 하는 분들의 성격은 대개 불같이 급하고

괴팍했던 분들이 많습니다. 그렇기 때문에 한없이 기다려야 하고 상대를 배려하고 미래를 계획해야 하는 분재에 매력을 느끼게 되며 점차 그 부분으로 빠져들면서 분재를 닮아갑니다. 그리고 완성된 분재를 품에 안는 사람은 완성에 가까운 인격자로 돌아옵니다. 분재를 하면서 새삼 깨닫게 되는 이 오묘한 자연의 이치는 모든 생명은 생존의 본능에 따라 움직인다는 것입니다. 그저 놀라울 따름입니다.

성격 급하신 배우자 때문에 고민하시는 이 땅의 수많은 분들!! 분재가 바로 그 답입니다. 지금 당장 분재원으로 달려가 보세요. 배우자의 성격이 바뀌기 시작합니다.

▲ 구렁이 제몸 감듯 구불구불하게 만들어져 자연의 법칙과는 다소 거리가 멀지만 한마디로 눈에 톡 튀는 소나무 분재

## 8. 물과 콜라의 차이

콜라나 사이다가 우리들의 트렌드였던 시대가 있었습니다. 그 귀한 음료는 소풍날 더위에 맥이 풀릴 무렵 가방 속에서 나와 뜨뜻미지근하게 달궈진 채로 우리들의 목을 적셨습니다.

톡 쏘던 그 맛!!

지금은 냉장고에서 꺼내어 시원한 채로 마셔도 그때 그 맛이 돌아오지 않습니다.

그렇습니다. 콜라는 우리들에게 그런 존재였습니다.

단숨에 우리를 사로잡았던 그 콜라가 어느 날인가 부터는 과즙 음료에 밀리더니 학교 매점에서도 퇴출당하는 비운의 신세가 되었습니다. 청소년의 건강에 악영향을 끼친다는 이유입니다. 콜라에 얽힌 소중한 추억을 가지고 있는 우리로서는 격세지감을 느끼지 않을 수 없습니다.

그런 콜라를 두고 생각합니다.

만약 물대신 모든 것을 콜라로 하면 어떨까? 밥도 콜라로 짓고 국물도 콜라로 붓고 세수도 콜라로 하고……

나무 역시 그런 콜라 같은 나무가 있습니다. 늘 대하는 물맛 같은 나무가 아니라 한눈에 쏘듯이 다가서는 특별한 나무, 구렁이 제 몸 감듯 구불구불하게 만들어져 자연의 법칙과는 거리가 멀지만 한마디로 눈에 톡 튀는 나무.

한때 이런 나무가 진정한 분재라로 받아들여졌던 적이 있었습니다.

필자가 분재에 관심을 갖기 시작하던 시절, 어느 나무시장에 들른 적이 있습니다. 그 나무시장에서 단풍나무를 보았는데

▲ 동백나무. 인위적인 곡이 콜라의 맛을 닮았습니다.

보통 나무 보다 눈길을 끄는 나무 한 주가 있었습니다. 가지 두 개를 마치 끈을 묶듯 엮어서 만든 나무였는데 오래 배양하다보니 그 가지가 서로 붙어 기형적인 모양을 하고 있었습니다.

평범하게 생긴 다른 나무와는 달라 보이는 나무였습니다.

분재로 세상과 이야기 하다

▲ 원숭이도 미끄러진다는 백일홍 나무의 자연스러운 흐름이 일품입니다.

상인은 '이건 분재여, 분재!!'라고 말하면서 다른 나무보다 두 세 배 정도 값을 높게 부르는 거였습니다. 기껏해야 어렸을 때 가지 두 개를 꼬아 키운 것인데 그 느낌이 콜라 같았던 것입니다.

어쩌다가 마시는 콜라는 그 톡 쏘는 맛으로 해서 갈증을 풀어주는 것 같지만 사실은 더 갈증을 불러일으킨다고 합니다. 뭐니 뭐니 해도 갈증을 푸는 데는 물 이상 따라올 것이 없습니다.

세월이 지나면서 이젠 콜라는 남이 되었습니다. 일 년에 기껏해야 두서너 잔 정도가 고작이고 닭튀김에 따라오는 콜라는 냉장고에 뒹굴다가 집에 오는 꼬마 손님들 차지가 됩니다.

물맛은 예나 지금이나 변함이 없습니다. 무엇보다 주위에 흔하고 컵만 갔다가 대면 시원한 물이 주르르 흘러내립니다.

나무 역시도 마찬가지입니다.

비록 흔한 수형이라도 거기에 인위적인 요소를 넣지 않고 자연의 흐름을 그대로 재현해낸 나무. 가지 하나하나가 길이 갈라지듯이 갈라지고 줄기는 큰 강물처럼, 수관부는 가늘고 뿌리 쪽은 넓어져서 눕혀놓으면 거대한 강이 되는 나무. 굽이굽이마다 하나씩 사연을 간직했음직한 가지는 주위의 이야기들을 끌어당겨 질리지 않도록 만드는 것입니다.

거기에는 무색 무미한 물이 수많은 색깔과 맛을 만들어내는 묘미를 갖고 있습니다.

얼른 보면 하나의 모습처럼 보이지만 같은 모양을 한 강줄기가 몇 개나 될까요? 굳이 자연에도 없는 인위적인 수형을 만들어 구불구불하게 만든 나무들은 필자의 경우에는 그렇게 말합니다.

"어이, 콜라 같은 나무!"

나무에게 말을 걸다

## 9. 나를 대신해서 죽은 나무

지금은 분재를 처음 배울 때 분재원에서 소재를 구입하여 시작하는 경우가 많지만 필자가 분재를 배울 때만 해도 산채로 시작하는 경우가 많았습니다. 선무당이 사람 잡는다고 무작정 산에서 나무를 캐어 분에 올려놓고 콩나물 기르듯 물만 주면 나무가 알아서 자라주겠거니 하는 생각도 작용했고 이미 그런 방면에서 상당한 노하우를 축적한 선배(?)들의 좌충우돌식의 경험은 분재에 대하여 막연한 기대와 희망을 품은 초보 분재인을 안내하는 길잡이 노릇을 해주었습니다.

그러다가 어느 마을 뒷산에서 산수경석을 닮은 느티나무 한주를 운 좋게 캐게 되었습니다. 계곡의 너럭바위 위에서 자라던 것으로 기억하는데 높이는 겨우 50cm 남짓인데 밑지름이 60cm가 넘는 상당히 큰 대작이었습니다.

상처 하나 없이 깨끗한 몸과 주봉과 부봉, 그리고 넓은 평야가 펼쳐진 듯 한 아래 부분은 그대로 돌로 굳어질 경우 상당한 가격을 호가할 수 있는 영락없는 산수경석이었습니다. 한나절 동안 낑낑 거리며 나무를 캐어 당시 100CC 오토바이에 싣고 돌아오던 그 기쁨. 마치 보물을 얻은 듯 집에 가져와서는 이 나무에 맞는 화분이 없어 시장에서 큰 플라스틱 물통을 가져다가 조심스럽게 심었습니다.

싹이 돋고 새순이 자라고……. 그것을 지켜보는 기쁨에 해가 가기를 두어 해. 이젠

▲ 아버지의 죽음을 대신한 진돌이

분재로 세상과 이야기 하다

▲ 들싸리

완전히 활착했다 싶기도 했습니다.
  그러다가 일은 엉뚱한데서 시작되었습니다.

  제가 운전을 하다가 그만 빗길에 미끄러지면서 가로수와 충돌하여 구입한지 25개월 밖에 안 되는 차를 폐차장으로 보내는 사고가 터진 것입니다. 나중에 정신을 차려 보니 몸에는 거의 상처가 없어 참 다행이다고 생각했습니다.

  그렇게 병원에서 일주일 정도 몸을 추스른 뒤 집으로 돌아와 보니 다른 나무는 모두 멀쩡한데 이 산수경석 느티나무만 유독 힘이 없었습니다.
  잎이 쳐지고 서서히 마르더니 결국은 죽고 마는 것이었습니다.
  당시에는 몰랐습니다.
  그러나 분재원을 운영하고 수많은 사람들과 이야기를 나누다보니 비로소 이 나무가 나를 대신해서 죽었을지도 모른다는 생각을 하게 되었습니다. 그리고 그와 비슷한 경험을 가진 분재인들이 상당히 많다는 것에 다시 한 번 놀랐습니다.

  우리가 키우는 모든 나무는 비록 눈에 보이지는 않지만 그것을 키우는 사람과 교감을 하고 기를 주고받습니다. 그래서 가장 아끼는 나무가 주인의 상태를 가장 먼저 느끼는 것입니다.
  비록 나무는 아니지만 동물도 이와 비슷한 일이 일어나기도 합니다.

 나무에게 말을 걸다

어느 해 정월 한해 운수를 받으러 갔더니 운세가 참 좋지 않았습니다.

관재수도 끼어있는데다가 무엇보다 아버지의 상복을 입는다는 예언이 나왔습니다. 마침 아버님이 연세도 있고 이전에 친척의 상복을 입는다는 것을 두 번이나 정확히 맞추었던 터라 긴장하지 않을 수 없었습니다.

그리고 나서 얼마 후, 서울을 다녀와 일을 하다가 집사람이 부르길레 갔더니 5년 전 필자의 생일 선물로 받은 진도견 한 마리가 상태가 좋지 않다는 것이었습니다.

필자가 끌려갈 정도로 기운도 좋고 건강했던 녀석인지라 무슨 일인가 싶어 가보니 겨우 제집에서 나와 아는 척 하고는 힘없이 자기 집으로 돌아가는 것이었습니다. 이미 날이 저문지라 내일이나 병원에 데리고 가야겠다고 생각하고 이튿날 아침 개집을 들여다보니 이미 개는 거의 죽어가고 있었습니다.

그 개를 뒷산 양지바른 곳에 묻어두고 초조하게 세월이 가기를 기다리며 지인에게 이 이야기를 해드렸더니 너무 아까워하지 말라고 하면서 흰 개는 영물이라 집안에 우환을 끌어안고 간다고……. 그해 우려했던 일은 일어나지 않았습니다.

결국 나무나 동물이나 내가 아끼는 것들은 나와 기가 통하고 영적으로 관계를 맺는 모양입니다. 그리고 심청이가 자기 몸을 물에 던지듯 내 대신 죽음을 대신하기도 합니다.

이제는 정말 아끼던 나무가 어느 날 갑자기 이별을 고해온다 해도 고이 보내줄 수 있을 것 같습니다. 나를 대신해서 죽은 나무나 집안의 우환을 끌어안고 갔던 진돌이나 다들 사람만 아닐 뿐이지 나와 영적인 관계를 맺은 소중한 존재라는 생각을 다시 한 번 하게 됩니다.

▲ 노아시 감

분재로 세상과 이야기 하다

## 10. 선물로 받은 나무는 왜 죽는가?

"분재가 좋기는 한데 잘 죽어요."
"예전에도 참 좋은 나무를 선물 받았는데 죽었어요."
분재원에 구경 차 나온 손님들하고 이야기를 나누다 보면 이런 이야기를 종종 듣습니다. 구입해서 키우고는 싶은데 나무가 잘 죽더라는 참 안타까운 말입니다.
그렇습니다. 선물 받은 나무는 잘 죽습니다. 왜 그럴까요?

첫째로 내가 선택하지 않은 나무이기 때문입니다.
선물은 말 그대로 선물입니다. 이 말은 받는 사람이 간절히 원하는 수도 있지만 일방적으로 전달되는 물건이기 때문에 받는 사람 입장에서는 본인이 선택한 대상이 아닙니다. 대하는 태도 역시 그만큼 가볍습니다. 그러나 아시는 분은 아시겠지만 분재는 사랑과 정성을 먹고 자라납니다.

그런데 내가 선택하지 않고 주어진 나무. 받은 사람이 얼마나 많은 관심과 사랑으로 보살필까요. 받는 순간의 기쁨은 선물로서의 기쁨이지 나무에 대한 사랑으로서의 기쁨은 아닙니다.

오히려 기쁨은 잠시. 두고두고 짐이 되는 경우도 생겨납니다. 그분이 원하는 것은 선물을 받은 것이지 정작 분재를 키워가는 일은 아니기 때문입니다. 본인이 선택하지 않는 것까지 모두 챙겨가며 책임을 지려고 하는 사람은 그리 많지 않습니다.

그렇다고 하여 분재를 선물하지 말라는 뜻은 아닙니다. 이런 일을 계기로 하여 분재라는 고급 취미생활에 관심을 갖게 되는 분들도 상당하니까 말입니다.

두 번째 이유는 받는 분이 준비되지 않았기 때문입니다. 자신이 키울 분재를 구입하는 분들은 나무 한 주를 선택할 때에도 키우는 법이며

▲ 제대로 된 분재는 대개 고가이기 때문에 비슷한 크기와 모양이라면 저렴한 가격대의 나무들이 선물로 사용됩니다.

 나무에게 말을 걸다

관리하는 법을 세심하게 묻습니다. 키우다가 의문 나는 일이 있으면 문제의 해답을 기어이 찾아내야 합니다. 그러나 선물 받은 분재는 이런 마음의 준비가 되지 않은 분에게 일방적으로 전달됩니다. 그래서 일주일에 한번 스프레이로 잎에만 살살 물을 뿌려주기도 하고 소나무 분재를 햇볕도 바람도 없는 사무실이나 거실에서 애지중지 관리하기도 합니다.

결국 스프레이로 물을 준 나무는 목구멍으로 물 한 모금 넘기지 못하고 입술만 적신 탓으로 갈증으로 죽고 맙니다. 그리고 거실에서 애지중지하던 소나무는 햇볕과 바람의 부족으로 6개월 정도가 지나면 시나브로 죽어갑니다. 상대에 대한 이해 없이 단순히 좋아해주는 것이 능사가 아님을 말해줍니다. 상대와 연애를 할 때에는 그만큼 상대에 대하여 알고 있어야 가능합니다. 그런데 이 경우에는 상대가 미리 준비할 시간을 주지 않고 무턱대고 던져준 것입니다.

▲ 소나무는 잎이 가늘어 바람과 햇볕이 충분해야 자라는 나무입니다. 이런 사전 지식 없이 실내에서 관리할 경우 반드시 고사하게 됩니다.

세 번째 이유는 나무 자체에 달려 있는 경우입니다. 대개 선물용 분재는 따로 있습니다. 일단 모양이 자연의 법칙에 따른 가지 배열과 모양을 갖춘 것이 아니라 보기에만 그럴듯한 모습을 갖고 있습니다. 잡목의 경우는 상처가 많다거나 배양상의 문제를 품고 있는 경우도 더러 있습니다. 밭흙에 심겨져 있거나 상처가 썩어가는 경우도 허다합니다. 이렇게 모양만 그럴싸하게 만드는 것은 단기간에 자금 회전을 이뤄내야 하는 상품분재의 특징이기도 합니다.

이렇게 기본적인 작업이 제대로 되지 못한 나무는 오래 가지 못합니다. 보기에만 그럴듯하게 만들어진 분재는 어느 날부터인가 쉽게 질리게 됩니다.

분재를 아는 사람이라도 보면 이것도 분재냐고 힐난하는 일이 생기기도 합니다.

분재로 세상과 이야기 하다

▲ 심산 해당화

점점 정은 떨어지고 관심은 멀어지게 됩니다.

물 한 모금, 거름 한 방울이 아쉬운 그 나무는 결국 고사하게 됩니다. 상처가 많은 나무도 결국은 같은 운명으로 달려갑니다.

처음에 선물을 받는 사람은 고태미가 좋다느니 고목 같은 느낌이 정말 분재 같다고 말하는 사람이 많습니다. 그러나 잡목에서의 상처는 사람으로 치면 잠복한 병원균이거나 암세포같은 것입니다.

언제든 발병하여 나무를 죽음으로 몰고 갈 위험인자이기도 합니다. 그런 나무가 초보자의 손에서 제대로 자란다면 기적입니다. 더구나 그 흙이 밭흙이라면 전문가도 물 맞추기가 어렵습니다. 이렇게 밭흙에 심겨진 분재들은 싫증이 생길 무렵이면 알아서 죽어줍니다.

" 아, 나는 분재에는 소질이 없어."

분재를 선물 받아 키우시던 분이 모든 것을 자신의 탓으로 돌려 분재와 점점 멀어지게 만드는 것도 대개 이런 경우입니다.

그렇다고 제대로 된 분재를 선물하자니 가격 부담이 만만치 않습니다. 그렇다고 누가 알아주는 것도 아닙니다. 일단 겉보기에 그럴듯해 보이는 나무를 선택하게 됩니다. 선물용 나무가 쉽게 죽는 것이 바로 이 때문입니다.

무엇이든 기초가 제대로 갖추어져야 하는 이유가 바로 여기에 있습니다. 초보자에게도 선물 받은 사람에게도 물만 제대로 주면 죽지 않고 건강하게 자라는 나무를 만드는 꿈. 그 것이 필자뿐만이 아니라 모든 분재인의 꿈이 되었으면 좋겠습니다.

## 11. 세간 문인목 시대

2011년 겨울, 수도권의 한 분재 전시회는 여러 가지로 기념비적인 성격을 갖고 있었습니다. 분재인으로서 연륜이 그리 오래된 것은 아니지만 이 전시회를 주도했던 분의 활발한 활동 때문에 일부에서는 주목받는 전시회이기도 했습니다. 그리고 그 분재 전시회는 그만큼 나름대로 가치를 가지고 있었고 변화의 바람을 예고하는 것이기도 했습니다. 이 전시회의 메시지는 크게 두 가지로 요약됩니다.

하나는 기존 전시회가 작가 중심으로 진행한 천편일률적인 방법에서 탈피하여 나름대로 주제를 가지고 이야기를 만들어냈다는 것입니다. 그뿐만 아니라 분재 전시회에 으레 등장하기 마련인 분재 좌대가 아닌 책장이며 돌, 기타 등등 생활 용품이 분재 전시회에 좌대 대용으로 등장하기 시작했습니다. 이것은 분재를 생활의 일부로 받아들이겠다는 주최자의 의지로 읽혀 신선한 발상이 아닐 수 없었습니다.

다른 하나는 전시회에 출품된 작품들에서 찾아볼 수 있습니다. 이번에 그가 중점적으로 선보인 나무는 세간 문인목(이하 세간목)이라는 수형이었는데 이 세간목은 다음과 같은 특징을 지닙니다.

▲ 다양한 시도 중인 나무들. 가지의 방향이 서로 엇갈린 철쭉(좌) 줄기의 방향과 가지의 방향이 엇갈린 소사(중앙), 두개의 줄기가 상단에서 따로 놀고 있는 쌍간 문인목

분재로 이야기 하다

▲ 흔한 취류 형태의 나무와 수석

줄기가 가늘어 소재를 배양하는데 햇수가 그리 오래 걸리지 않습니다. 기존의 모양목 중심의 분재들은 밑동이 크기 때문에 작게는 10여년, 대개는 수십 년을 배양하거나 자연에서 소재를 취해야 어느 정도 품격에 이를 수 있습니다. 그러나 세간목들은 그 굵기가 가늘어 소재를 생산하는데 5년 남짓이면 가능합니다. 따라서 빨리빨리를 선호하는 요즘 세대들에게 세간목은 삽목이나 종자를 뿌려 빠른 시일 안에 그 결과물을 얻을 수 있다는 장점을 가집니다.

그리고 분재원 입장에서도 빨리 만들어 상품화 시킬 수 있으니 여러 가지로 시대의 흐름에 맞는 수형이기도 합니다.

두 번째는 단조로운 수형입니다.

이번에 전시된 작품들은 분생활이 그리 오래되지 않아 소재 차원이거나 배양차원에서 머문 것들이 많았습니다. 그만큼 세간목들이 개척의 단계에 있다는 것을 의미하기도 합니다. 여기에 변화를 주기 위해 주최자가 선택한 것이 이른바 취류 형태(바람나무)와 소품들이었는데 이는 소재가 가진 단점을 극복하고 곡선의 미를 주변 공간에 확산시키는 역할을 합니다. 이번 전시회에서 이런 취류 형태가 유난히 많았던 것은 바로 그런 이유가 아니었을까 싶습니다.

세 번째는 전시된 나무가 소재 차원에서 머문 것들을 수용하기 위해 분재 전시대도 상식을 깨는 것들이 많았습니다. 일부는 책장을 그대로 이용한 것도 있고 돌을 이용한 배치 등 다양한 방법이 선보였는데 이는 세간목들과 잘 어울리며 한 폭의 풍경을 연출하기도 했습니다.

그럼에도 불구하고 세간목들은 다음

▲ 인위적인 곡이 아직은 어색한 해송

 나무에게 말을 걸다

과 같은 면에서 약점을 가질 수밖에 없습니다.

첫 번째로는 연수가 짧은 만큼 수형 자체가 단순하다는 것입니다.

같은 굵기, 같은 길이의 나무라도 해마다 가위로 자르거나 곡을 넣어 만들면 거기에 연륜이 배이고 고태미가 풍부해지기 마련입니다. 그런데 이 나무들은 일률적으로 어느 정도 크기를 배양한 후 철사로 인위적인 곡을 넣어 만든 작품들이 주류를 이루었습니다.

그만큼 연륜이 짧다는 것입니다. 물론 철사로 곡을 넣어 배양한 나무라도 오래 배양하다보면 자연곡에 가까워져 나름대로 멋을 풍기는 나무가 없지 않으나 이런 나무는 소수일뿐더러 웬만한 안목을 가지고서는 어려운 일입니다. 일찍이 필자는 그 주최하신 분의 하우스를 방문하여 거기에서 배양하고 있는 다양한 세간목들을 본적이 있는데 웬일인지 이번 전시회에서는 그런 고태미 풍부한 세간목들이 거의 눈에 띄지 않았습니다.

두 번째는 극도의 단순성으로 변화가 적어 분재로서 과연 오랫동안 관심을 끌 수 있겠는가 하는 점입니다. 분재는 줄기 못지않게 가지들이 함께 어울려야 분재미를 완성합니다.

그런데 길이가 가늘고 짧다는 것은 잔가지 늘리기는 물론 다양한 수형을 창조하는 데 한계가 있을 수밖에 없습니다.

세 번째 지적할 수 있는 것은 가벼움입니다.

분재라는 장르 자체가 오랜 세월 인고의 정성으로 만들어가는 것에 비하여 세간목은 비교적 짧은 시간 안에 만들어지는 것이기 때문에 나무에 배인 연륜이 짧은 만큼 가벼울 수밖에는 없습니다. 그만큼 분재가 갖는 격조라든지 무게감은 줄어듭니다. 거기에다가 여기에 편승한 분재원들의 소재 대량 생산은 분재 보급이라는 긍정적 측면에도 불구하고 분재 자체를 일반 화분과의 구분을 모호하게 만듭니다.

가볍다. 시간이 짧게 걸린다 등은 한편으로는 시대를 반영하는 장점이 되지만 한편으로는 그동안 축적해온 분재의 역사 속에서 그 소재들이 가지는 가벼움은 어쩔 수 없었습니다. 더구나 전국적인 전시회에서 이런 소재들이 나설 수 있었던 것은 어찌 보면 연수가 짧다

▲ 약간 불안전한 분에 느티나무를 심고 주변에 야생초를 심어 액센트를 주었습니다.

분재로 세상과 이야기 하다

▲ 전시된 나무 전체가 아닌 한주한주를 놓고 보면 왠지 정리되지 않은 느낌, 평범 그 이상도 이하도 아닌 작품들입니다.

는 변명에도 불구하고 초라해 보이는 것은 세간목이라는 소재가 가진 한계로밖에는 보이지 않습니다.

 따라서 그 전시회는 하나하나의 작품의 완성도가 아닌 잘 연출된 숲을 보는 듯한 느낌이었습니다. 전시회가 끝나고 주최하신 분의 하우스를 방문할 기회가 있었는데 다시 배양하기 위하여 진열대에 놓인 전시회 출품작들은 평범 그 이상도 그 이하도 아니었습니다. 한마디로 세간목을 앞세워 개별화된 작품의 완성도보다는 전시회 전체를 작품으로 보여주는 특별한 전시회였다는 결과를 얻습니다.
 분재의 흐름을 보면 무겁고 중후힌 느낌의 대분재에서 분재미의 질징을 보어주는 귀중분재(수고 30cm~60cm 사이) 사이즈인 중품 분재로 발전하다가 어느새 소품분재가 각광을 받기 시작하더니 이젠 세간목에 이르렀습니다.
 이것은 어찌 보면 분재의 발전이 아니라 퇴보라는 생각을 지울 수 없는 것은 바로 다양한 분재 수형 중에서 문인목이라는 특정 수형, 그리고 그 짧은 연륜이 시대와 영합하여 만들어낸 것은 아닐까 하는 생각 때문입니다.

## 12. 좋아하다와 사랑하다

우리는 일상생활에서 '좋아하다'라는 말과 '사랑하다'라는 말을 종종 섞어 씁니다. 구태여 이 말을 구별해서 쓰지도 않거니와 구별해서 써야 한다고 하면 오히려 이상한 눈빛으로 쳐다봅니다. 그런데 이 말은 엄연히 다릅니다. 먼저 '좋아하다'라는 말을 분석해보면 내가 좋아하는 음식, 내가 좋아하는 색깔, 내가 좋아하는 나무, 내가 좋아하는 친구…….

이 말은 공통적으로 모든 것의 중심에 '나'를 기준으로 놓습니다. 나를 중심으로 하여 내 가치관이나 세계관에 비추어 좋고 나쁨의 가치를 판단합니다. 그래서 판단의 기준은 '나'가 되며 '좋아하다'의 반대는 '싫어하다'라는 말이 됩니다.

그런데 '사랑하다'라는 말은 어떨까요?

'사랑 한다'라고 말하는 것은 나를 중심으로 한 세계가 아니라 "대상"을 중심으로 한 세계입니다. 대상이 원하는 것을 해주고 대상이 바라는 것을 실천하고 대상이 원하는 대로 내가 움직입니다. 그래서 사랑이라는 말에는 늘 희생과 봉사라는 말이 따라다니며 그 반대말은 증오나 무관심이 됩니다.

분재를 좋아한다는 것은 현재의 상태나 모습입니다. 분재를 받고 기뻐하는 것은 그것을 사랑해서가 아니라 좋아하기 때문이며 사랑하지 않은 까닭에 나무가 원하는

▲ 물방울이 맺힌 분재수

분재로 세상과 이야기 하다

▲ 생명의 아름다움을 가장 잘 드러내는 꽃(명자나무)

것을 해주는 것이 아니라 내가 여유 있을 때 물 한 번 주고, 내가 보기 좋은 사무실 안에다 진열해놓습니다.

당연히 말 못하는 나무는 그 고통을 이기지 못하고 죽어갑니다. 그러면 이렇게 말할지도 모릅니다.

"내가 얼마나 정성을 기울였는데 그렇게 맥없이 죽어?"
그러나 정성만으로 모든 것이 해결되는 것은 아닙니다.
분재를 사랑하는 사람은 대상이 되는 나무의 습성과 상태에 대하여 이해하고 그것에 맞게 나무가 원하는 것을 해주는 사람입니다.
나무가 목말라할 때 물을 주고 벌레가 괴롭히면 벌레를 잡아줍니다. 나무기 긴장하게 자랄 수 있도록 햇볕과 바람이 충분한 곳에 나무를 놓아두고 내가 그 앞으로 걸어가 나무의 자태를 감상합니다. 그렇게 될 때 나무는 비로소 건강하고 아름다운 모습으로 키우는 사람에게 기쁨과 보람을 돌려줍니다.
지금 관리하는 나무들 좋아하시는가요? 사랑하시는가요?
좋아하는 것은 눈으로 느끼지만 사랑하는 것은 가슴으로 느낍니다. 그 가슴으로 세상을 품에 안는 따뜻한 사람들이 넘쳐났으면 좋겠습니다.

## 13. 불로장생의 비밀-새롭다는 의미

헌혈을 하면 새로운 피를 만드는 것이 촉진되어 더 건강하게 살수 있다는 말을 종종 듣습니다. 이 말을 처음 들을 때는 헌혈을 하게 하기 위해서 별소리도 다하는구나 하고 생각하셨던 분들이 저만은 아닐 것입니다. 몸에서 피를 빼내는데 더 건강하게 살 수 있다니 이런 말도 안 되는…….

그러나 분재를 하면서 이 말이 진실일지도 모른다는 생각을 자주 하게 되었습니다. 직접 헌혈을 하고 건강해졌는지 아니면 상태가 나빠졌는지는 검증해보긴 힘들지만 최소한 분재에서는 그런 일을 쉽게 경험할 수 있기 때문입니다.

땅에 심은 나무와는 달리 화분에 심은 나무는 노화가 빨리 진행됩니다. 그래서 같은 나무라도 땅에 심은 나무에 비하여 분에 심어 관리한 나무는 고태미가 일찍 찾아옵니다. 그런데 이렇게 빨리 늙는 나무가 자연에서의 나무보다 건강하고 오래 오래 살 수 있는 비밀은 어디에 있을까요?

그것은 바로 '비움'의 미학이 있기 때문입니다.

대개의 나무는 화분에 심어 5년 안팎이 되면 뿌리가 분 안에 가득 차게 됩니다. 당연히 나무가 왕성하게 성장하기 위해서는 많은 뿌리가 필요할 거라 생각하여 그대로 두는 경우가 종종 있는데 사실은 그렇지 않습니다. 분갈이가 필요한 시기가 바로 이때인데 말이 분갈이지 사실은 뿌리를 자르고 흙을 바꿔주는 일을 의미합니다.

분의 크기나 모양이 어울리지 않아 분을 바꿔줄 때가 없지 않으나 대개는 그 분에 사용하는 경우가 많으며 이 분갈이 시 가장 중요한 것이 바로 뿌리를 얼마나 잘라내느냐입니다.

필자의 경우는 분재 서적에 나온 것보다도 더 많이 자르는 편입니다.

그러면 분갈이 첫해에는 약간 몸살을 겪기도 하

▲ 이렇게 자란 뿌리의 1/3~1/2정도를 잘라 줍니다. 나무가 젊어지는 비밀이 여기에 있습니다.

분재로 세상과 이야기 하다

▲ 400년 된 이팝나무. 피고지고를 되풀이 하는 꽃처럼 우리네 삶도 그런 과정을 되풀이하는 것은 아닐까요?

지만 2~3년차부터는 훨씬 더 왕성한 생육을 보여줍니다. 특히 느티나무의 경우에는 노쇠해지던 나무가 오히려 젊어져서 투박해지기까지 합니다. 한마디로 젊어지는 것입니다.

그런데 이런 것은 뿌리 뿐 만이 아닙니다.

나무에서 자란 가지를 자르지 않고 그대로 방치하게 되면 이 가지는 노화가 빨리 진행되어 겉 색깔이 변하고 단단해집니다.

그런데 해마다 자른 가지는 그렇지 않습니다. 그것도 한번이 아니고 잡목의 경우 5월, 8월, 10월, 2월등 네 번, 소나무의경우에는 5월의 순집기, 6월의 단엽, 8월의 눈솎기, 11월의 잎뽑기 등 다양한 단계를 거치며 비워내기를 실시하면 가지는 탄력과 젊음을 유지하며 왕성한 성장을 계속하게 됩니다.

그리고 이미 완성목이라 해도 빼곡히 가지가 들어찬다 싶으면 조금 너무한다 싶게 솎는 작업을 진행하기도 합니다. 이렇게 함으로써 나무의 신진대사는 촉진되고 나무는 젊어지고 건강해집니다.

 나무에게 말을 걸다

▲ 애기사과는 해당화를 옆에 두어야 열매가 잘 열립니다

대개 젊은 나무는 도장지가 발달하고 늙은 나무는 짧게 순이 나와 멈춥니다.

그런데 가지를 심하게 자르거나 가지를 깊게 잘랐을 경우 도장지가 많이 생기는 것은 어느 정도 분재 경험이 있는 사람이라면 누구나 알 수 있는 내용입니다. 즉 많이 비울수록 그걸 채우기 위해 더 왕성한 활동이 일어나는 것입니다.

피고지고를 되풀이 하는 꽃처럼 우리네 삶도 그런 과정을 되풀이하는 것은 아닐까요? 분재를 한다는 것은 달이 차고 기울듯 이렇게 비워내고 다시 채우는 과정이며 이 과정을 되풀이하는 동안 나무는 최적의 젊음과 건강을 유지합니다. 꾸준히 관리하는 작품들이 풍부한 고태미를 간직하면서도 싱싱한 잎을 달고 있는 비밀이 바로 여기에 있는 것입니다.

필자는 분생활 40년 안팎의 작품들을 다수 관리하고 있는데 이 작품들이 한결같은 젊음을 유지하는 비결도 역시 이런 비워내기에 있습니다. 이렇게 나무를 관리하면서 부러운 것은 분재라는 것은 관리 방법에 따라 다시 젊어질 수 있지만 사람은 아무리 관리를 잘해도 늙는다는 것입니다.

인간도 분재처럼 젊어질 수는 없을까?

부러운 그들의 모습을 보면서 나는 무엇을 비워내야 할지 고민이 깊어가는 가을입니다.

분재로 세상과 이야기 하다

## 14. 소품 분재의 전성시대

　처음에는 소품도 분재냐고 하던 시절이 있었습니다. 생긴 게 귀엽고 예뻐서 분에 올려 가꾸면 나름 운치도 있고 보기 좋기도 했지만 분재원 입장으로 보면 돈이 되지 않았습니다. 뭐니 뭐니 해도 무게도 좀 나가고 크기도 있는 나무들이 돈값을 하던 시절이었습니다. 질보다 양이 주도하던 시대였고 우리 모두 배고픈 시절이기도 했습니다.

　그 시절 일찍이 소품에 눈뜬 분들은 이렇게 돈도 안 되는 소품에 매달려 고생이 이만 저만이 아니었습니다. 열심히 분에 올려 키워봤자 큰 거 사갈 때 덤으로 얹어 주는 게 고작이었습니다.

　우리들 서민들의 모습이 그랬습니다. 장군 밑에 달린 졸개들처럼 선거철이면 응당 찍어주어야 하는 줄 알았고 높은 분 한마디면 알아서 굽실굽실했습니다. 우리들은 스스로를 낮추는데 익숙해져 있었고 그것이 당연한 줄 알았습니다.

　그런데 어느 날부터인가 완벽할 줄 알았던 큰 나무들의 흠이 보이듯 높은 분들의 흠집이 보이기 시작했습니다. 높은 분들의 인간적인 약점이 하나둘 드러나면서 이젠 평범하고 익숙하지만 인간적인 흠결이 작은 이웃사람들이 하나둘 눈에 띄기 시작했

▲ 분재기르기는 여러가지 야생초와 나무 소품들을 함께 기르는 것도 바람직합니다.

51

 *나무에게 말을 걸다*

고 사람들은 그런 사람들에게 더 많은 애정과 관심을 쏟기 시작했습니다.

소품은 그렇게 우리 곁으로 왔습니다. 작지만 흠이 적었고 갖출 것은 다 갖추었으며 더구나 아파트 시대의 공간도 그리 차지하지 않아 안성맞춤이었습니다.

이때 물밀 듯 일본에서 소품들이 밀려오기 시작했습니다. 우리나라 것보다 훨씬 정교해보였고 작으면서도 할아버지처럼 고색창연한 모습이 한눈에 끌리기 시작했습니다. 가격이 높긴 했지만 그래도 물 건너온 물건인데 하면서 관대하게 용서를 해주었습니다.

▲ 광주 분재사랑 전시회에 나온 팔방매자 소품

그런데 이런 소품들이 문제를 일으키기 시작합니다. 사방이 바다로 둘러싸여 있어 습도가 높고 바람이 많은 일본에서는 무사히 잘 자라던 나무들이 한국에 들어와서는 맥을 추지 못하는 경우가 속출했습니다. 건강하게 성장하던 나무가 어느 날 가지가 마르기 시작하더니 가지 사이를 들춰보면 마른 가지와 마른 잎이 수북해지기 시작했습니다.

맞습니다. 그렇게 들여온 소품들은 일본과는 다른 국내환경에 제대로 적응하지 못했던 것입니다.

한편으로는 일본에서 수입되던 그 소품들의 정교한 맛에 홀려버린 사람들은 국내 소품은 백안시하기도 했습니다.

그리고 일부 사람들은 어느 정도 키워 놓으면 더 이상 발전이 없는 소품에 등을 돌리기 시작했습니다. 나이 들어 눈이 어두워지면서 잔글씨보다는 큰 글씨가 좋다고 자연히 소품도 분재냐고 멀리하는 사람도 보였습니다.

▲ 일본산 단풍나무 소품, 거의 일본산 수입목은 직수입한 것보다 국내의 환경에 적응된 나무들이 배양하기에 알맞습니다.

소품은 말 그대로 대작이나 중품급이

분재로 세상과 이야기 하다

아닌 작은 작품들을 말합니다.

고작해야 길이 15cm 내외 정도밖에는 안됩니다.

그러나 비록 작지만 그 작은 몸 안에 우주의 비밀을 품어 봄여름가을겨울의 사계가 지나갑니다. 더러 어떤 나무들은 앙증맞은 열매를 매달기도 합니다.

그래서 소품은 위대하거나 대단하진 않지만 친근한 우리 이웃 같은 작품들입니다.

▲ 작살나무 소품 분재

일본에서 수입된 소품들 일부가 환경이 가지는 문제 때문에 멀리하게 된 것이 어쩌면 우리 나름대로의 소품을 만들 수 있는 기회를 만들어주지 않았을까도 생각합니다.

그러다 보면 앞으로 우리 평범한 서민들의 가치가 높아지듯이 우리식의 소품도 제대로 꽃을 피울 날이 오리라 믿습니다.

▲ 장수매 석부 소품분재

53

## 15. 명목을 찾아 헤매는 당신께

사람을 판단하는 방법은 여러 가지가 있습니다. 그 사람의 인상을 보고 평가하기도 하고 사회적인 능력이나 명성을 가지고 판단하기도 하며 인품을 보고 판단하기도 합니다. 직업이나 학력이 판단의 지표가 되기도 합니다.

분재 역시 마찬가지입니다. 가장 먼저는 그 나무의 외모가 될 것이고 두 번째는 엽성, 가지의 특성, 열매 맺는 버릇이나 꽃의 색깔, 단풍의 색깔, 혹은 잎의 특성까지도 나무를 판단하는 요소로 작용합니다.

그중에서 가장 조화롭고 사람이 원하는 방향에 충실한 나무를 가리켜 명품 소재라 칭하고 이를 제대로 공을 들여 키워내면 이른바 명품이 됩니다. 그 소재에는 우리가 사는 사회에 노숙자와 회장님이 공존하는 것처럼 다양한 상태의 소재들이 있습니다.

우리가 사는 사회에서 가장 밑바닥 인생을 꼽으라면 당연히 노숙자를 꼽을 것입니다. 노숙자는 길에서 잠을 자는 사람, 어찌 보면 실패한 인생처럼 보이는 사람으로 그 의미를 한정하여 보면 분재원에 가면 이런 노숙자 같은 나무가 반드시 있습니다. 더부룩하게 우거진 가지와 잎이며 화분에 가득한 잡초. 가끔은 버려진 나무인 듯 몸에 철사를 칭칭 감고 있기도 하고 거름 한 방울 못 얻어먹은 것처럼 삐쩍 말라있기도 합니다.

가격으로 환산하기조차 좀 뭐한 나무들입니다. 누가 행여라도 가격을 물어볼라 치

▲ 약 450년 된 소나무 명목 분재(청주 상록분재원 소장)

분재로 세상과 이야기 하다

▲ 심산해당화

헐값에 팔려가기도 하고 분재원을 치워주어서(?) 고맙다는 인사를 받는 나무이기도 합니다. 그러나 가끔은 아주 눈이 예리한 사람이 있어 이런 소재에서 가능성을 발견하기도 합니다.

두 번째는 새벽 노동시장에서 만나는 노동자와 같은 나무들이 있습니다. 이 사람들은 젊었을 적이나 나이가 들어 조금 더 오래되어도 받는 일당에서는 크게 차이가 나지 않습니다.

아니 오히려 분 생활을 오래 겪은 나무들은 나이 먹은 노동자가 외면당하는 것처럼 분올림이 그리 오래되지 않은 나무보다 더 저렴한 가격에 거래되기도 합니다. 이 나무들은 대개 전국적으로 그 가격대가 비슷한 것이 특징이며 오래 키워도 좀처럼 가격이 오르지 않습니다. 우리는 이를 상품목이라 부릅니다.

다음으로는 평사원으로 입사하여 대리 과장 부장 등을 거치는 나무들이 있습니다. 이 나무들은 소재에서 어느 정도 틀을 갖춰갈 때까지는 적절하게 가격이 오르는 것이 상식입니다. 그러나 그 가격이라는 것이 대리에서 멈추는 것도 있고 과장이나 부장에서 멈추는 것도 있습니다. 어느 정도 가격은 물고 있지만 더 이상 발전 가능성이 없는 나무. 이 나무를 보통 작품 급이라 이르는데 완성된 모습 하나만 놓고 보면 특별히 뛰어난 멋은 없지만 우리가 지하철에서 만나는 수많은 사람들처럼 평범한 얼굴을 지니고 있습니다.

55

## 나무에게 말을 걸다

▲ 처음에는 누구도 거들떠보지 않던 40만 원대 소재가 불과 3년 만에 다섯 배가 넘는 고가로 거래되었던 소사나무쌍간. 회장님같은 나무라고 할 수 있습니다.

마지막으로 회장님 형 나무가 있습니다. 이 나무는 땅에서 캐어 올릴 때부터 뭔가 다릅니다. 소재의 생김새도 그렇고 뿌릿발도 그렇고 나무가 가진 개성이 예사롭지가 않습니다. 당연히 소재 때부터 고가에 거래됩니다.

그리고 이런 나무들은 해를 거듭해갈수록 그 진가를 드러내기 시작합니다. 사람들의 눈에도 유난히 눈에 띕니다. 가격을 묻는 사람들이 많아질수록 자연히 몸값도 올라갑니다.

그리고 어느 정도 완성된 다음에는 나름대로 독특한 개성과 품격을 지니게 됩니다. 분재인이라면 누구나 명목을 꿈꿉니다.

다만 현실이 이에 부합하지 않아 끙끙 앓기도 하고 분재원에서 본 분재가 눈에 아른거려 며칠 밤을 설치기도 합니다.

그래서 이런 저런 조합으로 나무를 안으려 하지만 결국은 소재로 눈을 돌립니다. 그러나 소재라고 해서 결코 만만한 것이 아닙니다. 소재 중에는 오히려 완성목보다 가격이 높은 것들도 있기 때문입니다.

어떤 소재를 선택하느냐는 결국 그 사람의 안목과 경제적 능력이 결정합니다. 그리고 그 안목이라는 것도 단번에 만들어지는 것이 아니라 아주 오랜 시간 무수한 시행착오 끝에서 얻는 선물 같은 것이라 누구나 쉽게 가질 수 있는 것도 아닙니다.

특히 싼 것만 찾아다니는 사람들에게는 아주 머나먼 길이라고 할 수도 있습니다.

분재로 세상과 이야기 하다

▲ 비자나무 명목 분재(청주 동보건설 이두이 회장 소장)

어쨌든 좋은 나무를 고르겠다는 일념으로 여기저기 돌아다니며 좋은 나무 고르는 법을 줄줄 외우면서 살펴보지만 현실은 늘 다른 모습을 갖고 있습니다.

그러나 아주 간단한 방법이 있습니다. 명목으로 보이는 나무, 혹은 그런 작품을 발견했을 때 사람이 키워낸 부분을 전부 지워가면서 애초에 분올림할 당시 모습을 확인해보는 것입니다. 그리고 그 나무를 어떻게 키워갔는지를 꼼꼼히 체크하면서 확인해보는 것입니다. 그러다 보면 전혀 뜻밖에도 놀라운 진실 하나를 발견할 수 있습니다.

예를 들어 어떤 명목에 반해 그 나무의 소재였던 부분과 배양한 부분을 구별하여 보면 놀라울 정도로 단순하거나 평범한 모양이 나오는 것도 많다는 것입니다. 그런 소재를 해를 거듭해 하나하나 제대로 키워 가다보면 기저귀를 차던 아이가 어느 날 대학을 가고 장가를 가는 그 놀라운 변화를 체득하게 됩니다.

좋은 분재 소재를 고르기 위해서는 무한히 많은 시행착오를 거쳐야 하고 타고난 감각과 더불어 미적인 안목, 그리고 그 나무의 미래를 그려낼 수 있는 상상력도 풍부

 나무에게 말을 걸다

▲ 찔레나무 분재

해야 합니다. 어린 아이들이 어렸을 때 위인전을 읽으면서 미래를 꿈꾸는 것과 크게 다르지 않습니다.

　상품목으로 소비되기 보다는 누군가의 끊임없는 관심과 사랑이 필요한 당신, 분재 소재 하나도 그렇게 신중하게 선택하여 정성으로 키우다보면 결코 그 나무는 실망을 안겨주지 않습니다. 사실 노숙자와 같이 버려진 나무라도 기본이 탄탄한 나무라면 누군가 제대로 주인을 만나 명목으로 변신하는 꿈을 꾸는 것이 분재 세상이기도 합니다.

분재로 세상과 이야기 하다

## 16. 나의 초보시절

### 가. 분재에 첫발을 들이다.

- 예솔분재원 홈페이지에 연재했던 글의 일부를 수정하여 올립니다.

▲ 노랗게 물든 은행나무 분재

내가 분재라는 것을 처음 본 것은 1988년 순창에 있는 고등학교에 부임하고 나서였습니다. 그 이전까지는 분재라는 것이 있다는 사실조차 모르는 촌놈이었지요.

당시에는 학기 초에 가정 방문이라는 것을 하였는데 집집마다 구멍 난 양은그릇이며 귀퉁이가 나간 화분, 심지어는 구멍 난 밥솥까지에도 소나무며 느티나무, 단풍나무 한두 그루 없는 집이 없었습니다.

논두렁 밭두렁을 정리하다가 작물에 그늘이 지는 나무를 해마다 낫으로 잘라내고 그래도 안 되면 뿌리째 뽑아다가 생명이기에 차마 화목으로는 쓰지 못하고 그릇이라는 그릇에 심어서 마당 한 켠에 밀쳐두고 물을 주면 나무는 나무대로 살겠다고 그 좁은 곳에서 뿌리를 내려 하나의 분재가 되는 참으로 오묘한 공존이 거기 있었습니다.

그리고 해마다 가지가 넘치면 대충대충 눈어림으로 잘라내어도 나무가 가진 강한 생명력은 하나의 모양이 되고 존재가 되어 시골 사람들의 삶의 일부가 되는 그런 식이었습니다.

그러나 그때에는 그저 눈요기 삼아 바라볼 뿐 지평선이 보이는 허허벌판에서 겨우 소나무 몇 그루, 미루나무나 바라보던 나는 나무가 참 재미있고 예쁘다고만 생각했습니다. 그리고 그런 나무 몇 그루 키워보고 싶은 욕심이 슬며시 드는 것이었습니다. 그러다가 결혼한 동갑내기 선생님 댁을 방문하면서 화분에 즐비하게 심어져 있는 [분재] 소재를 가리키며 어디에서 구했는지 물으니 산에 가면 흔히다는 것이었습니다.

그저 산에 가면 저런 나무가 널려있고 그런 나무를 캐다가 심으면 분재가 되는 줄 알고 나도 산에 데려가 달라고 했더니 흔쾌히 허락하는 것이었어요.

이후 주말이면 산행이 시작되었습니다. 만사 젖혀 놓고 곡괭이 한 자루, 톱 하나, 그리고 마대포대 하나 챙겨들고 산사람들이 만들어놓은 길을 따라가기도 하고 새로 길을 만들면서 여기저기를 헤매 다녔습니다. 덕분에 우리 집 사람은 산길을 걸으면서 조는 재미있는 버릇도 생기게 되었구요.

## 나무에게 말을 걸다

한 나무 한 나무 닥치는 대로 캐다가 보면 어느새 날이 저물고 집으로 돌아와서는 마사토를 사다가 분에 심는 작업이 지속되었습니다. 주로 이 고장에 많은 느티나무를 캐는 것이었는데 동네 사람들이 내가 느티나무라고 캔 나무를 보더니 서어나무라고 했습니다.

느티나무와 서어나무도 구별하지 못했던 거지요. 더구나 아랫부분에 고목이 진 나무는 절대 놓치지 않았습니다. 그때는 그런 것이 좋은 나무인줄 알았으니까요. 그 와중에 밤나무 밭에서 발견한 느티나무는 지금도

▲ 샛빨갛게 물든 겸양 옻나무의 모양이 자연스럽습니다.

눈에 아른거릴 정도로 좋은 나무들이었습니다. 말이 밭이지 바닥에 돌이 삐쭉빼쭉한 곳으로 밤을 줍기 위하여 해마다 낫으로 가지를 잘라내어 오랜 세월을 겪다보니 미끈한 수피에 상처도 아물어서 말 그대로 분재가 되어버린 그 나무를 바라보며 가격도 모르면서 육백만 불이라고 자랑스러워하던 순간들이 아직도 기억에 남습니다. 나무 한주 한주가 늘어나면서 셋집으로 살던 집 곳곳이 나무로 밟히게 되었습니다. 봄이 오고 새순이 터오고 그걸 바라보며 세상의 근심이 따로 없는 듯 했습니다.

하나하나 살림살이가 불어나듯 나무들 숫자를 헤아리면서 물을 주고 싹이 트는 것을 기다리는 마음은 늘 설렘 그 자체였습니다. 월요일마다 몸이 녹초로 지쳐나도 그저 한 그루 한 그루 늘어나는 나무가 마냥 행복하기만 했으니까요.

그러나 나무는 생각처럼 자라주지 못했습니다. 오다가다 옷깃에 걸려 넘어지고 이리저리 살펴보다가도 흔들리고. 당시에는 나무를 분에 고정시키기 위하여 뿌리를 묶어두어야 한다는 것을 알지 못했으니까요. 그런 것을 다시 고쳐 심는 과정을 되풀이하면서 몇 개의 나무는 싹을 내밀다가 저 세상으로 먼저 가기도 했습니다.

그러다가 결혼 이듬해 드디어 마당 넓은 집을 사서 이사했습니다. 물론 한 해 동안 열심히 캐다 심은 나무들은 영문도 모른 채 많이들 죽어나갔구요. 이유는 간단했습니다. 고태미 풍부한 고목이 된 나무를 선호하다보니 이제야 알게 된 '고목이 된 나

분재로 세상과 이야기 하다

▲ 평범한 나무도 어느 한 부분을 취목을해 새로운 수형의 분재로 거듭 날 수 있습니다.

무는 캐지 마라' 이 불문율을 몰랐던 거지요. 그러나 그런 사실을 모르는 나는 그저 볼품없는 나무라도 버리지 못했습니다.

당시 살던 집은 도시계획에 따라 소방도로가 걸려있어 뒤뜰이 굉장히 넓은 집이었는데 뒷담을 이어서 비닐하우스를 설치하고 콘크리트로 바닥을 만든 뒤 나무를 배양했는데 그땐 몰랐습니다. 그런 자리는 낮과 밤의 일교차가 커서 나무에 해가 된다는 것을. 시련이 시작되었습니다.

나무들이 자꾸 죽어나가는 겁니다. 아끼는 나무일수록 더 빨리 죽어나갔습니다. 먼저 분재를 시작한 분들에게 이유를 물으니 고작해야 "내껀 안죽는디?" "물을 제대로 안주는갑네!"가 고작이었지요. 이래선 안 되겠다 싶어 책을 사서 읽기 시작했습니다. 그러나 속 시원하게 답해주는 책은 어디에도 없었습니다. 키우는 방법, 물주는 방법도 모두 나와 있는데 정작 내가 궁금해 하는 것들은 나와 있지 않았던 거지요.

나무를 오랫동안 기른 사람들한테 물으면 단풍나무는 산지의 흙을 가져다가 분에 심을 때 같이 심으라고 하더군요. 물론 저는 초보였고 충실한 학생이었으므로 따라했지요. 그러나 그 나무 역시도 2~3년 지나면 영락없이 끝가지부터 마르면서 죽어나가는 것이었어요.

61

그래도 한두 주 쓸 만한 나무들은 비싼 돈을 들여 고급 분을 사다가 분갈이를 했습니다. 그러나 그 때 뿐이었지요. 봄철이 되면서 나무들은 아예 싹을 올리지 않았습니다. 그러다가 누렇게 변하면서 죽어나가는 거였어요. 그리고 그 이유를 설명해줄 수 있는 사람은 아무도 없었습니다. 슬그머니 오기가 생기기 시작한 무렵이기도 했습니다.

## 나. 소나무 죽이기

전편 글에 대하여 낚시를 하다가 분재를 하셨다는 분들의 이야기가 많았는데 저 역시 마찬가지였답니다. 여기는 섬진강 줄기가 지나는 곳이라 강낚시의 묘미를 한껏 누릴 수 있는 곳이지요. 하여 목요일 저녁쯤 황토에 깻묵을 섞어 밑밥을 던져놓은 뒤 토요일 오후부터 낚시를 준비하는 맛이란…….

밤을 꼬박 새우다보면 낚싯대를 휘며 끌려나오는 붕어들…….

그러나 어느 순간 낚시에 손을 떼고 이젠 분재밖에 모르는 사람으로 변해 버렸습니다. 생각해보면 똑같은 자연을 상대로 한 취미지만 생명을 죽이는 취미와 생명을 살리는 취미는 엄청난 차이가 있다는 것도 후에 깨닫게 됩니다.

▲ 완벽한 근장에 자연스러운 줄기의 흐름, 분재는 자연을 닮은 축소판입니다.

나중에 안 사실이지만 원인은 간단했습니다. 한마디로 과보호를 했던 거지요. 다른 나무보다 한 번 더 만져주고, 조금이라도 거름을 더 주고 새순이 자라나오면 즉시즉시 잘라주고. 나무 혼자 자랄 새가 없었던 거지요. 사람도 마찬가지지만 나무 역시 과보호는 금물이라는 것을 수많은 나무들을 죽이고서야 깨닫게 되었습니다.

또 하나는 장소 문제였습니다. 하우스는 좁고 바닥이 시멘트라서 겨울 한낮에 비추는 햇빛에 하우스 안의 온도가 높이 올라가고 상대적으로 밤에는 온도가 내려가 그 심한 일교차를 나무가 견뎌내지 못했던 거지요. 나무도 겨울잠을 자야하는데 일교차가 심하면 나무가 몸살을 앓다가 죽는다는 것을 모르고 있었으니까요. 그런데 무조건

분재로 세상과 이야기 하다

고급 분에 분갈이하면 죽는다고 생각했으니 얼마나 나는 단순한 사람이었던가요.

 이런 시행착오 끝에 소나무에 도전했습니다. 분재 소재로 쓰는 소나무는 연륜은 많고 제대로 자라지 못한 나무를 쓰기 때문에 주로 거름기 없는 척박한 땅을 찾아 다녔지요. 이른 봄에 멀리서 산을 바라보면 다른 곳보다 누런 곳에 가면 틀림없이 그런 소나무들이 있었으니까요. 그러다가 한 야산에서 이런 나무를 무더기로 발견한 것입니다. 모양도 좋고 껍질이 고태스러우면서도 크기는 지금으로 말하면 중품에 해당되는 나무였어요. 무조건 캤어요. 잘 안 뽑히는 나무는 기운을 두었다 어디에 쓰느냐고 쑥쑥 잡아 뽑았죠. 생각해보세요.
 한나절에 맘에 쏙 드는 소나무를 20여 주를 넘게 캐는 날도 있었으니…….
 아하! 그런데 이걸 어떤 마사에 어떤 방식으로 심는지를 알아야지요.
 그래서 당시 화원을 하는 학부모에게 물었더니 무조건 굵은 마사에 심으래요. 믿을 수가 있어야죠.

 나무가 물이 있어야 성장하는 것인데 물을 주면 금방 빠져버리는 마사에 심어서 소나무가 어떻게 사냐구요? 더구나 자기 집에서 관리하는 소나무는 보기도 좋게 가는 마사로 심어져 있더라고요. 당연히 가는 마사로 심었지요. 그리고 열심히 물을 주었구요. 그런데 이 나무들이 물주는 사람 성의도 모르고 하루가 다르게 잎색이 누렇게 변하면서 죽어 가는 거예요.
 물이 부족해서 그런가보다하고 아침저녁으로 더 열심히 주었죠. 그랬더니 남은 잎마저도 모두 떨어뜨리고 마침내 배신의 쓴잔을 내미는 것이었습니다.

 아하, 먼저 선각자들이 소나무는 어려운 것이라 하더니 이래서 그러나

▲ 봄이 되어도 가지를 떠나지 못하는 졸참나무의 묵은 잎, 봄이와 새싹이 돋을 때까지 어린 눈을 보호하려는 자연의 섭리가 참으로 오묘하기만 합니다.

## 나무에게 말을 걸다

보다. 저는 참으로 대단한 이치 하나를 터득했습니다. 선각자들이 하는 말이 결코 허언이나 하는 것이 아님을요. 그 후로 소나무는 기피대상이었어요. 좋은 나무를 만나도 캐다 놓으면 죽을 텐데 하면서 그냥 지나쳐갔죠. 그리고 느릅나무에 손대기 시작했어요. 그런데 한 가지 기억이 떠올랐어요.

우리 집으로 이사 오기 전에 어느 양옥집에서 잠시 살다온 적이 있었는데 그때 소나무를 놓을 데가 없어 옥상에 놓았었어요.

아무리 물을 많이 주어도 하루 지나면 분이 바짝 마르곤 했죠. 그런데 그 나무는 여태 건강한 거예요. 이건 분명 물과 관련이 있다 싶어 책을 뒤져보았죠. 그랬더니 글쎄 외우다시피 한 책에 소나무는 물을 너무 자주 주면 안된다고 적혀있는 거예요.

▲ 송백류 분재의 유장한 선의 아름다움, 이것이 분재의 매력입니다.

분명히 알고 있었는데, 아니 외울 정도로 보았던 내용인데 제가 무엇을 공부했는지 모르겠더라구요. 책을 읽어서 아는 것과 경험으로 아는 것은 이런 엄청난 차이가 있다는 것도 처음으로 깨달았고요.

문제는 물을 자주 주는가 드물게 주는가가 아니라 물빠짐이 좋은가 나쁜가에 따라 성패가 갈리게 된다는 것은 한참 후에 깨달은 내용입니다. 그리고 소나무는 아무리 마음이 급하더라도 잡아 뽑으면 백발백중 죽게 된다는 것도 훨씬 나중에야 알게 됩니다.

소나무 뿌리는 다른 잡목처럼 잡아당기면 끊어지지 않고 늘어나기 때문에 이때 물관이 도막도막 끊어져서 물을 올릴 수 없게 된다는 것을 그때 당시는 생각지도 못한 것들이었습니다. 그때 누가 조언만 해주었어도 이러지는 않았을 터인데. 하여튼 스승이 없으니 독학을 하긴 계속 해야죠.

그러면서 저 나무들의 죽음을 헛되이 하지 말자고 단단히 다짐했어요. 나무가 죽으면 왜 죽었는지 철저히 분석해서 똑같은 실수를 되풀이하지 말자는 거지요. 소나무, 특히 육송은 뿌리가 균근(이 균근이 송이버섯으로 자란다는 거 아세요?) 과 함께 공생하는 특징을 가지고 있는데 이 균근이 물을 싫어해서 물을 많이 주면(더 정확히는 물이 오래 고여 있으면) 뿌리부터 썩어 들어가요.

그리고 솔잎 자체가 가늘기 때문에 활엽수에 비해 증산량도 상당히 적구요. 나름

분재로 세상과 이야기 하다

▲ 찔레꽃 분재(분경)

대로 비법이야 많겠지만 가는 흙을 모두 빼내고 휴가토와 마사를 섞어서 심어요. 그리고 대작인 경우에는 이틀에 한번 꼴로, 중품 이하는 매일 물을 주지요.

　그렇게 5개월쯤 지나면 분 밑구멍까지 하얀 균근을 볼 수 있어요. 소품인 경우에도 마찬가지인데 멋을 내려면 가는 흙을 체로 쳐서 빼낸 가는 마사로 위만 살짝 덮지요.
　제가 화원을 하는 학부모 댁에서 본 가는 마사가 덮여있던 것이 바로 그 화장토라고 하여 멋을 부리기 위하여 겉만 살짝 덮어놓은 것이었는데 뒤늦게 깨달았지만 어쩔 수 없었습니다. 이미 나무는 죽어서 흔적도 남지 않았는데 이제라도 잘 키워야죠.
　이렇게 어렵게 소나무를 키우고 보니 이젠 소나무도 어느 정도 자신이 생겼어요. 그런데 느릅나무가 문제였어요. 봄에 논둑 밭둑 헤집으며 열심히 캐어 나른 느릅나무가 싹이 돋다가 죽는 거예요. 이 나무의 잔가지며 뒤틀려 자란 줄기며 자잘한 잎하며 하여튼 맘에 드는 나문데 이걸 어떻게 정복하죠? 날이 갈수록 생겨나는 문제는 태산이었습니다.

 나무에게 말을 걸다

## 다. 예술을 꿈꾸다

좀 천천히 가게요.
아무리 댓글 다섯 개 달면 다음 글 올려드린다고 했다고
하루 만에 이렇게 많은 댓글이 달리면
정신없잖아요.
그리고 한꺼번에 많은 글 올리면 읽다가 지쳐요.
이렇게 야금야금 퍼 올려야 감칠맛이 더하거든요.

▲ 척박한 바위 틈에서 수십년의 세월을 보낸 팽나무.

이 글은 전체 7차에 걸쳐 올려드릴 예정이니 조금 더 느긋하게 씹어가면서 읽어주세요.

순창은 산악지형이라 논둑 밭둑에 돌이 많습니다.

한마디로 척박한 땅이 많다는 뜻이지요.

느릅나무가 위장병에 좋다고 하니까 지금은 너도나도 할 것 없이 모두 캐어가고 그나마 남은 그루터기도 제초제를 뿌려서 자연 상태의 느릅나무를 구경하기도 힘들지만 그때만 해도 산자락을 끼고 있는 계곡이나 밭둑에는 재미있게 생긴 느릅나무가 많이 있었어요.

더구나 밭에 그늘지거나 곡식에 해가 된다고 해마다 가지를 잘라내어 자연 그대로 분재인 나무가 수도 없이 많았던 시절이었으니까요. 아직도 눈에 삼삼한 것은 어느 무덤가에 있던 느릅나무예요. 분재로 치면 소품 주립이었는데 해마다 벌초를 하면서 잔디와 함께 잘리다보니 땅바닥을 기면서 만들어진 나무는 분재라는 환상을 심어주기에 안성맞춤이었어요. 그런데 캐지는 못했죠. 귀신 붙을까봐 무서워서요. ㅠㅠ

그런데 이렇게 좋은 나무를 애써 캐다가 분에 심으면 뿌리 부분이 썩어 들어가면서 반드시라고 할 정도로 죽는 거예요. 여기 저기 분재원에 물어보았더니
"글쎄요, 느릅나무는 잘 사는 나무인데요."

분재로 세상과 이야기 하다

▲ 분재는 수형뿐만이 아니라 그 수형을 따라 피어난 꽃도 감상의 대상입니다.

 이런 걸 미치고 환장한다고 하는 거예요. 자기들은 잘 사는 나무인데 왜 나는 캐다가만 놓으면 죽느냐구요? 그리고 분재원들이 나무 팔 연구만 하지 나같은 초보자가 물어보면 절대 안 가르쳐 주더라구요. 그리고 가르쳐준다는 것이 큰 인심 쓰듯 상식이나 하나 둘 가르쳐 주구요.
 어쨌든 도전할 대상이 생겼으니 죽이 되던 밥이 되던 부딪혀 보아야지요.
 일단 캐온 나무를 이번에는 밭에다 심었어요. 그랬더니 뜻밖에도 쉽게 활착을 하대요.
 그리고 해마다 전지를 하고 수형을 수평으로 늘어뜨리며 가지를 받았지요. 이렇게 2-3년이 지난 다음 봄에 캐어 분에 올려보았어요. 몇 주가 살데요.
 그런데 사는 나무는 한결같이 싹이 막 터나오는 것을 옮긴 경우였어요. 아하 이것도 역시 물과 시간에 관련되는구나.
 그랬어요. 느릅나무는 알다시피 수피가 두꺼운 나무예요. 그러니 자체에서도 수분을 많이 가지고 있어서 그 수분이 부족해진다 싶으면 뿌리를 내려 삶을 영위하지요. 분에 심을 때 다른 나무처럼 물을 자꾸 주면 나무가 필요로 하는 물보다 마침내 더 주

 나무에게 말을 걸다

게 되어있고 분 바닥에는 물이 항상 고여 있어요.

　나무에게 물은 약간 모자란듯하게 주어야 건강하게 자라요. 그래서 시들기 직전이라는 물주기 용어가 생긴 거구요.

　그러나 철쭉이나 백일홍등은 껍질이 얇아 나무 자체에 수분탱크가 없기 때문에 열심히 물을 주어야 수분이 모자라지 않지만 느릅나무처럼 수피가 두꺼운 나무는 물관리가 달라져야 하는 거지요. 마치 다육식물에 물을 많이 주면 죽는 것처럼 느릅나무도 그랬던 거지요.

　그런데 문제가 생겼어요. 나무가 예쁘기는 한데 만약 나무를 캐내면 논둑 밭둑이 무너지게 생긴 곳이 한둘이 아니더라구요. 주인 몰래 캐낸다 하지만 양심이 있죠. 저도 농사꾼의 자식인데 내 욕심 채우겠다고 다른 사람 피해주면 안되잖아요……
　연구 끝에 책에서 배운 대로 취목을 시도해보기로 했어요. 장마 시작 전에 재료를 챙겨 느릅나무를 찾아 돌아다니기 시작했어요.
　책에서 배운 대로 나무줄기의 껍질을 벗기고 수태를 붙이고 검은 비닐을 감아놓으

▲ 위장병에 좋은 나무로 알려지면서 야생 느릅나무들이 점점 그 씨가 말라 가고 있습니다.

## 분재로 세상과 이야기 하다

▲ 새색씨 자태처럼 유연함을 자랑하며 한 껏 폼을 잡고 있는 등나무 분재

니 장마 끝날 즈음에 거의 뿌리가 내렸어요.

아, 여기서 한 가지, 수태를 싸맬 때 실이나 비닐 끈 등을 이용하여 수태를 묶는데 조금 세게 묶으세요. 헐렁하게 묶은 것보다 뿌리가 훨씬 많이, 그리고 빨리 내립니다. 이런 것을 장마가 끝날 무렵 잘라다가 분에 옮겨 심었죠. 이렇게 느릅나무도 정복했어요.

이제 이 시행착오 끝에 죽어간 수많은 느릅나무에게 삼가 조의를 표해야 하겠죠?

자 그럼 이글을 읽으시는 분 일동, 묵념 시작.

이렇게 분재에 관심을 가지고 있다 보니 슬그머니 욕심이 생겨나는 거예요.

나도 이제 분재 소재 한번 키워보자! 이리저리 고민하고 있는데 우리 학교에 같이 근무하는 ET선생님이 전남 무안의 김용진이라고 하는 분이 친구의 작은 아버지가 된다고 하면서 한번 만나러 가재요.

그래 그 분을 만났는데 진정한 선각자였어요. 당시 무안 앞바다에 지도라는 섬이 있었는데 그 섬에서 자연산 해송 소재가 쏟아져 나왔대요. 다른 사람들이 그 소재를 캐다가 상품으로 만들어 팔 때 이분은 그 씨를 받아다가 땅에 뿌렸던 거지요.

다른 사람들이 미친 짓 한다며 비웃었지만 지금은 분재원하시는 분은 모르는 분이 없을 정도로 분재계의 거목이 되어 있지요.

지금은 큰아드님이 농장을 이어받아 소재를 생산하고 둘째는 서울에서 분재관련 재료를 판매하고 있지요. 예솔의 오늘이 있기까지 이분이 도와주신 것은 글로 다 표현이 안 된답니다.

이 분을 만나 소재 생산에 대하여 문의했더니 얼마든지 하래요. 지금 당장 소재가 부족해서 수출할 물량도 달린다고 하시면서요.

 나무에게 말을 걸다

그러면서 저보고 한 5000주 가량이면 무난하고, 아니 선생이니까 2-3천주 가지고 시작해보래요. 그런데 눈치 채셨을지 모르지만 저는 욕심이 많은 사람이었어요.

일단 이 사업의 전망을 꼼꼼히 챙기면서 사주보는 분(예솔지기 책사분인데 언제 한번 소개해 드릴게요)하고 상의 했더니 대찬성이더라구요.

일단 씨를 구입해서 책에 나온대로 가는 마사에 뿌렸어요. 그런대 참으로 신기하데요. 90%이상이 발아한 묘목을 다시 뿌리를 잘라 심었는데 80%이상이 살아나는 거예요. 1995년 춘분날 씨앗을 뿌렸었는데, 그날의 새벽꿈을 아직도 잊지않고 기억하고 있어요.

제가 근무하는 학교 옆에 하늘로 치솟은 듯 한 산이 보이고(실제로는 없음) 그 산에 소풍을 갔는데 엄청 길어 보이는 폭포에서 맑은 물이 쏟아져 내려 시내 일대가 온통 물바다가 되는 꿈이었지요.

이게 바로 지금의 예솔을 태동시킨 태몽이었답니다.

일단 땅을 구입해야 하니까 순창 일대를 돌아다니면서 분재원 겸 분재를 키울 땅을 알아보기 시작했어요. 그리고 소재를 어떻게 생산하는지, 그리고 어떤 수형이 좋은 작품인지 본격적인 분재 수업을 시작했어요.

광주, 마산, 부산, 군산, 전주, 유성, 무안, 진주 등 전국을 돌아다니면서 수형이 아름다운 나무나 제가 참고할만한 나무가 있으면 카메라를 들이대었어요.

그리고 앨범 하나를 온통 분재 사진으로 채워 넣기 시작했지요. 그리고 틈나는 대로 사진을 보고 수형을 그리기 시작했지요.

나중에 발견한 사실이지만 분재를 그리는 것이 수형공부에 많은 도움이 되요. 가지의 배열, 곡의 위치 등 한꺼번에 많은 것을 가르쳐주거든요.

이렇게 맘에 드는 나무로 사진을 찍어 아기 앨범 한권을 거의 채울 무렵 순창 일대를 일 년간 배회하다가 지금의 예솔 자리를 발견하게 되었지요.

▲ 자귀나무

70

분재로 세상과 이야기 하다

▲ 석류나무는 뒤 틀린 듯이 자라는 줄기와 여름의 꽃, 그리고 가을이 깊어 가면서 탐스럽게 익어가는 열매가 참으로 보기에 좋은 관상의 즐거움이 따릅니다

그때가 크리스마스 무렵이라 날씨가 고르지 못했었는데 집을 세울 자리에 서보니 되게 편안하게 느껴지는 거 있죠? 그 자리에 서 있을 때 편안함을 안겨주는 곳이 그 사람에게는 명당이랍니다.

### 라. 예솔지기, 두 번 살다.

이 땅은 우리 반 학부형이 소개해준 땅이었어요. 위치라든지, 주위의 풍경이 너무 맘에 들었어요. 이어 가격을 흥정했지요. 그랬더니 이 친절한 학부형님은 저보고 가만있으래요. 모든 걸 자신이 알아서 처리해주마구요. 이어서 계약이 이루어졌어요. 대금을 치르고 수고비로 얼마 안 되는 돈을 쥐어주고 나서 등기 이전을 마쳤습니다. 그런데 문제는 엉뚱한데서 불거져 나왔어요.

이곳으로 이사 온 얼마 후에 수로를 치우기 위하여 나온 땅의 전 소유주와 만나 우연한 이야기 중에 제가 산 가격하고 판 사람의 가격이 글쎄 5백만 원이나 차이가 나는 것을 발견한 거예요.

내막을 알아보니 그 학부형이 철저하게 이중 플레이를 했더군요.

광주 모 선생이 땅을 산다고 하는데……로 시작해서 나름대로 작성한 시나리오에

 나무에게 말을 걸다

따라 철저하게 상대에게는 나를 은폐시키고 나한테는 바쁘신데 나서지 말라고 위하는 척하면서 그 중간에서 농간을 부려 5백만 원을 가로챈 거예요.

제가 그 가격에 땅을 사겠다고 나섰으니 할 말이야 없지만 세상 믿을 사람 하나도 없다는 말, 실감이 가대요.

더구나 저는 그때 그 사람의 아들을 담임하고 있었거든요. 이왕 시작한 김에 후일담 하나 더 해줄게요. 이 사람 이 돈 받아다 잘 먹고 잘살았을 거 같죠?

천만예요. 바로 후에 그 학부형의 안사람이 맹장 수술을 했는데 이 쉽고 간단한 수술이 잘못되어 배를 두 번이나 갈랐어요. 맹장 수술이 잘못되어 복막염으로 터진 것이죠. 당시는 의료보험이 안 되던 때라 저에게서 가져간 돈을 모두 수술비로 썼을 것입니다. 돈은 돈대로 들어가고 사람은 사람대로 생고생했죠.

아마 그 사람은 그 돈 없었으면 큰일 날 뻔 했다고 생각했을 거예요.

그러나 다르게 보면 그런 식으로 돈을 빼냈기 때문에 벌 받은 거 아닐까요?

세상에 공짜 없다는 무서운 진리를 배우는 순간이었어요.

그리고 저 역시 이 일을 교훈 삼아 공짜는 원하지도 않고 바라지도 않게 되었어요.

이렇게 자신이 하고 싶은 일을 하려면 세 박자가 맞아야 해요.

첫째 경제적 여건- 아무리 맘이 굴뚝같아도 돈이 없으면 글쎄요.

둘째는 시간적 여건-이런 면에서 저는 행운아죠.

교직이란 직업은 토요일 오후, 일요일, 그리고 공휴일에 방학까지 꼬박꼬박 챙길 수 있잖아요.

다음이 가족들의 동의. 물론 애먹었죠. 제 취미생활에 이런 막대한 돈을 투자한다는데 우리

▲ 구절초는 여름부터 가을까지 산야의 이곳저곳에 피는 흔하디 흔한 꽃도 사람의 손길이 더해지면 예술이 됩니다.

분재로 세상과 이야기 하다

▲ 가느다란 선으로 양분을 공급 받아, 생명을 유지하고 있는 배나무 분재가 신비롭기만 합니다

집 사람의 눈이 치켜 뜰 수밖에요. 그러나 제가 누구예요? 국어선생이잖아요. 온갖 사탕발림으로 동의를 이끌어 냈죠.

사탕발림요?

우리 집사람보고 물어보세요.
그리고 땅을 돋우는 작업을 시작했어요.
여기에서 또 다른 학부형의 도움을 크게 받게 돼요.
이 학부형이 처음부터 나서서 흙을 알아보고 중기를 알아보고 하면서 일을 마무리하더니 품삯을 거절하는 거예요. 지난번에는 사기 당해서 울고 이번에는 고마워서 울고. 어쨌든 이렇게 구입한 땅에 일꾼을 얻어서 나무를 심고 있으려니까 지나가는 사람마다 한마디씩 하는 거예요. 그 돈 가지면 편히 먹고 살지 왜 고생은 사서 하느냐구요. 맞아요. 만약 그랬다면 오늘의 예솔은 없었겠지만요.

나무를 심고 시간 나는 대로 풀을 뽑으러 다녔어요. 학교에서 끝나면 세 살배기 아들 승준이와 함께 와서 풀을 뽑고 물도 주고 하면서 나무를 키웠죠. 그래서 한동안 우리 승준이는 아빠가 뭐하는 사람이냐고 물어보면 학교에 가서 풀 뽑는 사람이라고 대

 나무에게 말을 걸다

답하곤 했어요.
　어느 날인가는 해떨어질 무렵까지 풀을 뽑는데 뒷산에서 부엉이가 우는 거예요. 우리 아들 이 소리에 놀라서 품에 안겨드는데 아마 그 녀석은 몰랐을 거예요. 여기에서 제 녀석이 살 집을 짓게 될 거라는 것을…….
　소나무 묘목이 나날이 커나가면서 저는 더 일에 열심이었지요. 초보 농사꾼에 의욕만 앞서는…….
　그러다가 뜻하지 않은 복병을 만나게 되요.
　그날은 일요일이었어요. 아침 네 시에 일어나 농장에 가서 풀을 뽑다보니 열한시가 다되어가고 있었어요. 배가 엄청 고프더라구요. 더구나 비까지 살살 내리기에 집으로 향했죠. 그러다가 우리 학부형이 운영하는 가든 옆의 커브 길에서 그만 기억을 놓쳐 버렸어요.

　사고였어요. 깨어나 보니 의료원 병실이더군요. 맨 처음 만난 사람은 지금의 고등학교 교장 선생님이셨어요. 이분이 저를 옆에서 지켜보다가 깨어나는 저를 보더니 "이런, 천운탄 사나이!" 하시는 거예요. "사지가 쑤시고 안 아픈 데가 없는데 천운이라뇨?" 그랬더니 나중에 알게 될 거라고 하시대요. 그러면서 글쎄 제가 하루가 지나도록 의식을 찾지 못하고 누워만 있었대요. 더구나 중간에 한번 깨어 문병 온 학부모 얼굴도 알아보며 이야기를 나누었다는데 저는 아무것도 기억할 수 없는 거예요.
　제 일생 중에서 온전하게 기억이 완전 소거된 유일한 부분이예요. 제 몸을 살펴보니 어디 다친 데도 없고 부러진 곳도 없어 차는 어떻게 되었느냐고 물었더니 고치기 힘들 거래요.

　몸은 다친 데가 없는데 힘이 없었어요. 일어서려고 하면 힘이 없었고 일어서더라도 그대로 주저앉데요. 쑤시고 안 아픈 데가 없기도 했고요.

　사흘 째 되던 날 겨우 거동을 해서 동생 차를 타고 차를 보러 갔어요.
　그랬더니 차가 글쎄 가로수하고 부딪혀서 차대가 V자로 휘어있고 운전석을 지나 카스테레오 있는 부분까지 가로수가 파고들어 구겨져 있더라구요.
　그날부터 저는 두 번째 인생을 시작하게 되요. 그런데 그런 상황에서 제가 어떻게 살았느냐구요? 담에 갈쳐 드릴게요.

분재로 세상과 이야기 하다

▲ 나이를 먹을수록 향기와 꽃의 색감은, 더욱더 짙어가는 향기의 대명사인 라일락 분재

## 마. 소나무 산채 소재

　당시에 삼성 자동차가 선전을 하는 것에서 운 좋게 대형 교통사고가 나고서도 팔만 부러진 의사가 나와 SM-5의 안전성을 선전했었는데 그 방면이라면 저와 제 첫차였던 프라이드 베타는 한 수 위예요. 차가 완전히 망가져 폐차를 시켰는데도 등에 약간 긁힌 상처 외에는 멀쩡했으니까요.

　그날은 앞서 말한 것처럼 부슬비가 내리는 날이라 길이 미끄러웠는데 최종 기억은 앞에 차가 오지 않았다는 것 밖에는 없어요. 그리고 그 순간 차는 빗길에 미끄러지면서 180도 회전하여 가로수와 부딪혔고 부딪히는 순간 운전석의 핀이 빠지면서 시트가 뒤로 넘어가고 그 바람에 저는 뒷좌석으로 튕겨져 나갔던 거지요. 작은 덩치 덕분에 생명을 구한거지요.

　만약 그때 안전벨트만 맸더라도 전기톱으로 차체를 썰어서 저를 끄집어낼 뻔 했지

## 나무에게 말을 걸다

요. 후우~~~~~~~~

모르면 몰라도 그때 그 순간 예수님 백 분하고 부처님 백 분이 저를 지켜주지 않았나 하는 생각이 들어요. 차를 보면 참혹한 사고였고 저를 보면 기적같은 사고였으니까요.

사고를 당하고 병원에서 빈둥대다가 1주일 만에 퇴원을 했어요. 집에 돌아와 보니 아뿔싸, 느티나무 한그루가 죽어가고 있었어요. 나무 근경이 50cm나 되는, 나무의 형태가 주봉(主峯)과 부봉(部峯)이 조화를 이룬 거대한 산맥같은 나무였어요. 수석으로 치면 명품 산수경석같은 나무였지요.

그걸 캐서 싣고 오느라 오토바이도 일부 우그러질 정도로 크고 무거운 나무였는데 3년 째 싱싱하게 잘 자라던 나무를 마침 우리 집에 세 들어 사시던 아주머니가 아침저녁으로 저 빨리 나아서 돌아오라고 기도하며 물을 주었대요.

▲ 밭에 재배하는 도라지도 분에 심어 가꾸면 놀랍도록 아름다운 자태를 보여 줍니다 <이춘희 작가 작>

이걸 어째요.

속으로 눈물만 삼키고 잘 하셨다고 하면서 슬그머니 뽑아내었죠. 그리고 새 차를 구입하고 변함없이 열심히 풀을 뽑으러 다녔죠.

이태가 지나서 나무가 제법 틀을 잡아간다고 판단되자 그걸 일부 뽑아서 플라스틱 난분에 심기 시작했어요. 그런데 서둘다보니 물을 줄 수 있는 시설이 되지 않아 집사람이 날마다 호스를 늘여가며 약 5000주의 분에 물을 주었죠. 그러나 죽어가는 나무는 부지기수였어요.

나무가 뿌리를 내리기도 전에 호스에 감기고 발에 채이고……

그러면 다시 심고 또 심고. 그러면서 나무가 뿌리를 잡아가기 시작했고 저한테 애초에 계획한 20,000주는 너무 무리라는 사실을 어렴풋이 깨닫기 시작했지요. 욕심은 결국 욕심에서만 끝나더라고요.

분재로 세상과 이야기 하다

1997년도 여름, 일부라도 건져야겠다는 생각으로 나무에 철사를 걸기 시작했어요. 바쁜 시간 중에 약 천주 정도 철사를 걸었는데 이것이 8년이 지나니 제법 나무 티가 나요. 그리고 땅에 심은 지 2년째 옮겨심기를 한 나무는 그냥 놓아둔 나무보다 훨씬 상태가 좋구요. 나머지 약 만주 정도는 그대로 방치해두었는데 토질이 좋아서인지 뿌리는 엄청 좋은데

아랫줄기 부분의 싹이 모두 고사되어 볼품이 없어졌어요.

이 나무들 처리가 이제 고민으로 남게 되었지요.

(현재 이 나무들은 분재도 아니고 정원수도 아닌 그저 빽빽한 소나무 숲으로 남아 있어요.)

남원에선가 어떤 분이 나무를 심으면 돈이 된다고 하니까 소나무 6만주를 실생하고서 10년이 지나 한주에 500원씩 사가라고 사정해도 안 사가더라는 이야기가 실감이 나더라구요.

나무 숫자에 욕심을 부리는 것이 아니고 적더라도 제대로 된 나무를 만드는데 노력해야 했었다는 것을 깨닫게 되었어요.

이 과정에서 분재원을 하시는 어르신을 만

▲ '삼간에 명목 없다'는 말을 무색하게 하는 해송 삼간. 일명 아이 딸린 쌍간이라고도 합니다.

났는데 이분이 또 분재에 대해 깊이 심취하신, 말 그대로 분재인이었어요. 그분을 만나러 가니 그분 집에 낡은 분재 도록(사진첩)이 있었어요. 그때는 도록도 귀하던 시절이라 말씀드리고 빌려오는데 그분이 이런 말씀을 하시더군요.

"내가 아마 그 책을 만 번은 보았을 것이네"

같은 값이면 좋은 나무를 갖고 싶어 하던 그분의 열망이 분재 도록을 열 번도 아니고 백번도 아닌 만 번 정도를 보게 만든 거지요.

아닌 게 아니라 책은 고급 양장으로 만들어졌지만 아주 낡아 있었어요. 절로 존경심이 우러나오더라구요. 저는 그분한테 주로 실패담을 들었어요.

그러면서 그분은 자기가 그렇게 어렵게 구입한 나무들이 어떻게 죽어갔는지를 들었어요. 지금도 당연히 불법이지만 당시 분재를 한다는 것은 산채를 의미하기도 했어

 나무에게 말을 걸다

▲ 명목의 기대를 향한 장수매화의 철사걸이.

요. 그런데 소나무를 산채해서 파는 사람들은 돈이 목적이기 때문에 나무만 좋으면 대충 뽑아오는 경우가 많았어요.

  그리고 일단은 살려야 값을 받기 때문에 산흙을 털지 않고 그대로 분에 심는데 이런 나무는 전혀 뿌리를 내리지 않은 채 삼년이고 오년이고 나무는 살아있되 새로운 뿌리를 뻗는 경우가 아주 드물어요. 값이 싸다는 이유로 소재목을 선택하는 경우가 많은데 이분 역시 예외는 아니었어요. 그래서 지금으로 치면 수천만 원도 훨씬 넘을 명목을 팔아 몇 주의 쓸 만한 소재목을 구입했는데 불행하게도 그중 한주만 살아남아, 애는 애대로 쓰고 나무는 날아가 버리는 어처구니없는 일을 겪기도 하셨지요.
  이런 소재를 사다가 키우다보면 백발백중 죽게 되어있어요. 왜냐하면 산채 첫해에는 나무가 가지고 있는 세력이 있어서 나무가 살아있을 확률이 상당히 높지만 이듬해부터는 이 힘마저 점차 소진되어 나무가 세력을 잃어가거든요. 더구나 산채 당시에 붙어있는 흙을 태토라고 하는데 물을 주면 이 흙이 물을 잘 품어 오래가거든요.

분재로 세상과 이야기 하다

▲ 마포 베 길쌈을 할 때 노란 물을 들이는 데 없어서는 안 되는 치자 나무 분재

   그런데 날마다 규칙적으로 물을 주게 되면 나무는 굳이 새 뿌리를 내리려 하지 않아요. 요새 어른들이 아이들에게 우리는 그 힘들고 어려운 가운데서도 죽어라 공부를 하였었는데 요즘 아이들은 먹을 거, 공부방 모두 챙겨주어도 공부를 하지 않는다고 책망을 하는 경우가 많은데 바로 이런 경우와 같아요. 모두 채워주는 것이 능사가 아니라 사람이나 자연이나 2% 부족할 때 노력하게 되는 것이 자연의 섭리인가 봐요.

   저에게 이런 유의 메일을 주시는 분이 많았는데 저는 그래서 산채 후 바로 흙을 털어서 심으시라고 권해드려요. 그리고 소재를 구하더라도 몇 푼 더 주고 분에서 완전히 활착한 소재를 구하는 것이 훨씬 더 현명해요.

   같은 소재목이라도 분생활을 오래한 나무일수록 생존 확률은 그만큼 높아지거든요. 산흙을 붙여서 심으면 당장은 살 확률이 높지만 갈수록 분에 적응하지 못해 죽는 확률이 높아지거든요.

**나무에게 말을 걸다**

　그리고 저희 집에서는 이렇게 흙에 심겨진 소재는 한주도 내지 않아요. 입장을 바꾸어놓고 보면 뻔히 죽어갈 나무인줄 알면서도 남을 속이는 일이잖아요. 제가 죽이면 경험이나 기술이라도 남지만 사 가시는 분이 죽이면 속았다는 배신감에 가려
　왜 죽었는지조차 파악하려 하지 않아요. 그저 그것을 판 분재원만 나쁜 놈이라는 평가를 듣거나 자신의 실력이 부족하다고 한탄하면서 묻히게 되죠.
　그런데 저 역시 이런 나무를 한주 구입하게 되요.
　아는 사람이 좋은 나무가 있다며 사다준 것인데 (저는 그 나무를 구경하지도 못하고 좋은 나무가 있다고 하기에 알아서 사오라고 했었어요.) 플라스틱 통에 심겨져 있었지만 일차 철사걸이를 해서 모양이 그럴 듯 했어요.
　잎이 단엽도 하지 않았는데 자그마하니 예쁘게 나와있었구요. 그래서 원래 엽성이 그러려니 했는데 막상 분갈이를 하려고 보니 눈에 보이는 부분은 마사토였지만 산채 당시의 흙이 그대로 남아있고 그리고 산채 할 때의 감아놓은 반생마저도 풀지 않은 상태였어요.
　그 흙을 조심스럽게 털어보니 밑지름이 20cm정도 되는 육송이 뿌리가 겨우 몇 가닥 뿐인 거 있죠?
　결국 나무 한줄기는 죽어가고 남은 줄기로 세력을 확보하는데 8년째 걸리고 있어요.
　누가 이런 나무를 구입하겠다고 제의하면 대개 거절해요. 예솔에서 분재를 사려고 했다가 이 나무는 안 된다는 말씀을 들으신 분들은 아실 거예요. 키우다보면 제 수명을 누리지 못하고 죽어갈 나무도 있고 전문가라고 하는 저도 장담 못하는 나무도 있거든요. 그런 나무는 실습용으로 처리하든지 차라리 제가 키워요. 제가 가지고 있어야 그나마 조금이라도 더 오래 살 거라고 생각하기 때문이고 저를 믿고 찾아오시는 분들에게 헛걸음을 하지 않게 되기 때문이죠.

　같은 이유로 장래성이 불투명하거나 소재가 결함을 가지고 있는 나무도 이유를 설명하고 다른 나

▲ 야생초 뱀딸기를 나무위에 휘감아 예술의 극치를 이루었습니다.

분재로 세상과 이야기 하다

▲ 집안에 심으면 여자들의 마음이 싱숭생숭해 바람이 난다는 산당화 꽃의 아름다운 자태.

무로 권하거나 헐값에 드리곤 해요. 지금 당장은 손해가 나더라도 예술은 예술다워야 한다고 생각하기 때문이지요. 어차피 사 가신 분도 몇 년 분재에 투자하면 좋은 소재, 나쁜 소재를 가리는 눈을 갖게 될 것이고 저 역시 이 분재를 몇 년하고 때려치울 생각은 전혀 없거든요. 당장 눈앞에 보이는 이익보다는 미래를 보는 눈이 필요하다고 생각해요. 미래를 생각하지 않는 오늘이란 시간의 무덤에 지나지 않는다는 것이 저의 생각이거든요.

## 바.거름인지 독약인지

분재원을 시작할 초기에 아는 분으로부터 분재원을 정리한다는 연락이 왔기에 거금을 들여서 나무를 사들인 적이 있어요.
그때가 9월 하순경이었는데 열심히 거름을 주어서 튼실하게 키우고 싶었어요.
그래서 액비 만들어 놓은 것을 11월 하순까지 열심히 주었죠.
책에 가을까지 열심히 거름을 주라고 나와 있었으니까요.
아닌 게 아니라 그렇게 액비를 시비한 나무는 보기 좋은 색깔로 보답했어요.
가을이 깊어가도 싱싱한 싹들이 올라왔구요.
그리고 겨울이 왔죠.

81

비닐하우스에 보관하면서 틈틈이 물을 주고 봄을 기다렸어요.

그 와중에 아는 분이 전시회에 출품하고 싶다면서 나무 한주를 요청했어요.
그분은 느릅나무 실생목을 선택했는데 꽤 괜찮은 나무였어요.
느릅나무는 뿌리가 기형적으로 발달하고 잘 뭉치기 때문에 재미있는 수형을 만들기가 쉬워요. 줄기의 곡도 자연스럽게 잘 들어있어 보기 좋았던 나무였어요.

이 나무의 수형을 손수 다듬어 달라고 말씀하시대요.
막상 가위를 들긴 했지만 어디서부터 손을 대야할지 막막했어요.
그 이전에는 소재를 구하면 제 맘대로 가위질을 해댔지만 이것은 전시회 출품에다 실패해도 좋은 값싼 소재가 아니잖아요.
그래서 직접 다듬으라고 부탁드렸더니 저보고 하래요.
가위를 들고 다듬긴 했는데 어디를 어떻게 다듬었는지 기억도 안나요.
그리고 그분은 이 나무를 전시회에 출품했지요.

전시회가 끝나고 나서 나무를 돌려 달랬더니 차일피일 미루다 한 달이 넘어서 나무가 돌아왔어요. 그러나 이 나무는 아예 싹을 틔우지 않았어요.
아는 분에게 이야기를 했더니 그 말을 듣고 그분이 그러드래요.
"아니 그 사람 나에게 죽은 나무를 주면서 전시하라고 했어?"
세상에, 배신이란 말이 이런데서 쓰는 거예요. 전시회에 나무를 출품하는 사람이 살아있는 나무인지 죽은 나무인지 구별도 못해요? 죽은 나무라면 손끝만 닿아도 부러져 버려요. 당연히 산 나무라면 휘어지죠.

이것이 바로 산 것과 죽은 것의 차이인데 가지를 자를 때만 해도 멀쩡했던 나무를 가지고 단순히 면피를 하기 위해 죽은 나무를 빌려주었다니요?
전시회만 끝내고 바로 돌려주었더라면 이런 오해도 안 받고 좋았을 터인데
그분은 불과 몇 십 만원에 자기의 양심과 인격을 팔아버린 거죠.
미안하다고 하면서 비슷하거나 이름만 같은 나무로 보상을 했더라도 저는 그분을 그런 식으로 보지는 않았을 거예요.
지난 해 법무부장관 부인이 옷을 받았다 하여 온 나라가 떠들썩한 일이 있었는데 돈이란 것은 벌면 생기지만 명예란 그저 얻어지거나 돈을 주고 사는 게 아니잖아요.
평생 탑을 쌓듯 공을 들인 명예를 기껏 몇 십 만 원짜리 나무로 던져버리거나 옷한 벌에 평생의 탑을 무너뜨리는 사람들.

분재로 세상과 이야기 하다

▲ 희귀한 주황색 철쭉꽃 분재

　어쩌다 우리나라가 이 모양 이 꼴로 돈이면 다되는 세상이 되고 말았는지,
　그것도 평범한 사람이 아니고 한나라의 지도급 인사마저도 그런 세태에 휩쓸리게 되었는지 모르지만 우리가 살아가는 세상에서 정작 중요한 것은 돈으로 계산되는 게 아니잖아요?
　저는 탑을 쌓고 싶어요.
　그래서 제가 못쓴다고 여기는 나무는 거저 주거나 그냥 버려요.
　눈속임같은 걸로 상대를 기만하거나 믿음 자체를 단돈 몇 푼으로 바꾸고 싶지는 않거든요. 만약 제가 모르고 한 것이라면 나중에 교환하거나 환불해드렸고 앞으로도 그럴 거예요.
　이야기가 잠시 샛길로 샜는데 그렇게 기다리던 봄이 왔어요.
　진백의 색깔이 녹색으로 변하기 시작하면 틀림없는 봄이지요.
　그런데 문제가 생겼어요. 해송이며 매화, 그리고 잡목등 특정한 나무를 가릴 것 없이 몇 십주가 잎이 나오다가 죽어가는 거예요.
　저보다 경험이 많은 사람들을 모셔다가 보여드리고 이유를 물었더니
　"이거 바이러스성 질병이구만."

 나무에게 말을 걸다

하면서 살균제 몇 개를 일러주데요.
그래서 또 열심히 살균제를 주었지만 도루묵이었어요.

저는 나무가 죽으면 그냥 죽이지 않아요.
왜 죽였는지 철저히 생각해서 그 이유를 찾아내죠.
그래야 죽은 나무가 그냥 죽어 버리는 나무가 아니라 가치 있는 나무가 된다고 생각하거든요.

우리 집사람에게는 비싼 경험이라고 이야기 하죠.
나중에 고민 끝에 얻은 결론은 늦게까지 거름을 시비한 때문이었어요.
날씨가 추워져도 거름이 계속 들어오고 생장이 지속되다보니 나무의 뿌리가 겨울을 대비해서 여물 틈이 없었던 거지요.
그래서 뿌리가 겨울을 이겨내지 못하고 겨우내 얼었다가 봄이 되니까 단내를 풍기면서 죽어갔던 거예요. 욕심이란 것이 한이 없어서 가을은 거두는 시기인데 저는 무리하게 불을 지피는 행위를 했던 거지요. 그 대가는 속이 쓰리다 못해 아릴 정도였어요.
그런데 이런 경험은 한 번에 그치지 않았어요.
어떤 분이 육송을 삼백만원에 팔라고 하는 것을 거절하고 우리집 간판목으로 쓰려고 아껴두었어요.
그리고 때맞춰 분갈이를 했어요.
뿌리가 조금 빈약한 편이긴 했지만 그래도 살 가능성은 높다싶어 열심히 물을 주면서 관리했죠.
그리고 6월이 지나면서 새순이 자라나와 새잎이 펼쳐지는데 그렇게 예쁠 수가 없었어요.
그래서 다른 나무랑 거름-저는 주로 액비만 사용해요-을 주면서 같이 시비를 했지요.
어서 자라나 튼튼해지라구요.
그런데 아니었어요.
보름이 지나자 잎색이 죽는 거예요.
아뿔싸, 하면서 물을 충분히 주어 거름을 씻어냈죠.
사람들이 와서 보더니 조금 지나면 깨어날 거래요.

▲깻묵으로 만든 고형 비료(거름)

분재로 세상과 이야기 하다

그러나 아니었어요.

나무는 눈에 띄게 황색이 짙어가더니 점점 빛을 잃어가는 거예요.

그리고 녹색이 10%정도 남아있자 큰맘 먹고 뽑아냈죠.

역시 거름 때문이었어요.

새 뿌리가 나오기도 전에 마음이 급해 욕심으로 준 거름은 나무에게 보약이 아니라 독약이었던 셈이죠.

따지고 보면 보약과 독약은 다르지 않아요.

때와 양을 맞추는 것만이 보약을 보약으로 쓰는 길이지요.

▲ 고형비료는 되도록이면 뿌리에서 멀리 떨어져 놓아줍니다.

우리 집사람은 난리였어요.

당시 삼백 만원이면 세탁기, 냉장고, 텔레비전, 음향기기 등 가전제품 일체를 새로 구입할 수 있는 거금인데 그런 걸 팔라고 할 때 팔지 죽였다구요.

속이 상하는 것은 다른 사람보다 저인데 우리 집사람은 나무가 돈으로 보였던 모양이예요. 그러나 저는 포기할 것은 빨리 포기해 버려요.

안 되는 것을 가지고 미련을 갖는 것은 왠지 어리석어 보이거든요. 다만 왜 죽였는지를 곰삭일 뿐이죠.

그래서 집사람에게 이야기했죠.

" 당신, 나무는 어차피 죽었는데 나무 죽이고 마음까지 상할래? 그렇지 않으면 나무만 죽일래?"

우리 집사람은 물론 현명한 선택을 했죠.

나중에 다른 분들의 이야기를 들어보니 거름을 주는데 분재에 산림용 비료를 넣어주었다가 몇 십 년 고이 기른 나무를 죽이거나 화학비료를 사용했다가 나무를 죽이신 분들이 부지기수였어요.

넘치는 것은 부족한 것보다 못하다라는 말을 저는 이렇게 실감했지요.

그리고 이런 경험들이 여러분과 대화를 나누는데 소중한 자산이 되었구요. 하도 나무를 죽이니까 우리 집사람이 또 죽일 거 뭐 하러 사느냐고 힐난하길래 제가 이렇게 말했어요.

"의사가 사람을 죽이는 것을 두려워하면 결국 시골 골목에서 감기 정도밖에는 고치지 못한다. 그러나 종합병원 전문의에게 물어보라. 그 사람이 얼마나 많은 사람을

**나무에게 말을 걸다**

▲ 삽목해 키운 찔레나무를 분에 올려 배양하고 있는 중입니다.

죽였는지. 나는 그런 의사가 되고 싶다."
   그래요. 우린 시행착오를 거듭하면서 하나하나 완성해가요. 그동안 숱한 나무들을 죽이고 나서 이제서야 비로소 나무를 죽이는 단계를 벗어난 것 같아요. 물론 독학을 했기 때문이었고 여건상 누구한테 배울 형편이 되지 못했기 때문이기도 했죠.

   이 아린 경험이 우리 사이트를 만들게 한 원동력이 되었구요.
   그러나 올봄에도 역시 몇 주의 나무가 죽어나갔어요. 이유는 제 잘못이 아니라 하늘이 돕지 않았던 거지요. 아시다시피 올 봄은 2월 중순경 봄날같은 날씨가 거듭되다가 3월 초순 갑자기 꽃샘추위가 왔어요.
   겨울잠에서 깨어나려던 나무에게 1차 치명상이 되었죠.
   시기가 너무 빨랐거든요.
   그리고 봄이 오는가 했더니 3월 하순에 다시 꽃샘추위가 왔어요.
   그리고 전국에서 많은 나무들이 소리 소문 없이 죽어갔구요.

분재로 세상과 이야기 하다

▲ 철쭉나무 뿌리이어모아심기입니다. 참으로 질서 정연하고 오손도손한 가족으로 보입니다.

## 마. 에필로그

이제 마지막 장이네요.

그간 나의 초보시절을 다시 연재하면서 참 많은 생각을 했습니다. 그래서 에필로그만큼은 다시 쓰다 보니 쬐끔 시간이 지체되었습니다.

분재를 처음 시작하는 분들이 갖는 두려움은 대개 이 나무가 죽지 않을까 하는 우려에서 출발합니다.

결론부터 이야기하면 나무는 쉽게 죽지 않습니다. 그럼에도 불구하고 예솔지기가 숱하게 많은 나무를 죽인 이유는 무엇이었을까요? 분재는 산채라는 잘못된 인식에서 출발했기 때문이에요.

제가 분재를 시작할 때만해도 분재라는 것을 구입한다는 개념이 희박했고 지금도 몰래몰래 산채를 하는 분들이 있는 걸로 알아요.

그러나 초보자에게 산채란 배가 아프다고 하니까 일단 칼부터 빼들고 배를 갈라보는 것에 다름 아니라고 생각해요.

## 나무에게 말을 걸다

어떻게 되겠지, 아니면 말고…….

소재의 장래성이나 작품성과는 상관없이 나무에 대해 잘 알지도 못하면서 욕심으로 캐내는 잘못된 습관에 수없는 나무들이 속절없이 죽어갔던 것이지요. 나무 역시 생명을 가지고 있는 것이어서 살려고 하는 본능이 애처로울 때가 참 많아요.

그런 나무의 생리를 먼저 이해하면서 분재를 시작했다면 돌팔이가 칼 들고 설치는 꼴은 면할 수 있었을 거예요.

두 번째는 노파심이었어요.

항상 들여다보면서 자꾸 손을 대는 것이 분재를 잘하는 것이라 믿었거든요.

사람에게 상처가 생기면 치료제 한번 바른 후 자연스럽게 치유되도록 그대로 두는 게 상책이에요.

그런데 그걸 못 참고 시간 날 때마다 건들었으니 살아난 나무가 오히려 신기할 정도지요.

아끼는 나무일수록 빨리 죽는 것은 바로 이런 연유 때문이지요.

분재 역시 자연 상태에서 자라는 것이기 때문에 적당한 거리를 둘 때 잘 자라게 되어 있어요.

지금은 나무 죽이는 것에 대해서 아주 초연한 편이예요.

잘 죽지 않거든요.

저는 이걸 운전에 곧잘 비유하는데 처음 핸들을 잡는 사람은 전방 보랴, 신호 체크하랴, 옆에 차오는 것 감시하랴…….

에어컨을 켜고 끄는 것은 염두에 두지 못해요. 옆에서 말만 붙여도 신경질을 부리죠.

그러나 한 일 년 운전을 하다보면 슬슬 자신감이 붙게 되고 2~3년 정도 운전을 하다보면 교만해져서 운전하면서 장난치다 대개 사고를 치게 되지요. 그 단계를 넘어서야 비로소 운전 잘한다는 이야기를 들어요.

분재도 마찬가지예요.

처음에는 경황이 없어 물 주랴, 순

▲ 새로운 모양의 석부, 줄기의 흐름을 통제해 깃발을 형상화 했습니다.

▲ 주간과 부간. 그리고 자간들이 어울려 한폭의 숲이 되는 소사 나무 대작

자르랴, 거름주랴, 농약치랴, 분갈이하랴 정신이 없지만 그것을 어느 정도 알게 되면 분재에 대해서는 박사가 돼요.

특히 초보자를 만나면 설명도 그럴듯하게 전문가가 따로 없을 정도가 되지요. 그러다가 벽에 부딪히고 절망하고 그렇게 분재계를 떠나는 분들도 있고 여기저기서 얻어들은 분재 지식을 들추어서 공식에 가져다가 딱딱 맞추며 입으로만 분재를 하게 되는 경우도 허다해요.

그러나 분재가 예술인 까닭은 공식이 없기 때문이예요.

생각해보세요. 예술에 공식이 있다면 분재란 얼마나 단순하고 무미건조해지는지. 그러나 사람들은 자기가 배운 지식을 버리지 못해요.

한번 배워 거기에 익숙해지고 나면 마치 불문율처럼 떠받들곤 하는데 그 지식을 버리는데서 예술은 시작이 돼요. 그렇다고 배우는 것을 아예 포기하지 마세요.

아기가 달리기 위해서는 걸음마를 배워야 하듯이 그것도 하나의 과정이니까요.

이 과정을 참고 극복하면 비로소 전문가 칭호를 듣게 되는 거예요.

어느 분야에서든지 베테랑이라든지 전문가라고 불리는 사람들은 그만큼 많은 시행착오와 절망감을 끌어안고 살았던 사람들이예요.

하여 저는 우리 아이들에게도 이야기하죠.

세상에서 가장 잘 달리는 이봉주나 황영조 같은 선수도 처음에는 걸음마부터 시작했다고……. 많이 넘어진 사람만이 더 잘 달릴 수 있다고.

그래서 간혹 실수를 하거나 실패를 하더라도 그건 결코 부끄러운 일이 아니랍니다. 그리고 이 글 읽어보시는 분들은 이제 더 이상 나무를 죽이지 마세요.

여러분이 죽일 나무까지도 예솔지기가 미리 다 죽여 버렸으니까 여러분은 예솔 사이트를 길잡이삼아 그냥 자연스럽게 따라하시기만 하면 됩니다.

세 번째는 지식의 부족이었어요. 당시만 해도 분재 지식이나 기술은 철저하게 보호되는 노하우였어요. 당시 출간된 분재 서적이란 서적은 모두 달달 외다시피 했지만 정작 중요한 것은 책에 나와 있지 않았어요.

 나무에게 말을 걸다

아니 나와 있더라도 책과 현실은 그만큼 달랐어요.

분재원에서는 분재 도구마저도 보여주지 않았고 작업을 하다가도 방문객이 찾아오면 얼른 치우는 경우가 다반사였어요.
그때 그 사람들은 그랬어요.
나무를 사가지고 가서 빨리 죽여야 또 사러온다고요.

그렇게 분재계를 기웃거리다 떠나가는 초보 분재인들은 안중에도 없이 팔기에만 급급한 시절이기도 했어요.
상당한 실력을 갖춘 아마추어 분재인들도 우리 홈페이지가 만들어질 당시 분재 기술을 공개하는 것에 절대 반대였어요. 요즘 젊은 애들은 머리가 좋아 일 년만 공부하면 수십 년 공부한 자기들을 따라잡는다고요.
한마디로 수천만 원 들여가며 공부한 것이 억울하다는 이야기지요.
딴은 그렇기도 했지만 제 생각은 달랐어요. 저 역시 마땅한 스승도 없이 분재원을 하는 중에도 한마디씩 흘리고 간 단어들과 수많은 나무들을 죽이며 얻은 노하우와 달달 외운 분재 서적을 길잡이 삼아 오늘의 예솔을 일구어냈지요.
그리고 그 기술을 보급하고 공개해야 더 많은 사람들이 분재에 대해 관심을 갖게 된다고 생각했어요. 항상 하는 이야기지만 그 나라 분재 실력은 아마추어가 결정하거든요.

▲ 적작약. 이춘희 야생초 분재작가는, 인생은 유통기간이 있지만, 야생초는 유통 기간에 관계없이 꽃을 피워 준다고 말합니다.

네 번째로 여러분들이 부러워하는 것 중에서 이제 시작한 지 갓 10년밖에 안된 예솔이 이렇게 성장한 것에 대하여 부러움을 갖고 계시는 분들의 댓글이 보이던데 그게 아니랍니다. 오늘의 예솔이 있기까지는 여러 가지 조건이 딱딱 들어맞았어요.

분재로 세상과 이야기 하다

▲ 근경 25cm, 높이 33cm의 사즈끼. 이런 작품을 3대에 걸쳐 만들어낸 가문에 경의를 표합니다.

 이 부분은 후에 자세히 기술할 것이지만 어쨌든 오늘의 예솔을 탄생시킨 주역은 뭐니 뭐니 해도 우리 회원님들이었어요. 불원천리 머다 않고 찾아오신 분들, 그리고 갖은 우여곡절을 겪으며 예솔지기가 흔들릴 때마다 메일로 전화로 붙들어준 수많은 회원님들, 그들의 격려와 사랑이 오늘의 예솔을 이룬 것이지요.

 지금 예솔은 다시 꿈을 꿉니다.

 국내 최대 분재원, 한국 분재의 중심으로는 아직 2% 정도가 부족하다고 느끼거든요. 그 나머지 2%를 채우는 날 그 영광의 자리에 회원님 모두 같이 설 수 있으면 좋겠어요.

 그래서 분재를 사랑하는 사람이라면 격의 없이 만나 대화를 나누고 분재를 공부하면서 속임 없는 자연처럼 우리네 삶도 가장 자연스럽고 아름다운 분재로 성장하는 것, 그것이 예솔이 바라는 분재 도피아의 모습입니다.

 그곳에 이르기 위해 더 많은 분들의 동행을 바라며 긴 글 마칩니다.

 그동안 긴 글 읽어주신 많은 분들께 감사드립니다.

# 제 2장 분재에게 말 걸기

## 1. 나무를 보는데도 안목이 있다.

우리 아들이 모태솔로인가봐요. 도무지 연애가 되지 않는다는 거예요.
이 사람 저 사람이 소개해줘도 대개 흐지부지 끝나고 연애같은 연애는 제대로 시작하질 못해요.

▲ 분재의 매력에 빠져 미치게 되면 나무만 눈에 들어옵니다. 그러다가 소재가 될만한 나무를 만나게 되면 하루종일 기분이 좋아집니다. 소나무 위에는 낮에 나온 반달이 이채롭습니다.

분재에게 말 걸기

▲ 흔하지 않은 모과나무 문인목입니다. 발상의 전환이 만들어낸 작품으로 대개 모과나무 하면 모양목이거나 주립 형태이지만, 이 나무는 줄기의 선을 살려 매우 재미있는 분재가 되었습니다.

그래서 하루는 아들을 불러놓고 말했죠.

"너 여자에 대해서 알아?"
이 녀석이 고개를 좌우로 흔듭니다.
"그럼 공부해. 네가 평생 같이 살아야할 상대인데 아무것도 모르면서 만나려니 되는 일이 없지."
이 녀석의 전생은 얼마나 깨끗했는지 대학 4년생인데 아직도 솔로예요. 공대라 그런가?

그러나 문제는 빤히 보여요. 허구한 날 사람들 모이는 데는 잘 안가고 방구석에서 뒹굴뒹굴하다가 공대만 왔다 갔다 하니 여자 옆을 스치기나 하는지 모르겠어요.
그러고도 연애가 잘되면 세상이 이상한 거죠?

93

나무에게 말을 걸다

분재도 마찬가지랍니다. 대상을 정확하게 알아야 좋은 소재나 작품을 선택할 수 있는 것이지요.

쓸만한 나무는 그렇다고 아주 오래도록 마음을 꽉 채워주는 것은 아니잖아요. 그럼 이것저것 따지고 계산하면서 재게 되는데 무엇을 기준으로 하시는가요?

쓸 만한 나무는 떡잎부터 알아본다고들 합니다. 최소한 분재에 관련해서는 100% 진실이죠.

필자는 말합니다. 소재가 흙에서 벗어날 때 이미 그 나무의 운명은 결정되어 있다고. 상품이 될 소재와 명품이 될 소재는 이미 땅에서 벗어나는 순간에

▲ 나무의 수형뿐만이 아니라 이렇게 달랑 하나 열린 열매도 감상의 대상이 됩니다. 이처럼 작은것 하나하나를 놓치지 않은 가운데서 분재를 하는 즐거움은 풍성해 지고 배가 됩니다.

결정이 된다는 뜻입니다. 그만큼 소재가 가지는 가치는 중요합니다.

▲ 돌 붙임의 피라칸샤의 열매가 빨갛게 익어 풍성한 가을을 만들었습니다.

## 분재에게 말 걸기

흔히 소재를 구입하러 가면 일정한 가격을 정해놓고 골라가라고 하는 경우가 많습니다. 문제는 이런 경우입니다. 나무마다 별로 차이가 없어 보이지만 작은 차이가 나무의 미래를 좌우하기 때문입니다. 최소한 명품까지는 아니더라도 앞으로 10년이 지났을 때 그 차이는 엄청나게 벌어지게 됩니다. 이렇게 선택의 상황에 놓이게 될 때 상대를 보는 안목은 결정적입니다.

어떤 소재에는 10년을 키워도 소재가격, 혹은 그 이하 가격으로 머무를 소재가 있는 반면에 키우면 키울수록 가치가 수직 상승하는 소재도 있다는 뜻입니다. 그래서 소재를 보는 안목이 그렇게 중요한 것입니다.

전주 봉동에 가면 비단 잉어를 키우시는 분이 계십니다. 그분에게서 형질 좋은 비단 잉어를 골라내는 일에 대하여 들은 적이 있는데 무려 2~3백만 마리 중에서 한두 마리를 골라낸다고 하더군요.

물론 단번에 그걸 고르는 것은 아니겠죠. 몇 번 거르고 걸러 최종적으로 두세 마리를 남겨서 키운다는 것인데 그렇게 키운 비단 잉어는 천만 원을 훌쩍 넘는 가격에 거래된다고 합니다. 비단 잉어야 타고나는 형질을 그대로 키워가는 것이기 때문에 그렇다고 하더라도 분재 역시 될성부른 나무는 뭔가 달라도 다른 법입니다.

그렇다면 어떤 게 좋은 소재일까요?

이 물음에 대한 해답은 초등학교 1학년 교실에 가서 미래에 크게 될 아이를 골라내라 는 질문만큼이나 어렵습니다. 더구나 그 아이가 어떤 가정환경에서 자라고 어떤 교육을 받으며 어떤 인간관계를 형성할지 전혀 모르기 때문에 속단하기도 이르고 점찍어 골라내기는 더 어렵습니다.

비단 초등학교뿐일까요? 기업에서 사람을 뽑을 때 그 사람이 가진 능력과 역량을 알아보기 어렵기 때문에 갈수록 입사 면접이 복잡해지고 교묘해집니다. 그렇게 복잡한 과정을 거쳐 뽑아낸 사람도 나중에 잘못되는 경우가 없지 않으니 사람을 뽑는 일은 그만치 어렵습니다.

그러나 분재 소재를 골라내는 것은

▲ 밤나무는 실물분재로서 다른 분재에 비해 이색적인 맛이 있습니다.

나무에게 말을 걸다

▲ 흑낙상홍(제주 아트랜드 소장)

사람처럼 내면을 들여다보는 것이 아니고 겉으로 드러난 것을 종합해서 판단을 내리는 일이기 때문에 그리 어렵지 않습니다. 이 부분에 대해서는 그동안 많은 책들에서 언급해왔고 분재인이라면 누구나 알 정도로 기본적인 거라서 간단히 언급하겠습니다.

　앞에 글에서 언급한 것을 다시 간단히 정리해보면

　뿌리- 일정한 굵기로 사방으로 잘 뻗어있으며 굵게 자른 자리가 없을 것.

　줄기- 밑은 가늘고 위로 갈수록 가늘어지며 전후좌우로 곡이 잘 들어있는 것. 여러 줄기의 경우라면 중심이 되는 주간이 뚜렷하고 주간과 부간 사이에 굵기, 간격, 길이, 줄기가 휘어지는 방향등이 서로 조화를 이루는 것.

　잎-작고 형태가 뚜렷한 것일수록 좋습니다. 그러나 소재 상태에서는 작품으로 만들어졌을 당시보다는 모두 크기 때문에 신중한 선택이 필요합니다.

　꽃- 크기가 작으면서 그 나무가 가지고 있는 고유의 꽃색깔이 모두 피어나는 것. 그러나 이 네 가지를 금과옥조처럼 여겨 소재를 고른다 해도 초보자의 경우 쉽게 소재를 고르기는 힘들죠. 필자 역시도 수많은 소재를 두고 고르다보면 그중 10% 정도는 내가 왜 이걸 골랐지 하고 자문할 정도로 엉뚱한 소재를 고르기도 하니까요.

　더구나 그중에서는 밭에서 직접 고르는 경우도 많은데 그럴 때는 조금 더 실수를 하게 됩니다.

분재에게 말 걸기

　그래서 권해드리는 방법이 좋은 나무를 많이 보고 그중에서 배양한 부분과 소재였던 부분을 나누어 보라는 것입니다. 분에서 오래된 작품은 그 나무가 원래 소재였던 부분과 분에서 키워낸 부분의 경계가 있기 마련입니다. 키워낸 부분만 제거하고 보면 간단히 소재의 모습이 드러납니다.

　좋은 작품을 많이 보게 되면 일단 소재를 놓고 미래 예상도를 그려보는 데도 많은 도움이 됩니다. 마치 미래의 배우자의 모습을 보려면 현재 상대의 부모를 보면 알 수 있다는 말과 흡사합니다.

　이것도 어렵다면 분재 쪽에 상당한 내공을 쌓으신 분이나 양심적인 분재원을 선택하여 지속적으로 거래하는 것도 좋은 방법입니다.
　교실에 비슷한 아이들이 가득 들어있다고 하여 그들의 능력이나 미래가 같은 것이 아니듯이 분재 소재 역시 차이가 나기 마련입니다. 이왕이면 좋은 소재를 골라 키우는 것이 재미도 더할 뿐더러 안목도 높아지는 법입니다.

▲ 감나무 분재. '분재를 한다'는 말을 하면, 흔히 '그럼 저희 분재에 대한 고견 한 말씀을…' 이 감나무는 뛰어난 수형을 보여주진 않습니다. 그러나 작은 분에서 이처럼 많은 열매를 달고 있는 것은 대단한 일입니다. 나무의 본질에 충실한 작품입니다.

나무에게 말을 걸다

▲ 윤노리 나무 분재. 이 나무 줄기를 잘라 윷을 만들었다는데서 유래한 이름입니다.
(제주 생각하는 정원 소장)

## 2. 분재의 무엇을 볼 것인가?

### 가. 뿌리는 상처를 본다.

우리 조상들은 혼사를 할 때 상대의 가문을 먼저 보았지요. 21세기 첨단 시대에 무슨 케케묵은 소리냐고 할지 모르지만 필자는 오히려 현대 의학이 발달하면서 할수록 가문을 먼저 챙긴 조상들의 지혜에 감탄을 하곤 합니다.

현재 밝혀진 병들 중에는 유전적인 질환에 의한 것들이 많습니다. 심지어는 지능이나 성격, 사소한 버릇에서 시작하여 입맛까지도 부모를 닮는 경우가 많지요. 그 외에도 학교 다닐 때 가출을 하거나 말썽 부리는 것까지도 부모를 닮습니다.

언젠가 우리반 아이가 가출을 한 적이 있습니다. 공부에는 전혀 관심을 보이지 않더니 세상 밖이 벌써 궁금해졌나 봅니다. 부모님이 찾아왔대요. 그래서 물어보았습니다. 혹시 학교 다닐 때 가출하지 않았느냐고.

그랬더니 그 아이의 아빠가 발뺌을 하면서 자기는 절대 안 그랬답니다. 그럼 누가 그랬느냐고 물었더니 막내 작은아빠가 학교 다닐 때 그랬다구요. 그러니 집안 내력을 들여다볼 밖에요. 더구나 배우자의 미래의 모습을 보려면 상대의 부모를 보라는 말도 있습니다. 부모의 유전적 질환뿐 만 아니라 현재 가정적인 상태나 성격등도 배우자의 미래 모습을 보여주는 경우가 많기 때문입니다.

이런 족보는 사람에게만 있는 것이 아니라 나무에게도 있습니다.

## 분재에게 말 걸기

▲ 단풍나무의 잘 발달된 뿌리 모습

　나무의 엽성, 줄기의 특징, 상처 아무는 모양과 속도, 꽃과 열매의 모양과 색깔 등 나무 마다 그 유전적인 특성이 다르고 분재로서의 우열이 존재합니다.
　이런 나무들에게서 공통적인 특징을 뽑아 분재 소재나 작품을 선택할 때 우리는 무엇을 기준으로 봐야 할까요?
　나무는 뿌리를 먼저 봅니다. 뿌리는 나무의 가장 기본이 되는 틀이기 때문이지요. 뿌리는 기본적으로 두 가지 일을 합니다. 그중 하나는 땅속 깊이, 혹은 넓게 뿌리를 뻗어 그 나무를 외부의 자극이나 바람에 흔들리지 않도록 중심을 잡아주는 일입니다.
　바로 우리 사람들 세상에서 가문이나 인맥과 같은 역할을 해주는 것이지요.
　그러나 분재에서는 중심을 잡아주는 일은 분과 뿌리를 철사로 묶어 고정하기 때문에 이 부분은 필요 없게 됩니다. 그래서 대부분 뿌리를 짧게 잘라 분에 심는 것입니다. 그리고 다른 하나는 이미 여러분이 알고 있는 것처럼 물과 영양분을 공급해주는 일입니다.
　뿌리는 삼투압의 원리에 의해서 물과 영양분을 흡수하는 일을 합니다. 그런데 이 뿌리라는 것이 묘해서 그 뿌리의 끝인 생장점에서만 이런 일들이 일어나기 때문에 뿌리는 성장을 지속할 수밖에 없어 오랫동안 분갈이를 하지 않게 되면 분 안을 몇 바퀴씩 돌고 돌아 노끈 뭉치 같은 형태를 보여주기도 합니다.

## 나무에게 말을 걸다

    이렇게 만들어진 뿌리는 분갈이를 하면서 대부분 1/3정도 잘라내게 되는데 분갈이가 오래된 나무는 잘려나가는 부분이 많기 때문에 나무가 심한 몸살을 겪게 되며 정상적인 분갈이를 하는 나무라도 일정기간은 몸살을 겪게 됩니다. 그래서 몸살을 줄이려면 3년이나 5년에 한 번씩 분갈이를 해주어야 하지요.

    사람은 나이를 먹을수록 세포가 노화되고 탄력이 떨어지게 되지만 나무는 이렇게 뿌리를 자르고 가지를 정리해주면 오히려 젊어지게 됩니다. 참으로 부러운 일이 아닐 수 없습니다.

    그렇다고 나무를 구입할 때마다 흙을 모두 털어내고 뿌리를 확인할 수는 없는 노릇이지요. 그러나 경험이 쌓이면 육안으로도 어느 정도는 가능합니다.

    가장 먼저 흙의 상태를 확인하는 것입니다. 일단 흙이 검고 단단하게 뭉친 상태일 때는 흙이 대부분 썩어있는 경우가 많습니다. 흙이 썩는 이유도 여러 가지가 있겠지만 그 중 가장 중요한 원인중의 하나가 오랫동안 분갈이를 해주지 않아 생기는 것이 대부분입니다.

    사람으로 치면 숙변에 해당하는 것인데 이 숙변은 장의 주름같은 곳에 콜타르처럼 달라붙어 온갖 독소를 내뿜게 되어 작게는 뽀루지 등의 피부 트러블을 일으키고 크

▲ 뿌릿발, 줄기의 조화와 흐름 등 명품의 조건을 두루 갖춘 황산 주립, 줄기 하나에서는 여봉산 꽃이 피는데, 원래 여봉산은 황산의 변이종이라 그 특별함이 더하는 작품입니다.

## 분재에게 말 걸기

▲ 분갈이 때 묵은 흙을 모두 제거해 주면 숙변을 재거한 것처럼 나무에 활력을 불어 넣게 됩니다.

게는 대장암의 원인이 됩니다. 나무 역시 마찬가지입니다. 나무의 성장에 도움이 되던 흙이 오래토록 바꾸어주지 않고 그대로두면 오히려 탈을 일으키는 것이지요.

뿌리는 분안에서 생활하면서 불필요한 뿌리는 스스로 도태시킵니다. 그리고 습기 가득한 분안에서 서서히 썩으면서 각종 유해물질을 배출하게 되지요. 이것이 분 안에서 썩으면서 내뿜는 독소는 물을 줄 때마다 씻겨나가지만 물빠짐이 좋지 않은 분에서는 고이고 썩어서 나중에는 시궁창 냄새가 나기도 합니다. 이때 이 나무를 분에서 뽑아 고압으로 세척해보면 대부분의 뿌리가 시커멓게 죽어있는 경우가 허다합니다.

소재 때부터 굵게 잘린 상처가 있으면 이것이 미처 아물지 못한 상태에서 썩어가기 때문에 이런 상황은 더 빠르게 진행됩니다. 이렇게 나무뿌리가 썩어 가면 그 증상은 바로 잎에 나타납니다. 뽀루지처럼 잎 끝이 타는 현상이 발생하는 것이지요. 그리고 가지 일부도 말라가기 시작합니다. 간단한 공식으로 가지 하나에 뿌리 하나라고 생각하시면 됩니다.

그리고 이런 상황은 뿌리의 잘린 상처가 클수록 빨리 진행됩니다. 그래서 분재 소재는 잘린 상처의 단면적이 작은 것일수록 좋습니다. 줄기와 마찬가지로 뭉텅 자른 자리가 없는 것이 좋다는 뜻입니다.

그래서 뿌리만 놓고 소재를 고를 때 가장 불량한 것은 뭉텅 자른 자리가 꺼멓게 죽어가는 경우입니다. 중간은 자른 자리에 뿌리가 나와 전체적으로 덮어가는 것, 가장

## 나무에게 말을 걸다

좋은 것은 이런 일체의 상처가 없는 것입니다.

산채목의 경우에는 뿌리 쪽에 상처가 큰 경우가 대부분입니다. 그러나 분 생활이 오래된 나무일수록 이 상처는 처음부터 없었거나 있더라도 잘린 부분에서 뿌리가 내려 상처를 덮는 경우가 허다합니다. 분생활이 오래되었다는 것은 역설적으로 그만큼 뿌리에 상처가 없거나 줄어들어 오래 살아남았다는 뜻이 되기도 하고 또 하나는 상처를 치유해서 살아가는 능력이 뛰어나다는 것을 의미합니다.

재배목의 경우라도 땅에 심은 그대로 한 곳에서 오랫동안 키운 소재는 뿌리의 잘린 면적이 클 수밖에 없습니다. 이런 소재는 다른 소재보다 굵기는 하지만 뿌리의 상처도 그만큼 크다고 보시면 무리가 없습니다.

뿌리의 잘린 면적을 좁게 하려면 2~3년에 한번 정도는 옮겨 심으면서 키워가야 하는데 이럴 경우 다른 나무보다 성장력이 떨어져서 상품가치가 떨어지게 됩니다. 그래서 대부분의 재배하는 분들은 눈에 보이지 않는 뿌리까지 신경을 쓰기 보다는 눈에 보이는 부분을 크게 키워내어 공급합니다. 대부분의 분재 초보자들이 선택하는 이 상품목은 제대로 만들어진 나무보다 덩치가 큰 나무나 그럴듯해 보이는 나무에 먼저 눈이 쏠리기 때문입니다.

그래서 분재를 하는 사람이라면 나무를 보는 안목이 필요하다는 것이지요. 그리고 이렇게 제대로 키운 나무가 그냥 막 키운 나무보다 대접을 받을 때 분재 시장은 성숙해지게 됩니다. 비록 눈에 보이지는 않지만 뿌리는 이렇게 자신의 존재 상태를 잎과 가지를 통해 드러냅니다.

정리해서 말하면 뿌리의 상태를 알아보는 방법은 잎끝이 말라가는 정도로 현재 뿌리 상태를 진단하며 마른 가지가 있는지 없는지를 구분하여 뿌리가 건강한지 아닌지를 판단합니다. 더 나아가 뿌릿발을 보고 뿌리 상태를 짐작하

▲ 죽은 뿌리는 제거하고 살아있는 뿌리만 남겨서 다시 분에 심는 것은 나무의 젊음을 보장하는 일이기도 합니다.

기도 하는데 이는 줄기에서 사방으로 고루 뿌리가 펴져나간 소재일수록 뿌리가 잘리는 단면적은 줄어들기 때문입니다.

명문가에서 성장한 사람들은 왠지 모르게 말과 행동에서 기품이 풍겨나듯이 제대로 키운 나무 역시 그런 기품을 드러냅니다. 대상을 골라내는 혜안은 사람뿐만이 아니라 나무나 물건을 고르는데도 필요합니다. 그 혜안이 명품, 혹은 명품이 될 소재를 고르는 안목이 되기 때문입니다.

### 나. 줄기는 흐름을 본다.

산꼭대기에 올라가면 산의 능선과 그 능선 밑자락을 감고 도는 강물을 보게 됩니다. 굽이굽이 눈에 보일 듯이 나타났다가 감춰졌다가 흐르는 강물. 거기에도 유장한 선이 있습니다. 소설을 읽으면서 느끼는 것 중의 하나는 주인공의 삶의 이력입니다. 이런 저런 사람을 만나서 겪는 우여곡절 끝에 주인공이 반응하고 그 결과를 낳고 그 결과가 다시 원인이 되어 다른 일들이 생기고……. 그러다보면 이야기는 굽이굽이를 돌아 파란만장한 일대기를 만들어냅니다. 우리는 그런 사연 많은 이야기에 열광하고 오래도록 기억에 남습니다.

세상 만물이 다 그렇듯이 강물 하나만 놓고 보아도 하류는 넓고 상류로 갈수록 가늘어집니다. 나무들 역시 마찬가지입니다. 산에 가서 나무를 보면 나무는 대개 밑은 위보다 더 굵고 나이가 더 들어 보이는 것이 상식입니다.

분재 소재는 이런 강과 나무의 형태를 압축하여 표현합니다. 그래서 밑동에서 위로 갈수록 가늘어지는 소재, 그리고 강줄기를 닮아 밖으로 튕겨져 나갈 듯 구부러진 곳마다 마치 개울을 만들 듯이 가지를 뻗어낸 나무를 좋은 소재로 칩니다.

그리고 당연한 이야기겠지만 밑동에 가까울수록 굵은 가지여야 하고 위로 갈수록 그 가지는 가늘어져야 합니다.

그렇게 한 굽이를 돌 때나 인생은 중요한 가지 하나를 만듭니다. 아니 그 가지가 만들어지는 곳에서 인생은 또 하나의 선택을 하게 됩니다. 학교를 선택하는 일, 배우자를 선택하는 일, 직장을 선택하는 일 등 모두 선택의 연속입니다. 사업 파트너도, 부하직원도 모두 선택의 기로에서 고심을 하고 만나고 헤어질 때마다 생채기를 남기거나 그 아픔을 몸에 간직하게 됩니다. 나무들 역시 이 중요한 고비마다 가지를 뻗어

 나무에게 말을 걸다

이야기를 만듭니다.

사람은 살아온 내력을 얼굴에 드러내지만 나무는 살아온 내력을 몸통에 드러냅니다. 그래서 나무 몸통을 보면 이 나무가 살아온 세월을 알아내기도 하고 그 나무의 자생지를 알아내기도 합니다.

여인의 나이는 피부로 이야기하듯 나무는 수피로 연륜을 이야기합니다. 일반적으로 나무는 25년 정도를 배양하게 되면 줄기에 이른바 혹이 생기거나 골이 지기 시작하고 일부 수종은 수피가 거칠어지기 시작합니다.

단풍나무 같으면 줄기의 푸른색이 나무 색깔을 띠게 되는 것도 바로 이정도의 연륜이 지나서입니다.

이후에는 수피는 거칠어지거나 골이 깊어지는 것으로 나이를 알려줍니다. 예를 들어 우리들의 뇌처럼 깊은 주름을 보이면 이 나무는 대략 100년에서 200년 정도 되었다는 것을 짐작할 수 있으며 수피가 거칠게 일어나 있으면 50년 이후의 나이를 추정하게 됩니다.

그렇게 살아가는 동안 나무는 바람과 햇볕에 의해, 그리고 지나가는 짐승이나 사람에 의해 여러 가지 상처를 입게 되고 그 상처를 아물리며 혹을 만들어 내기도 하고 단단한 삶의 결들이 모여 깊은 주름을 만들어내기도 합니다. 모두 제 살아온 이력을 몸통에 갈무리하게 되는 것이지요.

그 흐름이 자잘하면서 전체적으로 또 하나의 큰 흐름을 만들어낼 때. 밑동에서는 큰 곡선을 그리다가 위로 갈수록 그 폭이 작아지고 좁아져서 전체적으로 자연스러운 흐름을 만들어낼 때 우리는 이 나무에 명품이라는 이름을 붙여줍니다. 한마디로 사람이 생각하는 이상화된 선, 그리고 자연에서 볼 수 있는 가장 조화로운 선을 이루기 때문입니다. 이런 흐름을 무시하는 선이 있긴 합니다. 인위적으로 지렁이 기어가듯, 아니면 스프링을 늘어뜨린 듯 길게 구불구불 흘러가는 선은 당장은 어쩔지 모르지만 그 나무는 쉽게 한계를 드러냅니다.

강줄기처럼, 혹은 소설의 주인공처럼 깊이 있는 내면을 보여주지 못하고 선의 흉내만 낸 소재나 작품은

▶ 주립형태의 줄기를 눕혀 연근처럼 만든 해송 주립, 발상의 전환이 이런 특별한 작품을 만들어냅니다.

분재에게 말 걸기

▲ 단풍나무 분재

좋은 나무는 얇은 분에 심겨질 수 있어야 합니다.
그런 나무들은 대개 사방으로 뿌리가 발달하고 뭉턱하게 자른 상처가 없기 때문입니다.
이 나무는 자연 상태의 단풍나무를 분에 압축시켜 놓은 것처럼 자연스럽습니다.

아무래도 분재미가 떨어질 수밖에는 없습니다. 사람이 어떤 일을 할 때에는 당연히 선택을 하게 되고 그 선택에는 선택할 수밖에 없던 필연이 숨어 있으며 그 필연이 모여 그 사람의 삶을 만들어줍니다.

분재 역시 마찬가지여서 그런 선택이 독특할 때는 우린 그 나무를 특수목이라 부르고 반듯하면 직간이라 부릅니다.

전후좌우의 흔들림이 일정하게 배분되면 모양목이라 부르게 되지요. 때론 절벽에 매달려서 위로 솟아오르려다가 꺾인 채 아래를 굽어보는 수형을 만들어내면 현애라고 부르기도 합니다. 이중에서도 요즘 눈길을 끄는 것 중의 하나가 문인목입니다.

문인목은 밑동이 굵고 위로 갈수록 가늘어지는 격차가 그리 크지 않습니다. 그러나 분명한 것은 여기에도 수많은 자잘한 선택을 숨긴 작은 선들이 모여 큰 선을 이루는 작품들이 좋은 작품이라는 것이지요. 사람의 일상이 아무 일 없이 살 수 없듯이 나무 역시 하루하루를 살아가면서 수많은 선택을 하게 되고 그 선택의 흔적이 남아 자잘한 선을 이룬 다음 나이를 먹어가며 마디마디 중요한 선택을 하면서도 큰 흐름을 보여준 나무야말로 진정한 문인목의 정수입니다. 나무 한줄기를 한해에 쭉 키워 도장시킨 다음 철사를 걸어 구불구불하게 구부려 놓은 것은 문인목이라기보다는 아이들 장난에 가깝습니다. 이런 나무에 매료되는 것은 아직 삶에 대한 성찰이 부족하거나 나무를 보는 안목이 부족하기 때문입니다.

105

## 나무에게 말을 걸다

▲ 가지는 이 나무가 세상을 살아온 내력입니다. 밑에서 올려다본 소나무 분재의 모습

　이렇게 줄기의 선은 줄기에서 그치지 않고 가지로 연장하게 됩니다. 흔히 말하는 상품목에서는 가지를 일시에 키워낸 다음 전체의 윤곽만 맞추어 그럴듯하게 포장을 하지만 사실 이렇게 급조된 가지에서는 세월의 고민을 읽어내기 어렵습니다. 가지 하나도 방향을 한번 꺾을 때마다 중요한 선택을 하게 되고 그 선택이 머물렀던 자리에는 단순하지 않은 흔적들이 남아있게 되기 때문입니다.
　그러나 기본보다는 먼저 전체적인 모양을 만들어내기 위하여 성급하게 키워낸 줄기에서는 이런 깊이 있는 아름다움은 사라지게 됩니다. 더더욱 중요한 것은 이런 나무일수록 해를 거듭할수록 가지끝이 뭉치게 되어 고단했던 삶이 흘러가지 못한 채 소용돌이를 치게 된다는 것입니다. 그래서 인생이나 소설이나 나무나 간에 흐름은 자연스러우면서도 깊이가 있어야 하고 구부러질 때마다 고민하고 망설이던 흔적이 남아있어야 합니다.
　우리네 역시 그런 삶이야말로 아름답다는 표현이 부끄럽지 않을 테니까요.


### 다. 가지로 세상을 살아온 경륜을 이야기하다.

　씨앗을 땅에 심으면 온도와 습도가 적절할 때 싹을 내밀게 됩니다. 여린 떡잎 두세 장을 달고 있는 줄기가 기둥을 세우는 것이 밑동이 되지요. 이렇게 세상에 새로운 생명의 탄생을 알린 나무는 이후 뿌리를 뻗으며 성장을 지속해나가게 되는데 2년 정도 경과되면 처음으로 가지라는 것을 내밀게 됩니다. 한줄기였던 줄기가 비로소 두 개로 갈라지는 셈입니다.

## 분재에게 말 걸기

이렇게 하여 나무는 일지, 이지 삼지 하면서 가지를 세상으로 내보냅니다. 그리고 그 가지는 다시 가지를 만들어내게 되는데 세상에 자라나는 나무들처럼 분재 역시 이런 방식으로 모양을 만들어갑니다.

땅에 심은 나무나 분에 심은 나무는 사람이 원하는 길이나 굵기로 딱딱 맞추어 자라주지 않습니다. 자연이나 분에서나 마찬가지로 가지는 가능하다면 길게 자라 더 많은 햇볕과 바람을 얻으려 합니다. 크고 넓게 자리를 잡아 생존 조건을 유리하게 만들어가려 하는 것이지요.

그러기 위해서 나무는 해마다 새로운 가지를 만들어내고 조금 더 멀리, 그리고 높이 자라다가 그 가지는 다음해에 또 가지를 만들어내는 형식으로 가짓수를 늘려갑니다. 이때 아무런 손길을 더해주지 않으면 가지는 더 많은 햇볕과 바람을 얻기 위해 가지 끝에서만 새순이 터나와 가지가 길어져서 볼품없는 모양이 만들어지는 원인이 됩니다.

이렇게 하여 나무가 보기 좋은 상태로 되려면 약 100여년 이상의 시간이 소요됩니다.

그러나 분재는 짧은 시간 안에 단정하고 짜임새 있는 나무 모양(수형)을 위해서는 가지를 두어마디 정도 남기고 잘라주면서 가지의 방향을 교정하는 작업을 지속적으로 해주어야 합니다. 그래서 그 남은 두 개의 눈에서 새로 순이 자라나와 새로운 가지를 만들어내고 그 가지가 자라나면 다시 두세 마디 정도를 남기고 짧게 잘라 새로운 순을 받아내고 하는 방식을 되풀이하게 되는 것이지요.

▲ 인공위성에서 바라본 강의 모습. 놀라울 정도로 나무와 많이 닮았습니다.

그래서 가짓수를 늘려가는 것은 한두 해에 걸쳐 쉽게 얻어지는 경우가 아니라 오랜 시간을 필요로 하게 됩니다.

그러나 얼른 상품화를 꾀하거나 빨리 나무 모양을 만들고 싶어 하는 사람은 처음 나온 가지를 길게 자라도록 한 뒤 세력을 올려 눈마다 가지가 터나오게 한 뒤 거기서 가지를 받아내는 방식으로 나무를

107

## 나무에게 말을 걸다

▲ 구부러진 곳마다 이 나무가 살아온 내력이 숨겨져 있습니다.

만들어갑니다. 소재를 구입하고 첫해 아니면 두 해 째 나무의 기본 틀을 만들어버리는 것이지요.

이런 나무는 해를 묵을수록 가지를 유지하기가 어려워지며 어느 정도 틀을 갖춘 이후부터는 가지가 뭉치는 원인이 됩니다. 그리고 기본 틀을 이룬 가지의 수령이 모두 같기 때문에 차별화되는 고태미도 발견하기 힘이 듭니다.

가지는 해마다 나무가 성장한 기록이어야 합니다. 그래서 줄기에 가까운 가지는 굵고 바깥으로 나갈수록 가늘어지며 많아져야 합니다. 그것이 자연의 섭리이기 때문입니다.

나무를 매만지는 일이나 세상사는 일이나 모두 절차가 필요하고 인내가 필요한 법입니다. 빨리 끓은 물이 빨리 식는다고 오랜 세월을 공들여 키운 나무와 성급한 마음에 빨리 이룬 나무는 그 나무 모양이나 느낌에서 확연한 차이가 나기 때문입니다.

그리고 이렇게 쉽게 나무를 만들어가게 되면 분재가 어느 정도 완성 단계에 이르러 폭이 지나치게 커졌을 때 축소해야 할 경우에도 힘들어지게 됩니다. 해마다 가지를 잘라 모양을 만든 경우에는 그 가지의 흐름을 따라 축소가 가능하지만 단번에 키워낸 가지는 한번 자르게 되면 이미 만들어진 기본 틀을 훼손하기 때문입니다.

분재에게 말 걸기

▲ 오랫동안 제대로 키워낸 가지의 선.

　우리나라에서는 아직 별로 통용되지 않지만 우리보다 분재가 더 발달한 일본에서는 이런 가지의 고태미도 중요한 미적 요소가 되며 아울러 작품의 가치를 결정하는데도 중요한 요소로 작용합니다.

　또 하나 가지를 만들어갈 때 방법 중의 하나는 밑에 가지는 굵게 , 수관 쪽에서 자라는 가지는 가늘게 만들어가야 나무 전체의 균형이 맞습니다. 자연에서는 그 나무의 가장 굵은 가지를 역지라고 하는데 분재에서는 대개 몸통을 먼저 만든 뒤 가지를 받아가는 형식이기 때문에 이런 규칙을 지키는 것이 쉽지 않습니다.
　모든 나무는 정아우세(頂芽優勢)라 하여 나무의 수관부나 가지 끝이 빨리 성장하는 경향이 있는데 이는 나무가 바람과 햇볕을 더 받기 위해서입니다.

　하여 밑에 가지를 굵게 만들기 위하여 위쪽에서 자라는 가지는 자라는 대로 잘라내고 밑에 가지는 길게 자라도록 내버려둬서 밑에 가지가 굵어지도록 합니다.
　특히 밑에 가지가 자라는 방향은 대개 수평을 유지하는데 나중에 잘라낼 가지 끝부분을 위로 구부려 세워놓으면 나무는 더 빨리 굵어지게 됩니다.
　또 하나는 가지의 방향입니다.

 나무에게 말을 걸다

　보통 자연에서는 소나무 가지가 수평에서 아래로 쳐지는 기간을 100년 이상으로 잡습니다.

　소나무는 잡목류와는 달리 가지 자체에 탄성을 갖고 있어 잘 휘어지기 때문에 겨울철 눈이 덮이거나 가지 전체가 무거워지면 아래로 쳐지게 됩니다. 나무의 이런 특성 때문에 낙락장송이라는 말이 생겨났지요. 그러나 잡목은 나무 자체의 탄력이 떨어지기 때문에 밑으로 쳐지는 경우가 흔치 않습니다.
　그래서 제일 밑가지는 수평을 유지하고 그 위로 갈수록 조금씩 땅과 직각을 이루는 방향으로 발달하게 됩니다.
　수형 자체가 아주 특별한 경우가 아니라면 잡목의 경우 가지를 수평 이하로 떨어뜨리는 것은 바로 자연의 섭리를 벗어나는 일이 되는 셈이지요.

　세 번째는 잔가지 늘리기 방법입니다.
　비록 완성된 나무 형태를 보인 나무라 할지라도 오랫동안 분갈이를 제대로 해주지 않은 경우나 관리를 소홀히 하여 노화가 진행된 경우에는 잔가지가 마르게 됩니다. 나무의 활력이 떨어지기 때문입니다.

　만약 회사가 이런 경우라면 사람을 대폭으로 교체하는 인사로 조직에 활력을 불어넣어주게 되는데 나무라고 예외는 아닙니다. 이 경우 관리자급을 대폭 물갈이하는 것이 분갈이에 해당되며 조직원을 바꾸어 활력을 넣어주는 것이 바로 잎 따기에 해당합니다.
　물론 이 작업을 진행할 때는 충분한 자금이 바탕이 되어야 하는 것처럼 나무에도 충분한 거름을 주어 나무 세력을 끌어올린 다음이라야 합니다. 이처럼 조직이 노쇠화되어 활력을 불어넣으려면 나무의 경우는 새순이 굳어질 무렵 묵은 잎을 따주어 새로운 잎이 돋아나게 하는 것입니다.

　그리고 그 새로운 잎은 바로 가지가 만들어지며 특히 분생활이 오래된 나무가 영양이 충분히 비축이 된 경우에는 가지 안쪽에서도 새로운 순이 돋아나는 경우를 볼 수 있습니다.

　한걸음 더 나아가 5~6월 성장기에 지나치게 방만해진 회사를 정리하듯이 긴 가지를 짧게 자르면 그 안에서 새로운 눈들이 터져 나와 나무 전체가 아금박스럽게 정리되는 경우도 경험하게 됩니다.

분재에게 말 걸기

▲ 분에서 늘려온 가지. 해마다 손질을 거듭하여야만 이런 나무 모양이 나옵니다.

잎따기는 나무의 세력을 최대한 끌어올린 뒤 6~7월경 일시적으로 잎을 모두 따내어 겨울 나무같은 상태를 만드는 것을 의미합니다. 소나무의 경우라면 6월 중순 전후해서 그해 자라난 새순을 모두 따내게 되는데 이는 마디 사이를 짧게 하고 잎의 길이를 줄이며 가지 수를 늘려 감상 가치를 높이기 위해서입니다. 잡목의 경우도 마찬가지입니다.

이 경우 주의할 것은 사람도 건강해야 수술이 가능하듯 나무 역시 건강해야 이 작업이 좋은 결과를 가져온다는 것입니다. 잎따는 방법을 알았다고 나무 상태도 점검하지 않은 채 무리하게 잎을 따내다가는 나무의 가지 자체를 말리는 위험한 경우도 당할 수 있습니다.

## 라. 잎의 크기와 색깔을 보다

잎은 입이면서도 나무의 얼굴입니다. 잎은 나무에 있어서 햇볕을 받아들여 광합성을 하여 나무에 영양분을 공급하는 매우 중요한 일을 하기도 하고 그 잎의 모양과 색깔을 통하여 자신의 상태를 알려주기 때문입니다. 그런데 대부분의 많은 사람들은 잎이 하는 일을 잘 알면서도 잘 잊어버립니다. 관엽처럼 실내에서 키우기도 하고 겨

 나무에게 말을 걸다

울철에도 햇볕을 반드시 쬐어 주어야 한다고 생각하여 잎이 떨어진 나무를 햇볕 좋은 곳에 내놓기도 합니다. 알고 있는 지식이라도 경험과 합치하지 않을 때 생겨나는 현상입니다.

   사람마다 얼굴이 제각각이듯 나무마다 잎이 다릅니다. 수종에 따라 다르기도 하고 같은 수종의 나무라도 나무에 따라 잎이 다릅니다. 이를 엽성이라고 하는데 잎의 크기나 성질 모양 등이 모두 제각각입니다.
   언젠가 취미인 댁을 방문하여 상당히 오래된 소사나무 한그루를 접목 작업을 해놓은 것을 본 적이 있습니다.
   그 나무는 분생활이 아주 오래된 나무로 속가지가 많이 말라 가지 끝에만 잔가지가 남아있는 상태였습니다. 그것이 못내 아쉬웠는지 그 취미인은 당시 도움을 주던 어느 분재원장님과 함께 실생 소사를 가져다가 필요한 자리마다 접목을 해놓았더군요. 마치 내 얼굴이 맘에 안 드는 부분이 있다 하여 다른 사람의 얼굴을 가져다가 조각조각 때운 모습이나 다름없었습니다. 왜냐하면 소사나무라고 하더라도 나무마다 잎의 크기와 모양이 다르기 때문입니다. 그래서 그것은 안 된다고 말하니까 좀 떨떠름한 표정을 짓더군요. 그런데 그 나무 옆에는 가지를 짧게 잘라 속가지를 틔운 소사나무 한주가 보였습니다. 그래서 말해주었지요.

▲ 단풍나무의 새순.

## 분재에게 말 걸기

▲ 아름답고 싱싱한 소사나무 잎의 모습

이렇게 나무의 세력을 건강하게 키운 뒤 가지를 짧게 잘라 새로운 잎을 유도하면 될 것을 이런 식으로 접목을 하는 것은 이 나무에 실례가 된다고. 오랜 세월 살아온 그 나무의 이력이나 품격을 생각할 때 실험적으로 해놓았다고 하기에는 좀 문제가 있었습니다. 잘못 되었다고 판단하여 접한 부분을 모두 제거한다고 해도 접한 부위의 상처는 그대로 남기 때문입니다. 엽성은 이렇게 다릅니다.

또 다른 하나는 잎의 색깔입니다. 사람 얼굴을 보고 누구는 살이 졌다는 둥, 또는 무슨 근심 있느냐고 묻는 것처럼 엽색을 우리에게 많은 말을 해줍니다.

일단 소나무 잎이 가지 끝은 녹색인데 안쪽으로 노란색에 가까운 엷은 녹색을 띠면 물이 너무 많고 배수가 잘 되지 않으니 분갈이를 해달라는 신호입니다. 잎이 꼬이면 반대로 물이 부족하니 물 좀 충분히 달라는 뜻이 되지요.

그뿐만 아니라 잎 끝이 타들어 가면 뿌리 쪽에 문제가 있다는 증표이고 잎에 노란색이 많이 돌면 미량요소가 부족하니 흙을 바꿔달라는 뜻이 됩니다. 새로 나는 잎이 쭈글쭈글해지면서 배배 꼬이면 진딧물이 번식하고 있으니 잡아달라는 뜻이 됩니다.

이처럼 나무와의 대화는 주로 잎을 통하여 진행됩니다.

여러 나무에 나타나는 잎마름병이나 각종 반점 형태로 나타나는 나무들은 대개 뿌리 쪽에 문제가 있거나 나무가 약해진 경우가 대부분입니다. 잎색을 보고 그 근본을 헤아려서 소지를 취해주는 것만이 건강한 나무로 만드는 지름길입니다.

아무리 농약을 퍼부어도 속에서부터 만들어진 병이 쉽게 낫지는 않습니다. 사물의 겉을 보고 속을 헤아리는 혜안이 나무를 기르는데도 절대적으로 필요한 것입니다.

## 마. 꽃은 깊이와 크기를 본다.

이성을 볼 때 어디를 먼저보세요?
20대 젊은 시절에는 상대의 얼굴을 보고 30대에는 상대의 가슴을 보고 40대에는 상대의 엉덩이 있는 부분을 보고 50대가 넘으면 땅바닥을 본다……. 그런데 한 가지 재미있는 것은 그 나이 때 남자의 성기가 발기했을 때 가리키는 방향과 상대를 보는 방향이 정확하게 일치한다는 것입니다.

이 상황을 20대에는 하늘의 꿈을, 30대에는 시선 저쪽의 미래를, 40대에는 현실을, 50대 이후에는 죽음 이후를 생각한다고 해석하기도 합니다.

너무 기죽지 마십시오. 사람이 나이가 들어 조금 더 혜안이 생기면 눈의 기능이 쇠퇴해가지는 반면에 심안(心眼)이라는 것이 열리게 됩니다. 상대의 분위기를 통해 상대의 마음을 봅니다. 얼굴 표정 하나하나, 말하는 태도나 단어 선택 하나하나에 사람들은 자신도 모르게 자신 모든 것을 드러냅니다. 그래서 그런 것들을 종합하여 상대에 대해 종합적인 판단을 내리게 되는데 젊어서 밝았던 육체의 눈이 점차 어두워지면서 비로소 마음의 눈이 열리는 놀라운 자연의 섭리를 깨닫게 됩니다.

▲ 선연한 아름다움이 돋보이는 산당화 분재. 요즘 매니아들이 늘고 있는 수종이기도 합니다.

그렇다면 꽃은 무슨 말을 할까요?

꽃은 자기의 태생과 살아온 연륜과 그리고 자신의 색깔을 드러냅니다.

일단 꽃이 홑꽃이냐 겹꽃이냐에 따라 자신의 태생을 알려줍니다. 대개 모든 꽃들은 생식을 위해 존재하기 때문에 암술과 수술을 가지고 있습니다. 그런데 겹꽃은 이중에서 암술이나 수술이 꽃잎으로 변해버려 꽃이 본래 가지고 있던 생식기능이 줄어들거나 없어지면서

분재에게 말 걸기

▲ 성숙할대로 성숙한 철쭉꽃의 화려한 자태

만들어집니다.

  물론 이 나무들은 삽목이나 접목 등을 통해 유전 형질을 이어가게 되겠지만 그것이 자연의 질서가 아닌 인위적으로 번식시켜 나가는 것이기 때문에 겹꽃으로 피는 나무는 특별한 경우가 아니라면 분재계에서 크게 환영받지 않습니다. 이미 나무의 본성을 잃어버렸기 때문입니다.

  대표적인 경우가 벚나무입니다. 벚나무는 여러 가지 화형(꽃모양)이나 색깔로 보기 좋게 만들어진 품종이 많습니다. 그러나 이 나무는 자연번식을 하지 못하고 앞서 말한 것처럼 접붙이기로 번식을 하게 되죠.

  그러나 이런 나무는 분재수로는 거의 환영받지 못합니다. 수명이 단축되기 때문입니다. 우리가 길가에서 흔히 보는 벚나무는 수명이 대략 80년 남짓밖에는 되지 않습니다. 무리하게 크고 화려하게 많은 꽃을 달게 하다 보니 나무 수명이 줄어드는 것입니다.

  그래서 벚나무 분재는 대개 산벚나무라고 일컬어지는 자연수만 대상이 됩니다. 그 나무는 꽃이 화려하진 않지만 홑꽃으로 수수한 아름다움을 갖춘 대신 접목하여 생산한 나무보다도 훨씬 긴 수명을 갖고 있기 때문입니다.

  두 번째는 꽃을 통해 그 연륜을 압니다. 사람이 오래 살면 지혜가 깊어지듯이 분생활을 오래한 나무에서 피는 꽃은 그 꽃색이 맑고 투명합니다. 같은 수종이라도 피

115

## 나무에게 말을 걸다

▲ 이렇게 나무가 망가지는 가장 큰 이유는 뿌리가 상해있기 때문입니다. 이 사실을 뒤늦게 알았을 경우에는 이처럼 나무가 회복불능 상태까지 도달합니다.

부미인을 보는 듯 한 느낌이 들 정도로 다른 나무와 그 맑음이 구별 됩니다.

물론 거름을 많이 주었다든지 병충해 피해를 입었다든지 하는 경우에는 예외가 되겠지만 같은 조건이라면 분에서 오래 된 나무가 꽃색이 맑고 투명해지는 것은 지혜가 깊어 눈빛이 맑아진 성자를 보는 듯한 느낌이 아닐 수 없습니다. 그래서 늙어간다는 것을 한탄할 필요는 없습니다. 그만큼 깊어지고 맑아지고 넓어지기 때문입니다.

세 번째는 꽃을 피우는 나무는 모두 자기 나름대로의 색깔을 가지고 있습니다. 흔한 경우가 사쯔끼 종류나 매화나무 등이 대표적인데 하얀색 꽃을 피우는 나무는 그 가지가 대개 녹색을 띱니다. 그리고 붉은 색의 꽃을 피우는 나무는 가지 역시 붉은 색을 띱니다. 아주 특별하게 검붉은 색으로 피는 흑룡매 같은 나무들은 가지의 겉으로 드러나는 색깔뿐만이 아니라 속살까지도 붉은 색을 띠는 경우도 있습니다.

그런데 한 가지 재미있는 것은 이렇게 지난해에 나온 어린 가지의 색깔이 꽃색을 닮아있다가도 그것이 연륜을 거듭해갈수록 우리가 흔히 말하는 이른바 나무색깔로 통합되는 것을 보면 세세한 것은 분리를, 그리고 큰 줄기에서는 통합을 해가는 것이 자연의 원리라는 것을 발견하게 됩니다. 우리가 사는 세상사가 그렇지 않던가요?

그리고 마지막으로 하나 더, 꽃은 품종을 드러내는 이름이기도 합니다. 예를 들어 왜철쭉의 일광(日光)은 세 가지 꽃을 피워야 일광이라는 제대로 된 이름을 갖습니다. 하얀색, 분홍색, 붉은 색의 꽃잎이 모두 달고 있어야 비로소 일광이 되는 것입니다.

사스끼는 접목이 아닌 꺾꽂이로 번식을 하게 되는데 꺾꽂이를 할 경우 이 꽃색이 모두 나오는 것은 약 20%정도에 불과합니다. 나머지는 한가지나 두 가지 밖에는 나오지 않게 되지요.

그래서 이 나무들을 어느 정도 키운 다음에 나오는 꽃의 가짓수를 보아 이름을 붙이게 됩니다.

세 가지 색깔로 모두 나오는 것은 일광(日光)이라는 제대로 된 이름이 붙지만 그렇지 않은 경우는 황산계라고 하는 꼬리표만 달게 되고 가격 또한 저렴해집니다.

비록 모수가 일광이라도 제 이름을 얻지 못하게 되는 것이지요. 이는 명자나무 품종의 하나인 동양금이나 일월성에서도 마찬가지입니다. 품종 고유의 특성인 꽃색깔이 모두 나타나야 제대로 된 이름을 갖게 되는 것이지요.

여기서 한 가지 더 부언해두고 넘어가야 할 것이 열매입니다. 분재는 과일 나무가 아닙니다. 그래서 분재수로 키워가는 나무는 상징적으로 한두 개의 열매만 달지 과일 나무처럼 많은 열매를 달게 하지는 않습니다. 작은 열매라면 많이 달게 하고 큰 열매라면 적게 달리게 하는 것이 원칙이지요. 그 이유는 나무가 열매를 달게 하기 위해서는 많은 영양분이 소모하게 되는데 한정된 공간(분)안에서 생활해야 하는 나무가 무리하게 많은 영양분을 소모하게 될 경우 자칫 모수의 생존이 위협받게되기 때문입니다.

자식들 가르치느라 등골이 휘었다가 시집 장가보내느라 마지막까지 모두 털어 바치는 우리나라 부모들의 고단한 삶을 굳이 분재에서까지 보여줄 필요가 있는지는 한 번 더 곰곰이 생각해보아야 할 부분입니다.

욕심을 자제하는 것도 분재인이 갖추어야 할 덕목중의 하나입니다.

## 3. 뭉치면 버린다.

물줄기가 흐르듯 자연스러운 분재. 가지 하나하나를 취사선택하여 키우는 사람의 미적 안목과 분재 소재에 가장 잘 어울리는 수형으로 감탄사가 절로 나오게 하는 나무가 있는 반면에 마치 인간의 탐욕이 빚어놓은 것처럼 속가지는 마르고 가지는 뭉쳐서 그야말로 분재 아닌 분재가 되는 경우도 허다합니다. 무엇이 이런 결과를 가져왔을까요?

나무를 키우는 것은 이미 앞에 말씀드린 것처럼 균형과 조화라는 전제를 바탕으로 시작됩니다. 아무리 좋은 소재라 하더라도 키우는 사람의 잘못된 생각이나 욕심은 나무 소재 자체의 가치마저도 떨어뜨립니다.그중 하나가 빨리 상품화하려는 조급증입니다.

빠른 시간 안에 상품화할 목적으로 키운 나무에서 쉽게 발견되는데 상품목의 경우는 가지가 빽빽이 만들어져 외관상으로 그럴듯해 보여야 합니다.그래서 몸통에서 자란 가지를 취사선택해서 정리하지 않고 무조건 그대로 키웁니다.

이런 나무는 몇 해 동안은 보기에만 분재같은 모양새를 유지하게 되고 그 기간 동

## 나무에게 말을 걸다

안 대개 주인들을 만나게 됩니다. 문제는 재고로 남은 나무입니다. 대충 만들었어도 소재 자체가 좋은 나무는 파는 사람의 입장에서도 높은 가격을 부르게 되고 아주 볼품 없는 나무이거나 고가의 나무는 재고로 남는 경우가 많습니다. 이런 나무를 제대로 관리하지 않고 그저 판매 자체에만 목적을 두어 기를 경우 나무의 소재에 걸맞은 크기를 유지하려다보니 해마다 자르는 위치가 항상 그 언저리입니다.

따라서 이 부분은 그 자른 자리에는 해마다 새순이 우후죽순처럼 자라납니다.

당연히 이 부분은 영양분의 활동의 활발해져 가지가 뭉치게 되며 그 안에서 햇빛을 보지 못한 가지는 하나하나 고사하게 됩니다. 그렇게 해서 기형적인 분재, 분재 아닌 분재가 만들어지게 됩니다.

두 번째는 나무도 분에서 오래 생활하다보면 나무 세력이 쇠퇴해지는 경우가 생겨납니다. 소재 상태에서 분올림한 나무들은 분올림 당시 나무가 가지고 있던 영양분 덕에 1~3년 정도는 어느 정도 세력을 유지하게 됩니다.

그리고 분올림 직후에는 아무래도 상품성을 위하여 관리가 제대로 이루어질 수밖에 없습니다. 그런데 이게 몇 년이고 지나게 되면 상황은 달라집니다.

▲ 가지를 솎지 않고 그대로 키워 수관부가 뭉친 나무. 소장하시는 분은 여름에 잎이 나면 그래도 보기 좋다고 했습니다. 그런데 나무라는 것이 잎이 달려있는 때만 보는 것이던가요? 여름에는 그럴듯하지만 겨울이 되면 이렇게 흠이 모두 드러 납니다. 그래서 잡목 분재를 고를 때는 한겨울에 잎이 모두진 상태에서 고르는 것이 최선입니다.

거름 주는 것은 어쩌다 한번이고 분갈이 시기도 놓치고 가지 자르는 거나 새순을 집는 것 역시 놓치는 경우가 생겨납니다. 그러다 보니 나무 세력은 떨어지고 가지는 마르게 됩니다. 그래서 어느 유명한 분재원장은 우리나라에는 분생활 30년 이상 된 나무들을 관리할 줄 아는 사람이 거의 없다는 개탄을 합니다. 바꿔 말하면 이렇게 제대로 관리된 분재가 적으니 잘못된 나무를 제대로 키워낼 사람이 그만큼 힘들다는 뜻이기도 합니다. 이때 대부분의 사람들이 선택하는 방법 중의 하나는 이 나무를 분에서 뽑아 다시 땅으로 내리는 방법입니다.

이렇게 땅으로 내려온 분재는 대개 첫해에는 새로운 환경에 적응하느라 성장이 그리 달라지지 않지만 2년째에는 본격적인 성장을 하게 되고 3년째에는 무성히 자라나게 됩니다.

그런데 불행하게도 이 나무는 화분에서와 마찬가지로 정교한 손길을 받지 못합니다. 가지가 도장하면서 도장한 부위는 굵어지고 여러 가지가 뭉쳐나다 보니 가지 중간에 혹이 만들어져 흐름을 깨트리게 됩니다.

문제는 여기에서 출발합니다.

본래의 목적이었던 세력 배양이 끝났으면 이런 잘못된 부위를 잘라내서 새롭게 가지를 만들어가야 하는데 사람 욕심이 그렇지 않습니다.

이미 어느 정도 수형이 만들어진 나무의 가지를 잘라버리면 장래성은 다시 밝아지는데 상품성은 현저히 감소하게 됩니다. 소재 상태나 다름없이 되는 것입니다. 따라서 주인 입장에서는 이렇게 무리할 필요가 없는 것이 되고 이런 소재를 원하는 사람은 이런 결점을 알아 저렴하게 구입하고자 하나 가격을 만만치 않기 때문에 포기하게 됩니다.

결국 이 나무는 천덕꾸러기 신세를 면치 못하게 되는 악순환을 거듭하게 됩니다. 그리고 세월은 무심히 흘러가게 됩니다.

잘못되었다고 판단했을 때 과감하게 잘라내고 다시 시작하는 용기, 그리고 그렇게 잘라낸 나무라도 분재가 살아온 이력을 감안해주는 취미인의 배려.

이렇게 두 가지가 함께 어울리면 얼마든지 명목으로 거듭날 수 있는 나무들이 상업적 이익을 앞세운 욕심 때문에 점차

▲ 숱하게 많은 작품 중에서 이 자그마한 원칙을 지켜낸 나무를 보는 것이 참 어렵습니다. 마치 완벽에 가까운 사람을 만나는 것 만큼이나요.

 나무에게 말을 걸다

▲ 때죽나무 분재

쇠락의 길을 걸어가는 경우가 허다하니 참으로 안타까운 일이 아닐 수 없습니다.

그리고 이렇게 가지가 뭉치는 현상을 미연에 방지하기 위해서는 당장의 상품성보다는 먼 미래를 보고 해마다 가지를 자르고 도장하는 가지는 억제하며 가지가 나뉘는 부분에서 "V"자로 나뉘도록 가지 하나하나를 잘 선별해야 합니다. 그리고 해마다 꾸준하게 관심을 두고 가지를 골라내고 영양분을 주어 나무가 웃자라거나 도태되는 일이 없도록 관리해야 합니다.

여러분이 분재 전시장에서 보는 감탄을 불러일으키는 분재는 바로 이렇게 만들어진 작품입니다.

▲ 미소녀같은 때죽나무 꽃

## 4. 10년의 꿈을 손바닥에서 키운다.

우리보다 분재 선진국이라 하는 일본의 분재 역사를 보면 우리나라 분재의 역사를 예상해 볼 수 있습니다. 일본 역시도 자연에서 산채를 하여 분재를 시작하였습니다. 우리나라 선조들 역시 풍정이 풍부한 분들은 이른바 매실(梅室)이라 하여 간단한 비가림 시설을 마련해 자연 상태의 소재를 캐다가 키운 경험이 있지만 수많은 전란 때문에 유구하게 내려온 분재는 거의 없습니다.

고작해야 우리나라가 해방이 되고 한국전쟁의 전란을 겪은 뒤 분에 올린 나무들이 고작입니다.

이에 비하여 일본은 분에서만 500년이 넘은 나무들이 20여주 남짓 전해온다니 그런 환란을 겪지 않아 장구한 전통을 이어올 수 있었던 그들이 부러워지기도 합니다.

이렇게 역사가 짧은 만큼 우리나라 분재 역사는 일본의 분재 역사를 그대로 밟아 가는 경향이 높습니다.

대부분의 분재 역사는 산채에서 시작됩니다. 산에서, 그것도 능선이나 암반의 척박한 땅에서 제대로 자라지 못해 구불구불하게 자란 나무를 조심스럽게 캐다가 분에 심어 가꾸는 것이 고작이었습니다. 모진 풍상을 겪으며 자란 이런 나무들은 굳이 손대지 않아도 그냥 '분재'이기도 했습니다.

그런데 이렇게 분재 소재가 될 수 있는 자연의 나무들은 이제 고갈 상태에 이르렀습니다. 캐내기도 많이 캐내었지만 무엇보다도 우리의 주거 생활이 바뀌면서 더 이상 산에서 땔감을 구해오지 않아도 되니 숲이 우거지면서 나무들은 더 풍부한 부엽토에 뿌리를 깊이 내려 분재 소재가 아닌 나무들로 성장하게 되었습니다.

그래서 산채 이후에 분재 소재는 재배목이 담당하게 됩니다. 이 재배목은 종자를 파종하거나 꺾꽂이를 하거나 접목을 통해 인위적으로 생산합니다.

우수 경칩이 지나면 지난해까지 자란 가지들을 모두 잘라내어 몸통만 남긴 뒤 여기에서 새로 자라는 가지들을 일 년 동안 키운 뒤 다시 자르는 작업을 되풀이하여 소재를 만

▲ 여인의 풍만한 자태를 뽐내는 듯한 명자나무 꽃

나무에게 말을 걸다

들어갑니다. 마치 그 옛날 우리 선조들이 땔감을 얻기 위해 가지를 자르고 나면 남은 몸통은 해를 묵을수록 줄기의 모양이 기묘해져서 훌륭한 분재 소재가 되어주었듯이 그 작업이 밭에서 계획적이고 대규모로 이루어지는 것입니다.

그러나 우리나라에서 생산되는 분재 소재들은 대개 근상 형태로 만들어집니다. 짧은 기간 동안 만들어져서 상품이 되기 위해서는 일단 크고 풍성해보여야 하는데 근상은 바로 이런 점을 충족시켜주기 때문입니다. 분재원이나 화원에 들렀을 때 유독 근상 소재가 많은 것은 바로 이 때문입니다.

그러나 고급 분재에 눈을 뜬 사람들에게 특별한 모양이나 흐름 없이 뿌리가 뒤엉킨 모양의 근상은 더 이상 매력이 있는 소재는 아닙니다. 근상이 아닌 소품, 일본에서 수입된 소품 분재들은 그 몸집이 작음에도 불구하고 갖출 것은 다 갖춘 그런 분재들을 선보이기 시작합니다.

옛날의 소품 분재는 큰 분재를 구입하면 하나씩 선물로 얹어주는 소모품이었습니다. 따라서 이런 나무는 본격적인 목적을 가지고 만들어지는 것이 아니라 나무가 자그마해서 분재원장이 재미로 만들어보는 그런 나무에 지나지 않았습니다.

그런데 이런 나무들이 어느 순간부터 독자적인 가치를 부여받게 되고 나름 작품성이나 예술성을 인정받으면서 당당히 분재의 한 부분을 차지하게 되었습니다.

천대받고 멸시 당하던 가난한 서민들이 어느 날부터인가 당당한 유권자로 대접받듯이 분재계에서도 똑같은 일들이 일어나기 시작한 것입니다. 분재의 상품적인 가치를 떠나 소품 분재는 키우는 사람의 정교한 안목과 손놀림이 필요한 분야입니다.

처음 소재를 구하여 분에 심고 가지를 받아내고 철사를 걸어 수형의 기본 틀을 만든 뒤 잔가지를 늘려가면서 손바닥 안에 노수 거목의 꿈을 이루는 것.

▲ 필자가 취목을 하여 키워가는 소사나무 소품. 비록 작아도 가지로 20년을 살아온 것을. 새로운 개체로 키워가는 중입니다.

분재에게 말 걸기

　그것이 대작이나 중품 분재가 가지는 공간적인 한계를 극복할 수 있는 대안으로 떠오르면서 사람들은 소품에 열광하게 되고 그 소품보다도 작은 이른바 콩분재, 극소분재로의 길도 열었습니다. 마치 분재를 극소화시킨 형태로 나타난 두분재는 그 모양의 단순함에도 불구하고 앙증맞은 모습으로 사람들의 이목을 잡아끕니다.
　오래 키운 나무일수록 줄기와 가지에서 묻어나는 고태미는 이 나무들이 단지 모양에서만 노수거목의 모양을 닮는 것이 아니라 줄기에서도 노수거목의 풍취를 느낄 수 있는 경지로 끌어올렸습니다.

▲ 소재를 분올림하여 첫해, 몸통에서 많은 눈이 자라나지만 그중 꼭 필요한 위치의 가지만 남기고 모두 잘라줍니다.

　그렇게 걸리는 시간이 분올림을 하고 대략 10여년.
　어찌 보면 길지 않은 시간이지만 분재를 하는 분들은 이 기간이 그리 길지 않습니다. 봄이 오면 가을이 기다려지고 가을이 되면 다시 봄을 기다리는 그 마음이 상대성 이론을 빌리지 않더라도 금방 그 세월을 뛰어넘게 만듭니다.

　해마다 가지를 늘려가고 눈에 띄지 않게 줄기가 굵어지면서 여인네의 속살처럼 드러나는 것처럼 뽀얗게 드러나는 수피의 매력. 어느 나무는 날이 갈수록 매끈해지면서 희어지고 어떤 나무는 거칠어지면서 노수거목의 자태를 손바닥 안에서 보여주는 그 묘미에 빠져 오래 키우다보면 비록 소품이나 두분재라도 중품이나 대작 못지않은 자태로 사람들의 경탄을 불러일으킵니다.
　마치 평소에는 보잘 것 없던 이웃집 아저씨가 어느 날 갑자기 존경하고 싶은 얼굴로 떠오를 때의 경이가 소품 안에 숨겨져 있습니다.

 나무에게 말을 걸다

## 5. 단풍은 밤이 되면 더 아름답다

    분재와 여인은 밤에 보는 법이 아니라고 했습니다. 모든 것이 다 드러나는 낮에는 상대의 장단점을 모두 파악할 수 있지만 밤이 되면 불빛이 부리는 마술에 상대를 제대로 파악하지 못하기 때문이 아닌가 생각됩니다.

    그래서 훤한 대낮에 대상을 꼼꼼히 살피고 그중에서 취할 것은 취하고 버릴 것은 버려서 맘에 드는 부분이 있으면 구입하는 것이 당연한 것이 아닌가 생각합니다.

    그러나 세상살이가 예외 없는 법은 없는 것이라서 단풍은 낮에는 보이지 않던 것들이 밤이 되면 모두 제 색깔을 드러냅니다.

    낮에는 온통 붉은 색으로 보이던 단풍이 밤이 되어 불빛을 받기 시작하면 붉은 빛 속에 가려져 있던 노란색, 아직 단풍이 들지 않은 푸른색, 그리고 붉은 색에 갇힌 노란색이나 노란 색 속에 잉크 번짐처럼 박힌 붉은 색등 형형색색의 빛깔들이 모두 제 색깔을 드러내면서 색의 향연이 시작되는 것입니다.

    다른 색의 간섭을 받지 않고 이렇게 제 색깔을 드러내어 바라보는 빛의 조화는 단순히 감탄하는 것을 넘어 자연에 대한 찬가를 부르게 합니다. 한가지로 보이던 단풍빛도 자세히 들여다보면 이렇게 한 가지 색깔이 아닙니다.

▲ 내장산 단풍 분재

분재에게 말 걸기

▲ 단풍은 밤이 되면 자기가 가진 색깔을 모두 드러내어 더 현란한 빛을 냅니다.

사람 사는 것도 마찬가지라서 세상이 온통 한 가지 색깔만은 가지고 있는 사람들이 모여 산다고 생각해보면 어찌 될까요? 나와 똑같이 생긴 사람, 나와 같은 생각을 하는 사람, 이런 사람들이 함께 어울려 살게 된다면 우리는 질식할 것 같은 무의미와 권태와 만나게 될 것입니다. 그래서 사람들은 나와 다른 성격을 가진 사람들에게 매력을 느끼는 지도 모르겠습니다.

성질 급한 사람이 성격이 느긋한 사람에게 매력을 느끼듯 이렇게 타고난 성품과 색깔은 서로 다를 때 한층 더 매력을 발산하게 됩니다.

이렇게 다양한 사람들이 만나 살아가면서도 우리가 보는 것은 모두 같은 사람, 같은 색깔로 보고 있는 것은 아닌가 하는 생각이 듭니다. 그러나 조금만 더 자세히 보면 나와 다른 점을 발견하게 되는데 사람들은 자주 내가 보고자 하는 것만을 보는 독단에 빠지게 됩니다. 그래서 한밤에 불을 켜고 단풍을 보노라면 비록 사소한 것일망정 우리가 얼마나 좁은 시야에 갇혀서 살고 있는 지 반성하게 되는 것입니다.

낮에 보았던 온통 붉은 색의 단풍이 아니라 밤이 되어 드러내는 다양한 색깔의 단풍 속을 살아가면서도 어떤 사람들은 붉은 빛만 보고도 단풍을 보았다고 말하고 어떤 사람들은 밤이 되어 다양한 단풍빛을 보면서 아, 이렇게 모두 어울리니 더 찬란하구나 하는 깨달음으로 서로 다른 존재를 인식하고 그것을 받아들임으로써 더욱 풍부한 자신의 삶을 가꾸게 되지 않나 하는 생각을 하게 됩니다. 그래서 밤에 보는 단풍은 단순히 시각적인 화려함에서 그치는 것이 아니라 다양한 삶을 살아가는 사람들의 존재를 인식하게 되고 그것을 받아들이는 경지로 나아가면서 함께 어우러져 살아야

할 세상을 생각하게 됩니다.

　내가 옳으니 네가 옳으니 하면서 오로지 제 잘난 멋에 사는 사람이 있다면 올 가을에는 밤에 불을 켜고 단풍빛을 한번 들여다보세요. 비록 사소하지만 거기에도 사람 사는 지혜가 화려한 모습으로 당신을 반겨줄 것입니다.

▲ 여러 가지 색깔이 어우러져 더 현란한 빛을 내는 것이 단풍의 묘미입니다.

## 6. 대통령의 조건

역대 우리나라 대통령을 보면 참 안됐다는 생각을 자주 합니다.

젊은 시절 민주화 운동에 투신했던 사람들도 막상 대통령이 되고나면 권력이 주는 달콤함에 빠져들어 설탕이 독이 되는 줄 모르고 당뇨병에 걸린 환자 꼴이 되는 모습을 보면 큰사람일수록 몸가짐이 발라야 한다는 것을 다시 생각해보게 됩니다.

분재 역시 마찬가지입니다. 우리가 흔히 말하는 대작이란 최소한 키가 1미터가 넘는, 그리고 덩치도 우람한 그런 작품들을 가리킵니다. 당연히 혼자 들 수 없기 때문에 서너 사람이 낑낑대며 들어야 할 정도로 무게도 무겁습니다.

그런데 그런 작품을 보면 온몸이 만신창이인 경우가 대부분입니다. 몸통 여기저기 가지를 뭉텅 잘라내고 상처 치료가 되지 않은 흔적부터 태풍이나 산사태에 부러진 자국, 그리고 안으로는 벌레가 파고들어 썩은 부분까지 제각각입니다.

그러나 얼핏 보기에 풍채는 그럴듯해서 외모에 반한 초보 분재인들은 거액을 들여 이 나무를 사들이고 집안 가장 중심에 멋지게 장식을 합니다. 마치 대통령을 청와대에 모시듯이.

이것이 어쩜 그렇게도 우리나라 대통령 선거와 그리도 닮았는지 모르겠습니다. 온갖 흠집투성이인 사람을 경제를 살리겠다는 그럴듯한 말 한마디에 속아 표를 준 사람들처럼 참으로 안타까운 일이 아닐 수 없습니다.

조금만 분재에 대하여 아는 사람이라면 장작개비나 다름없는 나무를 크기만 보고

▲ 제때 가지를 자르지 않고 거름도 부족하여 실같이 자란 가지들. 이런 나무들을 다시 아금박스럽게 만드는 데는 나무를 망가뜨린 세월만큼의 시간이 필요합니다.

## 나무에게 말을 걸다

구입하신 분의 눈썰미를 속으로는 비웃게 될 터이니 제 돈 들여 바보 되는 것은 한순간입니다. 언젠가 서울 과천의 한 분재원을 들른 적이 있습니다. 그 집 중앙에 소사나무가 한 아름쯤 되는 것이 있었는데 그 우람한 덩치가 사람을 압도하고도 남았습니다. 같이 분재를 하는 벗님과 그 나무를 가까이서 보니 이것은 말만 분재지 말 그대로 상처투성이에다가 전혀 기본이 되어있지 않았습니다.

팔뚝같은 뿌리는 자르긴 잘랐는데 땅 쪽이 아니라 하늘 쪽을 보고 잘라 분 위로 노출되어 있었고 굵은 가지를 자른 자리는 상처 처리를 제때 하지 않아 썩어가고 있었습니다. 가지 정리는 정원수 다루듯 잘라서 층을 만들었습니다. 분재인이라면 하품이 나올 정도였지요. 이정도면 얼마나 할까 하는 궁금증에 주인에게 조심스럽게 가격을 물었더니 대작이라 가격이 많이 나간답니다.

가격을 듣고 보니 당시로서는 엄청난 고가였습니다.

맞습니다. 그 집은 분재원이 아니라 정목섬이었습니다. 고기를 무게 달아 파는 정육점이 아니라 나무를 무게 달아 파는 곳이었던 셈이지요.

사람들이 소품을 선호하기 시작한 것은 바로 이 상처에 눈뜨기 시작하면서 부터였습니다. 아파트라는 한정된 공간이 대작을 키울 수 없다는 것도 이유 중의 하나가 되긴 하지만 그것보다 작더라도 완벽한 나무를 추구하는 사람들의 마음이 소품 쪽으로 기울지 않았나 싶습니다. 아무래도 상처가 적을뿐더러 쉽게 아물릴 수 있고 다루기

▲ 밭에서 배양중인 소재.

분재에게 말 걸기

편하며 손바닥만한 크기에 우주를 담아내는 재미가 있어 그리되지 않았을까요?

한때는 이 소품이 큰 나무를 사면 덤으로 주던 시절이 있었습니다. 그런데 어느 날부터인지 이 소품을 찾는 사람이 점점 늘어나고 귀해지자 덩달아 가격이 오르기 시작하더니 소사 소품 하나가 기십만 원을 훌쩍 뛰어넘어 백만 원 단위까지 호가하는 것을 보면 이제 우리 분재인들도 무게가 아닌 질과 품격을 따지는 때가 되지 않았나 생각합니다. 거기에 일본에서 들여온 고급 소품분재는 전국을 소품분재 광풍으로 몰아갔습니다.

▲ 대작이면서도 작은 상처 하나 없는 거의 완벽한 형태의 소사나무 분재.

투표 역시 마찬가지겠지요. 어느 지방 출신인지, 어느 교회를 다니는지, 그리고 어느 대학 출신인지를 따지는 불편함으로부터 벗어나 진정 민초들의 아픔을 이해하고 어루만져줄 수 있는 큰손을 가진 사람이 누구인지를 꼼꼼히 따져 투표를 한다면 단순히 크기만으로 압도하는 분재 아닌 분재가 판을 치는 세상은 오지 않을 테니까요.

큰 나무일수록 전체 균형을 생각해야 합니다. 밑 부분에서 위로 올라갈수록 가늘어지면서 선은 제대로 이루어졌는지, 나무에 문제가 될 만한 큰 상처는 없는지, 그리고 줄기는 물론 뿌리 쪽에도 뭉텅 자른 상처는 없는지, 그리고 가지 배열은 정확하고 굵기가 일정한 순서대로 굵어졌는지, 가지 만드는 것도 원칙대로 만들어졌는지 등등.

우리가 대통령을 뽑을 때 이렇게 철저한 검증을 거친다면 최소한 자기 손으로 투표를 해놓고 나서 그 손가락을 자르고 싶다는 비분강개에 빠지진 않을 것입니다.

이런 조건을 모두 지닌 나무는 흔하지 않습니다. 아니 보는 것 자체가 정말 꿈에 떡 얻어먹기보다 더 힘들지도 모릅니다. 그러나 어딘가에는 있을 것입니다.

진정으로 분재다운 분재, 대통령다운 대통령, 흠집투성이면서 모양만 그릴 듯하게 꾸미고 대작인 체 하는 나무가 아닌 누구나 거목으로서 사랑받을 수 있는 분재. 이렇게 대형 분재가 아니더라도 지방 군수나 군의원 하나까지 균형과 조화를 갖춘 제대로 된 사람을 찾아 나랏일을 맡겨야 합니다. 대작인체 하면서 정작 소품분재보다 못한 나무가 분재인 척하는 세상은 더 이상 희망을 품을 수 없기 때문입니다.

# 나무에게 말을 걸다

## 7. 미술시간에 배우는 구도. 모든 그림을 이 구도 안에 가두려는 버릇이 새로운 생각을 차단합니다.

사람이 어느 정도 배우고 익히면 약간은 무모한 자신감이 돋는 모양입니다. 이른바 아는 체를 하기 시작하는 것입니다.

분재 역시 예외는 아니어서 분재에 대하여 가장 많이 아는 체를 하는 사람은 분재 입문 2~3년차입니다. 그런데 이런 사람들이 흔히 범하는 오류가 있습니다. 이른바 분재라는 것에 대하여 완벽함을 추구하는 것입니다.

분재 또한 인생과 마찬가지라서 완성이나 완벽함이란 있을 수 없습니다. 우리가 흔히 완성목이라 부르는 것도 어느 정도 감상 단계에 도달한 것을 이르는 말이지 완벽하게 갖춘 나무를 의미하는 것은 아닙니다. 분재 그 자체는 시간과 함께 변화하는 속성을 가지고 있기 때문이며 생물인 까닭입니다.

그래서 분재의 기초 지식을 배우고 이에 익숙해질 무렵이면 자기가 배운 것을 토대로 모든 분재를 재단합니다. 곡간을 보면 전형적인 표준곡간의 모양을 들어 가지 배열과 굵기 등을 따지고 뿌릿발이 도마에 오릅니다.

직간은 직간대로 문인목은 문인목대로 이런 사람을 만나면 무조건 난도질부터 당합니다. 초등학교 시절 미술을 배울 때 기억나는 것 중 하나가 구도라는 것이 있습니다. 지금부터 기본적인 구도에 대해서 알아보기로 하지요.

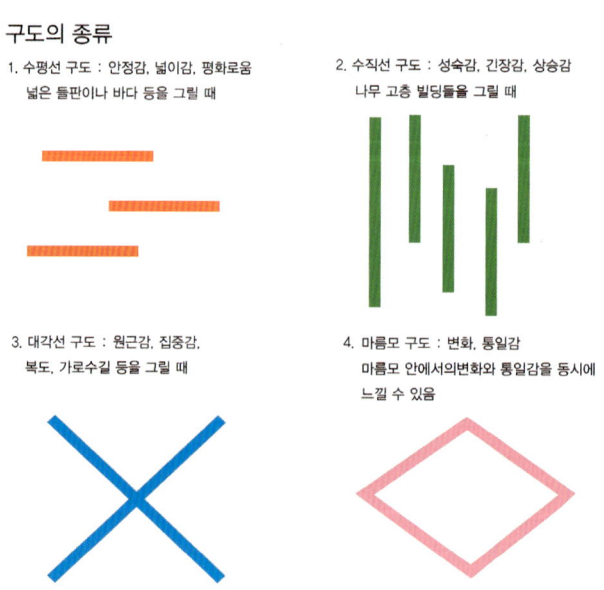

▲ 미술시간에 배우는 구도 ; 모든 그림을 이 구도 안에 가두려는 버릇이 새로운 생각을 차단합니다.

분재에게 말 걸기

그림에서 보듯 그림을 그리기 위해서는 이처럼 기본적인 구도를 알고 그려가야 합니다. 이 구도를 아는 것이 바로 분재로 말하면 기본 수형을 익히는 것인데 이 구도대로 그린 명화가 과연 얼마나 될까요?

이름이 있는 화가는 이 구도를 토대로 새로운 구도를 창조해내고 그것은 곧 작가의 역량으로 평가받기도 합니다. 분재 역시 마찬가지입니다.

나무의 기본 수형을 토대로 분재인은 새로운 수형을 만들어내고 창조해갑니다.

물론 이 과정에서 뜬금없이 새로운 것들을 내놓는 것이 아니라 대개는 기본적인 것들은 토대로 만들어집니다.

그런데 초년차 분재인은 이 기본 수형을 마치 금과옥조처럼 여깁니다. 기본에 어긋나는 나무는 가차 없이 분재가 아닌 분재로 낙인을 찍습니다.

우리나라 분재계의 비조 이강수 선생님은 가장 어려운 것이 수형이라 했습니다. 평생 공부를 해도 그 끝을 알 수 없는 것이 바로 수형이라는 것이고 그 수형이라는 것 때문에 분재가 비로소 예술이라는 옷을 입을 수 있었습니다.

그런데 초년차 분재인은 너무 쉽게 이런 나무를 재단하고 평가합니다. 선무당이 사람 잡는다고 수형으로 고민하는 노분재인 곁에서 초년차 분재인은 과감하게 충고하는 한 수를 놓습니다.

"아, 거기 이 가지는 수형에서 어긋나니까 잘라야지요!"

그럴 때 노분재인은 그 초보 분재인을 지긋이 내려다보며 한마디 하고 입을 다뭅니다.

▲ 눈향나무 분재

"일본의 대관전에 가보라. 거기에서 가면 네가 보는 구도대로 만들어진 나무가 몇 주나 보이는지……."

131

나무에게 말을 걸다

# 제 3장 분재 사랑하기

## 1. 종자는 좋은 나무에서 채취하라

요즘 세상 한켠에서는 사람의 정자나 난자가 불법적으로 거래된다는 소식이 들립니다. SKY대학에 다니면서 키 크고 늘씬하고 잘 생긴 사람의 씨앗(?)은 그 가격이 상상을 초월할 정도로 높다는 소식도 들립니다.

인간을 다른 동물이나 식물처럼 우생학적인 측면에서만 들여다보는 것 같아 씁쓸하긴 하지만 매 맞을 소리인지는 몰라도 이것이 자연을 지배하는 법칙이기도 합니다. 그만큼 좋은 종자는 거친 자연 환경에서 생존율을 높여주기 때문입니다.

분재를 하는데 반드시 이미 만들어진 좋은 삭품을 구입해서 시작할 필요는 없습니다. 분재를 하는 목적에 따라 다르겠지만 상업적으로 빨리 만들어서 팔아야 하는 사람이 아니고 단순히 나무를 키우는 것을 좋아하고 이 나무에 자신의 삶을 투영해보시고 싶은 분이라면 묘목부터 배양하는 것도 상당히 의미 있는 일이라고 생각합니다.

물론 현대인은 바쁘고 언제 이 나무가 클 때까지 기다리나 하시는 분이라면 이미 어느 정도 기본이 갖추어진 소재를 선택해서 키우는 것도 무방하지만 가까운 일본에서도 아들과 딸의 출생을 기념해서 씨앗을 구입해서 키우는 취미인들이 많은 것을 보면 우리 역시도 느긋하게 자신의 삶을 하나하나 새겨 넣는 이정표 같은 분재로 키워가도 좋지 않을까 생각합니다.

일단 분재로 키워갈 나무의 씨앗은 조금 명망이 있는 나무에게서 얻는 것이 좋습니다.

한마디로 보기에 좋은 나무에서 얻은 씨앗이 제 어미를 닮아 그런 모습으로 성장할 가능성이 높다는 뜻이 됩니다.

일례로 우리나라 대표수종인 소나무만 하더라도 나무마다 엽성이 다르고 수피의 특성이 다르고 가지를 만들어가는 성질이 모두 다릅니다. 엽성 하나만 놓고 볼 때도 가지런하게 일정한 방향으로 자라나는 엽성이 있는 반면 꾸불꾸불해지는 엽성, 눈이 맺어지는 부위가 톡 튀어나와 볼품이 떨어지는 것도 있으며 아주 부드럽게 가냘픈 느낌을 주는 잎이 있는 반면에 해송 못지않은 강인한 인상을 주는 잎이 있습니다.

수피만 하여도 우리나라 사람들이 가장 선호하는 홍송이라 불리는 껍질이 붉게 떨어지는 나무가 있고 수피가 거북의 등껍질처럼 단단해서 웬만하면 떨어지지 않는 귀

갑송이라 불리는 나무가 있습니다. 이외에도 금송이라고 착각할 만큼 수피가 잘 발달하는 나무도 있습니다.

소사나무의 경우에도 잎이 자잘한 것에서부터 중간, 큰 것 등 다양하며 이 성질에 따라 잔가지가 발달하는 형태도 달라집니다. 거기에다가 수피의 특성도 여러 가지인데 남해안에서 서해안 쪽으로 올라오면 올수록 수피가 거칠어지며 상처 아무는 속도가 떨어집니다. 제 경험에 비

▲ 노박덩굴 분재 현애

추어볼 때도 같은 나무라 해도 소사나무 수피는 크게 몇 가지로 나눠지며 그중에서 가장 으뜸인 것은 사람 손이 많이 닿지 않아도 스스로 수형을 만들어가면서 세로로 갈라지는 유백색의 수피와 작은 잎을 가진 소사나무를 최고로 칩니다. 소사나무라 하여 모두 같은 소사나무가 아니라는 뜻입니다.

물론 이런 소사나무라 해도 저 혼자 동떨어져서 자가 수정을 하고 씨앗을 맺는 것은 아니기 때문에 어느 정도 형질이 변경될 수는 있지만 그래도 가능성의 측면에서 보면 좋은 나무에서 받은 씨앗이 그만큼 중요하다는 뜻이 됩니다.

사람들이 가문과 혈통을 중시하는 것도 나름대로는 좋은 후손을 퍼뜨리기 위한 자연의 법칙입니다.

그러나 인간은 자연의 시배를 받으면서도 자연을 뛰어넘는 존재이기도 합니다. 그래서 자연의 일부인 식물을 분에 넣고 키우면서 자연보다 더 자연스럽게 만드는 재주를 지녔는지도 모르겠습니다.

사람까지도 지나치게 자연의 법칙만 고수하다보면 독일의 히틀러가 다시 나오는 것이 아닌지 모르겠습니다. 그러나 나무만큼은 다릅니다. 좋은 종자에서 좋은 소재를 얻어 키우는 것이 우리가 추구하는 미적인 욕구를 충분히 충족시켜주기 때문입니다.

## 2. 처음 1년이 중요하다

"넌 뭐가 되고 싶어?"

사람들은 아이들을 만나면 대개 이렇게 묻습니다.

그중에서 어떤 아이는 자상한 아빠가 되고 싶다고 말하기도 하고 현모양처가 되고 싶다고 말하기도 하지요. 그럴 때 한바탕 시원한 웃음이 소나기처럼 내립니다. 유능한 분재인은 나무가 소재일 때 집을 짓듯이 그 나무의 미래를 그립니다. 직간 수형으로 할지 모양목으로 할 지, 혹은 현애로 할 지 그 나무가 갖고 있는 기본 틀에 맞추어 설계를 하고 가지를 만들어갑니다. 분에 올린 첫해에는 일단 나오는 순들을 그대로 지켜보는 경우가 많은데 이것은 기본 틀을 그리기 전에 나무가 분 안에서 무사히 활착하도록 돕기 위해서입니다. 모양보다는 생존이 우선이기 때문입니다.

분올림한 첫해, 나무에서 순이 나오는 순서는 대개 두 단계를 거치게 됩니다.

첫 단계는 나무 자체에 저장된 영양분의 힘으로 새순을 나오는 단계입니다. 이때는 뿌리 활동이 거의 없기 때문에 나무에 저장된 영양분과 수분을 바탕으로 순을 내밉니다. 이때 무리하게 순을 고르는 작업을 진행하면 뿌리 내리는 속도가 떨어져서 두고두고 나무가 쇠약해지는 원인이 됩니다.

▲ 삽목으로 오랜 시간을 정성스럽게 키워낸 애기진궁 분재

분재 사랑하기

▲ 사과나무 분재

　이 단계에서는 순이 자라나온다 해서 성급하게 거름을 해주어서도 안 되고 분이 흔들려서도 안 됩니다. 다만 물을 주어가며 조용히 지켜보는 것이 가장 중요한 단계입니다.
　이렇게 자라기 시작한 순은 어느 단계에서 잠시 성장을 멈추다가 2차 순을 내밀기 시작합니다.
　이때는 순도 힘차게 뻗어 나오기 시작하는데 이때는 뿌리가 제 역할을 시작했다고 보셔도 무방합니다.
　잡목의 경우라면 이렇게 새순이 성장하기 시작하여 어느 정도 시간이 지나면 그때부터 아주 약하게 거름을 주기 시작합니다. 송백류는 첫해는 그냥 키우고 이듬해부터 거름을 주는 것이 훨씬 안전한 방법입니다.

　이렇게 무사히 활착했다고 판단되는 장마 끝 무렵이 되면 거름을 주면서 그중에서 쓸 가지와 쓸모없는 가지를 구분해내고 원하는 부위에 가지가 없으면 접을 할 여분의 가지도 남겨두고 나머지는 모두 잘라냅니다. 이 가지들이 완전히 굳어지기 전에 미리

135

 나무에게 말을 걸다

철사걸이를 해서 나무가 자랄 기본 틀을 만들어 주기도 합니다.

소나무의 경우는 이 작업이 이듬해부터 이루어지지만 잡목의 경우에는 대개 일 년 안에 이 작업이 마무리됩니다. 이 단계에서 모르는 사람들은 그냥 가지가 나오는 대로 키웁니다.

그리고 둥글게 전지를 하여 회양목 정원수처럼 만들어가기도 하고 가지 몇 개를 남긴 뒤 해마다 안에서 나오는 가지를 잘라내어 10년이 가도 앙상한 모습으로 만들기도 합니다. 전자의 경우라면 줄기에서 직접 나온 가지 수가 많기 때문에 좀처럼 가지가 굵어지지도 않을뿐더러 전체 가지의 굵기나 모양이 조화롭지를 못하고 평생을 상품목으로 지나게 됩니다.

이렇게 몇 년 지나 그제서야 사태를 파악하고 가지를 솎아 보지만 이미 굳어진 가지는 쉽게 굵어지지 않습니다. 초기 작업에 실패한 까닭입니다. 이런 종류의 작품은 분재원보다는 화원 같은 곳에 가면 어렵지 않게 만날 수 있으며 대개 상품목이라 일컫는 나무들이 이런 모습을 하고 있습니다.

나무를 기르는데도 기본 원칙이 있습니다. 몸통 줄기에서 나온 가지는 되도록 적게, 그리고 잔가지는 많게 키우는 것입니다. 이렇게 나무를 만드는 사람은 자기가 하는 방식이 옳다고 여겨 항상 그 습관 그대로 현상을 유지하는데 급급하기 때문입니다.

자기가 키우는 나무를 종종 자기보다 고수이거나 전문가에게 한 번씩 선보이는 것은 이런 의미에서 굉장히 중요합니다. 본인 스스로 틀을 깨고 나오지 않으면 이 사람은 아마도 평생 자기 방식을 고집할 것입니다.

교육이란 것이 아이들에게 고루 모든 것을 잘하도록 가르치는 것이 아니라 그 아이의 특기와 적성에 맞는 것을 찾아내어 잘하는 것을 더욱 잘하도록 돕는 작업이라고 가정할 때 나무 역시

▲ 특이한 모양의 소나무 분재

### 분재 사랑하기

그 소재에 걸맞게 장점은 살리고 단점은 덮어가면서 키워나가는 것이라 생각합니다.

이렇게 소재의 일 년이 끝나면 본격적인 분재 배양이 시작됩니다. 그리고 이렇게 기본 틀이 갖춰진 분재라면 굵히고 잔가지를 늘려가면서 고태미를 더해가는 것만 남습니다. 새로 입사한 신입 사원으로서 기본 소양 교육이 끝나면 본격적으로 업무에 투입되어 관록을 쌓아가는 것과 마찬가지입니다.

그 기본 소양 교육이 제대로 이루어지고 받아들여질 때 그 회사와 개인이 발전하듯이 분재 소재가 분에 올라와서 보내는 1년은 어쩌면 아이가 태어나서 돌이 될 때까지와 비견될 정도로 중요하지 않나 싶습니다.

▲ 100년 내외의 왜철쭉 분재(필자의 분재원)

## 3. 흙의 선택

어떤 흙을 선택하느냐 하는 것은 나무에게 아주 중요합니다. 뿌리가 생활하는 공간을 얼마나 나무에 맞게 적절하게 채워주느냐가 바로 식물 생장의 기본중의 기본이 되기 때문입니다.

맨 처음 우리가 사용한 것은 이른바 밭흙이라고 지칭되는 흙이었습니다.

거름기가 많고 친근하며 아무데서나 쉽게 구할 수 있기 때문에 아직도 커다란 분에 가느다란 나무하나 심어놓은 분들을 보면 이 밭흙을 그대로 사용하는 경우가 많습니다.

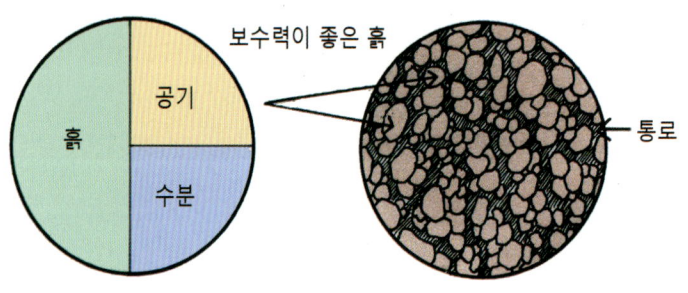

▲ 흙의 통기성과 투수성 및 보수력의 이해

그런데 이 밭흙은 보습력은 뛰어나지만 물빠짐이 좋지 않아 물관리가 아주 어렵다는 단점을 갖고 있습니다. 물을 주게 되면 그 물이 모두 빠져나가지 않고 고여있게 되어 뿌리가 숨을 쉬지 못하게 되는데 물을 열심히 주는데도 나무가 말라죽는 가장 큰 원인이 여기에 있습니다.

그래서 두 번째로 사용한 흙이 마사토라고 하는 화강암이 풍화된 돌 알갱이흙은 물을 잘 품으면서도 물빠짐이 좋아 분재 용토로 사용하기에 알맞습니다.

현재에도 많은 분들이 이 용토를 사용하고 있는데 이 흙은 밭에서 캐어 올린 나무의 활착을 돕거나 뿌릿발을 만들어가거나 할 때 사용하면 좋지만 완성목이나 감상분에 심을 경우 여름철 같은 경우 하루에 두 번 물을 주어야 할 정도가 되기 때문에 분재 관리가 그리 쉽지 않습니다.

그리고 분에서 몇 년 생활하면 잘게 부서져서 공기의 흐름을 막아 뿌리가 숨을 쉴 수 없기 때문에 나무에게는 고통스러운 공간이 됩니다.

대신 이 마사토는 다른 흙과 혼합하여 사용하여 이 단점을 극복하는 경우가 많습니다.

▲ 마사토

분재 사랑하기

세 번째로 일본 원산인 적옥토가 있습니다. 이 흙은 고급 취미인들만 사용하던 것이 대중화된 것입니다.

처음에는 일본에서 꺾꽂이용토로 쓰던 쉽게 부서지면서 값싼 적옥토가 수입되어 한겨울이 지나면 흙이 얼었다가 풀어지는 과정에서 모두 부서져서 물빠짐이 좋지 않은 경우가 있었지만 지금은 단단한 경질이 수입되어 사용됩니다.

▲ 적옥토

주로 소품분이나 완성목에 사용하면 좋은데 흙이 어두운 밤색이어서 분과 잘 어울리는 특징을 갖고 있으며 한겨울 동안 마사에 심겨진 나무뿌리는 동사하는 경우가 생기지만 적옥토의 경우에는 그런 일이 잘 생기지 않습니다.

네 번째로 휴가토인데 이 흙은 무엇보다 가볍고 물을 잘 품어 사용하기 좋은 흙입니다. 더구나 색깔도 마사토와 비슷해서 두 가지를 섞어 사용할 경우 색깔이 비슷해 눈에 잘 띄지 않는다는 강점을 가지고 있습니다.

▲ 녹소토

그런데 이 휴가토는 찬 성질을 갖고 있어 뿌리 성장에 약간의 문제가 있다고 하는 분들도 더러 있으나 여름철 분을 만져본 사람이라면 그것이 문제가 되지 않는다는 것을 쉽게 눈치 챌 수 있습니다.

그리고 겨울 추위에도 흙이 부서지지 않아 쓰임새가 아주 다양하며 대작의 경우 이 휴가토 하나만으로 나무를 심으면 무게가 가볍기 때문에 분재 관리하기가 훨씬 쉬워집니다. 모든 수종에 사용할 수 있으며 전주의 한 분재원장은 모든 나무를 이 휴가토로만 관리할 정도로 다양한 쓰임새를 갖고 있기도 합니다.

다음은 녹소토인데 일본 녹소시에서 나오는 산성을 띠고 있는 가볍고 노란 흙입니다. 주로 철쭉에 사용하며 가루는 가볍게 날릴 정도로 가볍습니다. 맨손으로 작업을 할 경우 손이 거칠어지는 것은 이 흙이 산성을 띠고 있기 때문입니다. 가벼우면서도 물을 잘 품으며 겉은 부서져도 속은 멀쩡한 경우가 많습니다. 마른 상태에서는 밝은

139

## 나무에게 말을 걸다

▲ 부엽토

노란 색을 띄지만 물을 주면 주황색으로 바뀌어 물이 마르는 상태를 쉽게 알 수 있기도 합니다.

그 다음은 동생사인데 이 흙은 일본 군마현에서 생산되는 것으로 철분을 많이 띠어 색깔이 갈색에 가깝습니다. 보습성과 통기성이 좋은 반면 가격이 비싸다는 것이 흠인데 이 흙은 전체를 사용하기보다는 아주 적은 양을 다른 흙과 섞어 사용하며 위에 적은 흙처럼 대중화되어 있진 않습니다.

그리고 최근에는 우리나라 제주에서 생산되는 송이석을 사용하기도 하는데 이 돌 역시 많은 기공을 품고 있어 가벼우면서도 화산석 특유의 다량의 미량 원소를 품고 있어 최근 들어 사용하는 분들이 늘어가고 있는 흙입니다. 그러나 흙에 기공이 많은 까닭에 뿌리가 그 기공을 파고들어 분갈이 시 애를 먹이는 경우가 있기 때문에 사용에 주의를 필요로 하기도 합니다.

이처럼 분재에 사용하는 흙의 종류도 많을뿐더러 그 특징도 다양해서 어느 흙이 좋다 나쁘다고 평가하는 것 자체가 무의미합니다.

우리나라 사람들은 어떤 대상에 대하여 좋다 나쁘다로 모든 것을 평가하곤 하는데 그것보다는 각 흙의 특징을 정확히 알고 자기가 필요한 분야에 사용하다보면 전혀 문제가 될 것은 없다고 생각합니다.

예를 들어 소사나무를 처음 분올림하면서 적옥토에 심으면 뿌리 발달이 더디어지고 잔뿌리가 늘어나 굵은 가지를 기대하기 힘들어집니다.

더구나 적옥토 자체가 물을 품는 성질이 뛰어나다보니 나무는 항상 물에 젖어있게 되어 뿌리 내림이 좋지 않게 되는 경우도 생겨납니다.

그래서 처음으로 분올림할 때는 적옥토보다는 마사토가 좋으며 나중에 완성목이 되었을 경우에는 적옥토 단용으로 사용해도 아무런 문제가 없게 됩니다.

사용 환경에서도 필자의 경우 비록 남부지방이지만 지대가 높은데다가 골짜기이고 더구나 앞산이 막혀 있어서 겨울이 엄청 추운 곳에 속합니다. 이런 곳에서 적옥토가 좋다고 하여 사용하다보면 겨울철에 얼고 녹는 과정에서 모두 바스러져 결국은 통기성이 극히 불량해지게 됩니다.

또 어떤 이는 마사토만한 것이 없다고 입에 거품을 물면서 자랑하곤 하는데 극단

적으로 옥상에서 키우는 소품에 이 마사토 전용으로 한번 심어보시길 권합니다. 만약 이런 경우 하루에 물을 몇 번이나 주어야 할까요? 사람도 그렇고 흙도 그렇고 상황에 가장 알맞은 것을 선택하여 사용하는 것이 바로 가장 효율적이라는 것을 다시 한 번 생각해보게 됩니다.

## 4. 아침에 주는 물은 보약, 저녁에 주는 물은?

분재인에게 가장 어려운 것이 바로 물주기라고 말합니다. 너무 많이 주어도 나무에게 해롭고 너무 적게 주어도 나무의 성장에 장애가 되기 때문입니다. 말 그대로 '적당히'라고 하는 말이 어울리는데 그 '적당히'라는 초점을 잡아가는데 삼년이 걸린다 하여 예로부터 물주기 삼년이라는 말이 정석처럼 굳어져 왔습니다.

그러나 알고 보면 물주기가 그리 어려운 것은 아닙니다. 과거에는 그랬을 수도 있지만 현재의 분재 배양기술로는 그리 어렵지 않습니다. 가장 먼저 물주기에 변화를 준 것은 분갈이 관련입니다.

옛날에는 분에서 재배하는 나무를 뽑아 뿌리 주변의 흙을 털어낸 뒤 새 화분에 심은 다음 그 빈 공간을 채워주는 형식이었습니다. 그러면 나무도 분갈이로 인한 몸살을 덜 할뿐만 아니라 분재 활착에도 도움을 주는 것이 현실이었으니까요. 그런데 문제는 거기서 끝나는 것이 아닙니다.

분갈이 때마다 이런 식으로 분갈이를 하다보면 줄기 중심으로는 애초에 넣었던 흙이 몇 년, 몇 십 년이 지나도 그대로 남아 돌처럼 단단하게 굳어지게 됩니다.

▲ 전남 무안군 해제분재(고 문형렬 작가)

나무에게 말을 걸다

▲ 무늬동백 소품 분재

이 부분은 물을 주어도 물이 스며들지 않고 장마철에는 물을 대량으로 흡수한 뒤 배출되지 않아 뿌리 썩음의 원인이 됩니다. 그러니 물관리가 자연 어려워질 수밖에 없습니다.

지금은 분갈이 기술이 발달하여 필자의 경우에는 흙을 고압 분사기를 이용하여 깨끗이 털어냅니다. 소나무 역시 마찬가지입니다.

예전에는 소나무 분갈이는 물로 씻어 깨끗이 털어내는 것은 금기에 가까웠을 뿐만 아니라 오히려 분갈이 한 다음 소나무 분에서 털어낸 묵은 흙 일부를 넣어주어 균근(소나무와 같이 공생하는 곰팡이)의 착생을 돕기도 했습니다.

그러나 필자의 경험에 의하면 이것은 아무런 문제가 되지 않습니다.
아무리 태간노목이라 하더라도 뿌리가 상하지 않을 정도의 수압으로 깨끗이 씻어낸 후 새 흙을 넣어 정상적으로 관리하다보면 일 년이면 분 안에 균근이 가득 차게 됩니다.

이렇게 모든 흙을 털어내면 물 주기에서 많이 자유로워집니다. 그냥 정기적으로 물을 주어도 분 안에 물이 고이는 일이 적을뿐더러 노폐물로 인한 부패의 염려가 없으니 그만큼 위험 부담이 덜어진다고 할 수 있습니다.

그래서 물주기에 실패하느냐 아니냐는 물주는 횟수에서 비롯되는 것이 아니라 분 안의 상태에 따라 달라지며 분 안의 흙이 아주 오래되어 물빠짐이 좋지 않다면 물 주는데 각별히 신경을 써야 합니다.

## 가. 어떤 물이 좋을까?

어떤 분이 정수기 옆에 분재를 두었답니다. 그리고 규칙적으로 물을 주는 것이 아니라 자신이 물을 마시고 난 뒤 "아나, 너도 한잔 마셔라" 하면서 물을 주었더니 어느 날부터인가 나무가 시들시들해지더니 결국은 말라 죽더랍니다. 그러면서 도저히 이해가 안 된다는 말을 덧붙입니다. 생각해서 주었더니 말라죽어?

흔히 겪는 일입니다. 는 나무에게 주는 물은 상온이어야 한다는 사실을 무시했기 때문입니다. 정수기에서 나온 물은 냉수이면서 정작 나무에게 필요한 미네랄 요소들은 대부분 걸러진 후의 물입니다.

나무는 물이 필요하긴 하지만 물을 줄 때마다 감기 걸리기 딱 좋을 정도로 찬물이 쏟아져 들어오니 견디기 힘들었겠지요.
참고로 나무는 동물에 비해 기온에 대한 적응력이 많이 떨어집니다.

북극곰은 우리나라 동물원에서 여름에도 볼 수 있지만 열대에서 자라는 나무는 우리나라 한겨울에는 생존할 수 없습니다.

이처럼 온도 적응력이 떨어지는 나무에게 매번 불규칙적으로 찬물을 쏟아 부었으

▲ 철쭉 분재에 물 주기

### 나무에게 말을 걸다

▲ 보리수 문인목

니 나무가 약해지는 것은 당연지사입니다.

나무에게 주는 물은 자연에서 온 물이 가장 좋습니다. 사람이 마시는 물이 아니기 때문에 굳이 정수를 하지 않아도 좋으며 지극정성으로 약수를 떠다가 바치지 않아도 좋습니다. 그냥 흐르는 물이면 되는 것이지요.

그런데 이 흐르는 물을 구하기 어려울 경우 편의상 수돗물을 쓰게 되는데 이 물은 인위적인 조작이 더해진 물입니다. 사람에게도 염소 성분이 좋지 않듯이 나무에게도 마찬가지입니다. 그래서 나무에게 주는 물은 이 염소 성분이 날아간 다음에 주는 것이 좋습니다.

그래서 수돗물을 쓸 경우 하루 전에 미리 물을 받아놓은 다음 주고 나서 곧바로 받아놓는 작업을 시스템화 하면은 굳이 기다리지 않아도 나무는 좋은 물을 받아 건강하게 자라게 됩니다.

이렇게 물을 받아놓을 경우에는 염소 성분이 날아갈 뿐만 아니라 물이 기온과 가장 근접하게 되어 수온으로 인한 피해를 끼치지 않습니다.

시냇물을 구하기 힘들다면 차선책으로 좋은 물이 빗물입니다. 이 빗물은 인위적인 요소들이 들어있지 않을뿐더러 자연수이며 더구나 하늘에서 내려오면서 공중 질

## 분재 사랑하기

▲ 철쭉 분재(순천 정원박람회 전시작품)

소를 품기 때문에 자연스럽게 나무에 거름을 주는 효과도 있습니다.

   산성비라서 걱정되신다고요? 빗물은 땅에 닿으면서 곧바로 중화가 되기 때문에 너무 걱정하지 않으셔도 됩니다. 최소한 수돗물보다는 훨씬 낫습니다.

   하나 덧붙이자면 나무를 대규모로 관리하는 경우 대부분 호스를 이용하여 물을 주게 되는데 여름에는 아주 신경을 많이 써야 합니다. 여름에는 호스 안의 물이 햇볕에 달궈져서 라면을 끓일 정도로 뜨거워지는데 이 물을 분에 그대로 뿌리게 되면 물과 영양분을 흡수하는 여린 뿌리들이 나물 데치듯이 삶아지게 됩니다.

   반드시 뜨거운 물을 모두 빼낸 다음 주는 것을 잊으시면 안 됩니다.

### 나. 어떻게 물을 줄 것인가?

   사람은 매일 2리터 이상의 물을 마셔야 한다고 합니다. 여름철 해바라기 한그루도 2리터의 물을 소비한다고 합니다. 그런데 우린 이 물을 고스란히 그대로 우리 몸에 사용할까요?

   정답은 맞을 수도 맞지 않을 수도 있습니다. 우리가 흔히 생각하는 물이 온도 조

 나무에게 말을 걸다

절을 위해 땀으로 배출되거나 피로 쓰이거나 한다고 하면 맞지만 오줌까지 생각한다면 이 말은 틀린 답이 됩니다. 우리가 오줌을 싸야 하는 이유는 간단합니다. 몸에 쌓인 노폐물을 씻어내어 몸 밖으로 배출해야 하기 때문입니다. 나무 역시 마찬가지로 물을 줄 때는 물이 분 밑구멍으로 흘러나올 때까지 충분히 주어야 합니다.

이유는 바로 분 안에 쌓이는 노폐물 때문입니다. 그렇다면 도대체 분 안에서는 어떤 일이 일어나고 있을까요?

아시는 것처럼 분 안은 뿌리의 활동 무대입니다.

그 뿌리에서 물과 영양분을 빨아올리는 것은 뿌리 전체에서 하는 것이 아니라 아주 작은 실뿌리의 가장 끝부분에서 일어납니다. 여기를 뿌리의 생장점이라 하는데 이 부분에서 물과 영양분을 흡수하기 때문에 뿌리는 계속 자라나서 오랫동안 분갈이를 하지 않으면 분 안을 몇 바퀴고 돌면서 성장하게 됩니다. 이렇게 뿌리가 성장하기만 하면 뿌리가 분 안에 가득 차게 됩니다. 그런데 이렇게 많은 뿌리가 필요한 것도 아닙니다. 그래서 나무는 스스로 불필요한 뿌리는 도태되도록 내버려둡니다.

그리고 그 뿌리는 시간이 갈수록 썩게 되어 애초에는 황토 빛으로 맑던 흙색깔이 몇 해 지나게 되면 검은 흙으로 변하게 됩니다. 그리고 시간이 더 지나게 되면 이 죽

▲ 조팝나무

## 분재 사랑하기

▲ 배롱나무(백일홍)는 수피가 얇아 물이 부족하면 금새 시들기 쉽습니다.

은 뿌리들이 흙과 흙 사이의 공간을 막아 물이 고여 썩게 되고 이것이 지속되면 시궁창 냄새를 피우게 되며 나무는 비실비실 시들해지게 됩니다.

 분을 관리하는 일은 하나하나의 작업이 개별적인 작업으로 국한되지 않고 서로 연관되어 있는 경우가 많습니다. 단편적으로 나무의 상태를 진단하는 것보다는 다양한 각도에서 나무를 보고 판단을 내려야 하는데 물주기도 예외는 아닙니다. 물을 줄 때는 분에서 물이 빠져나오도록 충분하게 주되 가끔씩 잎에도 샤워를 시키듯 뿌려주어 나무 뒷부분의 기공을 열어 나무의 광합성을 도와주는 것이 좋습니다.

### 다. 언제 물을 줄 것인가?

 나무에게 아침 물은 보약이지만 저녁에 주는 물은 독약이라는 말이 있습니다. 같은 물이라도 언제 주느냐에 따라 물의 가치가 달라지는 것이지요.
 나무가 물을 가장 필요로 하는 시기는 오전 9시에서 10시 정도라고 합니다.
 이때 태양빛이 가장 순수하고 기온도 적당하기 때문에 광합성이 가장 활발하게 일어나면서 나무도 물을 가장 필요로 하는 것이지요. 그래서 필자는 아침에 일어나서, 혹은 설거지 끝나고 주라는 말을 자주 합니다.

 나무에게 말을 걸다

그런데 문제는 매일 매일을 이렇게 규칙적으로 줄 수 없다는데 있습니다. 어떤 날은 일에 쫓겨 물을 주는 것을 잊어버릴 수도 있고 어떤 날은 비가 내려 물을 줄 필요가 없기도 합니다.

어쨌든 오후에 물을 주지 말라는 것은 나무에 해가 되기 때문입니다. 나무는 저녁이 되면 광합성을 멈추고 사람처럼 호흡을 하게 됩니다. 당연히 낮처럼 많은 물이 필요로 하지 않게 되고 그 물은 분 안에서 고스란히 남게 됩니다.

그런데 이렇게 남은 물이 나무에게 필요로 해서 쓰이는 게 아니라 분 안의 여러 가지 불순물과 함께 부패되어 나무에 해를 끼치게 되기 때문입니다.

그래서 나무에게 물은 오전에 주는 것이 좋습니다. 하루 종일 광합성을 하면서 소모하도록 돕는 셈이지요. 그런데 이렇게 나무가 물을 필요로 할 때는 주지 않았다가 분토가 말라야 할 때 물을 주게 되면 낮에는 종일 굶었다가 자기 직전에 배터지게 먹는 꼴이 되어 나무가 망가지게 되는 것입니다. 물론 나무가 하루 종일 목말라있다면 당연히 밤이라도 해갈을 해주는 것이 맞습니다. 그러나 이것도 어쩌다 한두 번이지 습관을 들이면 위에 언급한 것처럼 나무에 엄청난 해독을 끼치게 된다는 것을 잊지 않았으면 좋겠습니다.

▲ 나무에 가장 좋은 물은 자연수입니다. 그게 아니라면 최대한 자연수에 근접 하도록 만든 뒤에 주는 것이 좋습니다. 사진은 옥정호 붕어섬 전경

분재 사랑하기

▲ 이렇게 석부작으로 만들어진 작품은 작품은 수반에 넣은 뒤 물을 채워주는 것만으로도 물주기가 해결되기도 합니다.

## 라. 장소에 따른 물주기 방법?

 장소에 관한 물주기 방법이 다릅니다. 우리나라는 아파트 중심의 주거생활을 하기 때문에 손바닥만 한 베란다에 옹기종기 분재들을 관리하는 경우가 많습니다.
 이 베란다의 특성은 좁은데다가 문을 열어놓는다 해도 공기가 잘 통하지 않기 때문에 물이 빨리 마르지 않습니다. 그런데 규칙적으로 매일 물을 주게 되면 나무는 늘 물이 풍족한 상태에서 더 이상 뿌리를 내리려 노력하지 않습니다.

 그래서 몇 년이 지나도 물빠짐이 좋은 그런 상태를 유지하게 됩니다. 거기에다가 보수력이 좋은 적옥토를 사용하여 관리한다면 나무는 분올림 당시의 뿌리를 그대로 간직할 정도로 뿌리 발달이 더디어지게 됩니다.
 반대로 옥상에서 관리할 경우입니다. 여기는 하루 종일 뙤약볕이 쏟아지고 바람도 좋습니다. 광합성이 쉽게 일어나며 그만큼 분이 마르는 속도도 빨라집니다.

 나무에게 말을 걸다

▲ 철쭉처럼 뿌리의 껍질이 얇은 나무는 물이 마르지 않도록 조심해야 합니다.

아침에 충분히 물을 주었어도 한낮이 되면 물이 완전히 말라 있다가 저녁이 되면 나무는 잎이 쳐진 상태가 되기 십상입니다.

당연히 이 경우라면 저녁에 물을 주어야 합니다. 그리고 이런 상태가 되풀이되면 나무는 살기 위하여 열심히 뿌리를 내리게 되고 불과 2~3년 사이에 분 안에 뿌리가 꽉 차게 됩니다.

부족한 만큼 나무도 살아남으려 부단히 노력하게 되는 것입니다.이처럼 물주기 하나에도 나무의 특성을 이해하지 않으면 해결되지 않는 것이 하나둘이 아닙니다. 그리고 그것은 어려운 것이 아니라 사람 사는 세상과 별반 다를 것도 없습니다. 그것을 이해하고 실천해나가는 것이 분재 배양의 가장 빠른 길이 되는 것입니다.

## 마. 계절에 따라 물주기는 다르다?

우리나라는 사계절이 분명한 나라라고 합니다. 요새 들어 봄과 가을이 짧아진다고는 해도 봄과 가을은 분명히 존재합니다. 그러니 계절에 따른 물주기 방법이 다를 수밖에는 없습니다.

봄바람은 건조합니다.

햇볕도 좋고 대기 중의 수분 함량이 낮아 산불이 자주 일어나기도 합니다.

따라서 이 시기에는 무조건 물을 많이 주어야 합니다.

새순은 더욱 물을 많이 필요로 합니다. 어른들은 목이 말라도 어느 정도는 참아내지만 어린 아이들은 목이 마르면 칭얼대기 시작해서 나중에는 아예 노랠 부르듯이 물타령을 시작합니다. 나무라고 예외는 아닙니다.

대신 나무는 물타령 노래를 부르는 것이 아니라 잎이 축 늘어집니다. 이렇게 잎이 쳐져서 잎의 기공을 막아 수분의 증발을 막기 위한 궁여지책을 시도하는 것입니다. 그래도 그대로 두면 순이 마르기 시작하고 이는 치명적으로 나무에 해가 됩니다. 따라서 새순이 자라는 봄철 물주기는 그 어느 때보다도 신중하게 살펴 물이 부족하지 않게 해야 합니다. 깜빡 잊었다고 하면 나무는 어느새 말라가고 있기 때문입니다.

여름철은 나무가 온몸으로 수분을 증발시키는 때이기 때문에 물이 필요한 것은 두말할 나위도 없습니다. 대부분의 사람들도 여름철에는 당연히 물을 많이 필요로 한다는 사실을 알기 때문에 물주기에 실패할 확률은 거의 없습니다. 문제는 장마철입니다. 장마 시기에는 공중 습도도 높고 비가 자주 오기 때문에 분이 마르지 않은 경우도 있고 또는 비가 내리긴 해도 잎에 맞아 대부분 흘러나가 버려 정작 분에는 물이 한 방울도 떨어지지 않는 경우도 허다합니다. 그래서 비가 오니까 괜찮겠지 하고 안심하는 동안에 나무가 마르는 일이 생겨나기도 합니다. 언제나 방심은 화를 부릅니다.

가을철 물주기는 나무의 상태를 보존하는데 중점을 둡니다. 봄여름에 걸쳐 애써 키운 나무의 상태를 훼손하지 않도록 분이 마르면 주는 정도가 맞습니다.

당연히 가을 역시도 건조하기 때문에 물이 마르지 않도록 주는데 이 시기도 사람의 상식을 배반하는 일이 별로 없기 때문에 이 시기도 대개 무사히 넘어갑니다. 문제는 겨울철입니다. 겨울에는 나무도 낙엽이 지거나 휴면기에 들기 때문에 나무 역시 물이 필요로 하지 않을 거라 지레짐작하고 물을 주지 않는 경우가 허다하게 일어납니다. 그러나 우리가 잠잘 때에도 물은 필요합니다. 그래서 자리끼라 하여 우리 선조들은 머리맡에 마실 물을 미리 준비해놓고 잠을 잤지요. 나무 역시 마찬가지입니다.

## 나무에게 말을 걸다

휴면기이지만 소량의 물은 필요하고 더구나 분자체에서 증발하는 양도 많기 때문에 겨울철에도 열흘에 한번 정도는 나무 상태를 보아 물을 주는 것이 필요합니다. 겨울을 지났더니 나무가 말라 죽었다라고 하는 경우가 많은데 이때는 겨우내 한 번도 물을 주지 않아 방치해놓은 결과가 대부분이기 때문입니다. 이렇게 보면 물주기 하나에도 자연을 살피고 그 순리에 따르는 일임을 쉽게 알 수 있습니다.

### 5. 거름은 2% 넘치게 주라.

먹지 않고 사는 사람이 있을까요?

말 같은 질문을 하라고 타박할 분도 계시겠지만 분재 세상에서는 실제 이런 일이 비일비재하게 일어납니다.

처음 나무를 사올 때는 그 나무의 멋에 반하여 여기저기 들여다보고 매만져보고 신명이 납니다. 그러다 얼마 지나지 않아 관심이 시들해집니다. 물이 필요한지, 벌레가 먹고 있는지, 거들떠보지도 않다가 어느 날 문득 노랗게 말라버린 나무를 발견하고는 다음에는 이렇게 말합니다.

▲ 닥나무 분재

분재 사랑하기

"이상하게도 우리 집에만 오면 나무가 죽어. 나는 나무 키우는데 소질이 없나봐."
그럼 필자는 이 말을 이렇게 알아듣습니다.
　'아, 나는 처음에는 나무에 관심을 가졌다가 금방 싫증을 내는 어린아이 같은 성격을 가졌거나 불성실한 사람이야.'
　분재를 키우는 일은 관심과 사랑을 쏟을 대상을 곁에 두고 거기에 정도 주고 마음도 주면서 식물로부터는 건강한 생명력과 삶의 의지, 그리고 위안을 얻는 일입니다. 그런데 그런 나무에게 거름을 한 번도 주지 않았다는 사람이 의외로 많습니다.

▲ 대나무 분재

　애완견 같으면 따라다니면서 밥 달라고 칭얼거리기라도 할 터인데 늘 침묵 속에서 고요히 수행하는 나무는 보채는 일이 없으니 그럴 만도 하지만 최소한 그 나무는 내가 맘에 들어 선택한 나무이거나 누군가가 고르고 골라 나에게 마음을 전해 준 대상입니다.
　나무는 거름을 주지 않아도 몇 달 동안은 큰 탈 없이 성장합니다. 그 이유는 나무 자체의 줄기 속에 영양을 비축해둔 것도 있고 햇빛과 바람이 있기 때문입니다.

나무는 광합성을 통하여 약 90% 이상의 영양분을 얻습니다. 그렇다고 하여 그 거름을 빵조각 나누듯이 그 정도면 되었다고 만족해서는 안 됩니다.
　나무도 햇볕으로부터 얻어낼 수 있는 것이 있고 반드시 흙에서 얻어가야 하는 성분이 있기 때문입니다. 그것이 미량요소라는 것인데 나무 성장에 필수불가결한 무기

## 나무에게 말을 걸다

질 거름에 해당되는 것들입니다.

그 외에 거름은 나무에 지속적으로 불을 지피는 연료와 같습니다. 우리가 음식을 끓일 때 처음에는 센 불로 끓이다가 어느 정도 익었다 싶으면 약한 불로 옮겨가듯이 거름 또한 성장 초기에는 넘칠 정도로 충분히 주다가 완성목 단계에 이르면 나무에 맞게 그 양을 줄여 줍니다.

그래도 완성목이라 해서 거름을 끊어서는 안 됩니다.

이런 거름 중에서 대표적인 것이 유박입니다.

이것은 유채에서 기름을 짜고 남은 부산물을 발효시켜 만든 것인데 옥비(원래는 일본에서 만든 상표명임)라 불리는 덩이 거름이고 물에 녹여내어 만들면 액비가 됩니다.

지금은 유채가 구하기 어렵기 때문에 대개는 참깨나 들깨 등의 기름을 짜고 남은 깻묵으로 만듭니다. 이 깻묵거름은 나무가 필요로 하는 거의 모든 성분을 다량 함유하고 있으며 주고 나서 며칠 지나지 않아 그 효과가 나타나기 때문에 속효성 거름에 속합니다. 아주 예전에는 대부분의 분재 소재가 영양분이 부족한 척박한 토양에서 모질게 자랐기 때문에 분에 옮기고 나서도 그런 환경을 만들어주어야 한다고 생각했습니다. 그래서 물도 거름도 안 죽을 만큼만 아껴서 주곤 했지요.

그런데 분재는 현 상태로 관리하는 것이 아니라 이상적인 수형으로 키워가야 하기 때문에 최근 경향은 거름은 충분히 주되 철사걸이나 순집기, 가지치기 등을 통하여 성장을 억제하면서 나무 모양을 만들어가는 것입니다.

어찌 보면 충분한 재료를 주고 여러 가지 방법으로 적절하게 조절하여 나무를 배양하라는 의미와 같습니다. 이런 사고의 전환은 분재 배양의 획기적인 변화라 할 수 있습니다. 사람으로 치면 굶어가면서 다이어트 하려 하

▲ 철쭉 분재 애월

분재 사랑하기

지 말고 먹고 싶은 것은 마음껏 먹으면서 운동으로 살을 빼라고 말하는 이치와 같습니다.

그래서 예전에는 장마철에 거름을 주지 않던 것을 지금은 장마철에도 줍니다. 이미 아시는 것처럼 장마철은 나무의 성장이 가장 활발하게 일어나기 때문에 그만큼 충분한 연료를 공급해주어야 한다는 뜻이 됩니다.

또 하나는 봄철에 집중적으로 거름을 준다는 것입니다. 사즈끼처럼 꽃을 피우기 위해서는 많은 영양분이 필요한데 이때를 대비하여 새잎이 나기 시작할 무렵부터 열심히 거름을 줍니다.

▲ 마삭줄 분재

155

　모과나무나 산당화를 비롯하여 꽃피고 열매 맺는 나무들도 많은 에너지가 필요하게 되고 이를 사전에 충분히 공급해주어 꽃과 열매가 열린 후 나무의 세력이 급격히 저하되는 것을 예방하는 것입니다.
　꽃이 피지 않더라도 일반적인 나무들 역시 거름을 충분히 주는 것이 가지와 잎을 튼튼하게 하여 병해충에 시달리지 않고 건강하게 성장하도록 돕는 밑거름이 됩니다. 그러나 모든 나무가 이런 원칙하에 주는 것은 아닙니다.

　분에서의 수령이 오래된 나무는 노쇠해져서 다시 젊음을 되돌리려는 나무가 아니라면 현상을 유지할 정도의 거름이면 됩니다. 너무 적게 주면 가지가 마르고 너무 많이 주면 잔가지가 투박해집니다. 나무의 상태를 보아 가감하되 적정량에서 2%만 더 주시면 됩니다.
　거름은 일반적으로 6개월 앞을 내다보고 줍니다. 올해 상반기에 주는 거름은 올해 하반기에 건강하게 생육하도록 주는 것이고 가을까지 주는 거름은 겨울을 무사히 건너 내년 봄에 건강하게 깨어나도록 주는 것입니다. 그래서 비록 속효성 거름이라도 나무에 자주 거름을 주게 되면 나무의 건강이 늘 좋은 상태로 유지되어 웬만한 시련이 닥쳐도 거뜬히 이겨낼 힘을 갖게 되는 것입니다. 그런데 문제는 많은 사람이 거름에 대해서는 잘 모른다는 것입니다.

　노란 병에 들어있는 영양제만 꽂아두면 거름 끝이라고 착각하는 분들도 많습니다.
　사람도 음식물은 먹지 않고 링거 주사만 맞아도 생명 연장에는 지장이 없습니다. 그러나 그렇게 링겔만 맞고 사는 사람이 어디 있을까요? 호르몬제제(메네델)이거나 엽면시비제(하이포넥스), 그리고 알약이나 가루로 만들어져 분위에 뿌리는 영양제들은 말 그대로 응급 처방이 필요할 때 주는 약에 가까운 이름이고 우리가 일상생활에서 먹는 밥이나 김치처럼 나무에 지속적인 영양분을 공급할 때는 덩이 거름이나 이를 물로 우려낸 액비가 제격입니다. 다만 성급하게 키울 요량으로 넘치도록 거름을 줄 경우에는 비만아처럼 만들 소지가 있기 때문에 거름을 줄때는 2%만 살짝 넘치도록 주는 것이 가장 적합합니다.

## 6. 순집기와 순고르기

　봄이 오면 사람들은 긴 겨울동안 답답했던 가슴을 꽃놀이로 풀어냅니다. 나른하게 풀어지는 봄기운에 실려 여기저기 가볼 곳도 많아지고 할 일도 많아집니다. 나무들도 마찬가지입니다. 나무는 겨우내 멈추었던 호흡을 시작합니다.

　그 첫 번째로 하는 일이 꽃이나 잎을 피워 내는 일입니다. 아직 세상이 봄빛으로 완연히 물들기 전, 우리가 아침저녁으로 싸늘한 냉기에 몸을 움츠릴 때도 나무들은 눈에 보이지 않는 통로로 물을 올리고 움츠려있던 눈을 부풀리기 시작합니다. 그리고 어느 날 아침, 우리가 늦잠을 깨어 문득 나무들을 바라보았을 때 거기 생명의 신비같은 아주 자그마한 싹들이 세상을 향해 손을 내밀기 시작합니다.

　우리가 봄을 느끼기 시작하는 것은 바로 이때부터입니다. 이후부터는 하루가 다르게 순이 자라납니다. 보호시설 안에서 겨울을 보낸 분재들은 이미 이때쯤 되면 매화도 산당화도 장수매도 꽃이 피었다 지고 이미 새순이 조금씩 자라나 있기도 합니다.

　그런데 문제는 이런 새순들이 고르게 자라나지 않는다는 것입니다.

▲ 해송 순고르기

## 나무에게 말을 걸다

　모든 나무는 정아우세(頂芽優勢)라는 특징을 가지고 있어 가지 끝의 순이 가장 활기차게 자라납니다. 그리고 수관부의 가지 역시 마찬가지로 힘 있게 자라나기 시작합니다.

　이 순들을 그대로 방치하게 되면 안에 있는 눈들은 계속 그 상태로 머물러 있다가 흔적처럼 잎을 몇 개 피우고는 소리도 없이 사그라집니다. 균형과 조화라는 명제를 전제로 키워가는 분재에게는 아주 치명적이게 됩니다. 이대로 두세 해 방치하게 되면 나무는 완전히 그 수형을 잃고 분재 아닌 분재로 전락하게 됩니다.
　이때 필요한 작업이 순집기입니다. 잎이 대여섯 장 이상 피어났을 때 강하게 자라나는 순을 손톱으로 톡 꺾으면 그 순은 성장이 정지되고 나무가 가진 힘은 새로운 자리로 집중하게 됩니다. 즉 안에 있는 눈들이 자라나기 시작하는 것입니다.

　순집기의 목적은 이렇게 강하게 자라나는 순의 잎을 두세 장 남기고 잘라내어 세력을 정지 시킨 뒤 안에 있는 약한 순들이 세력을 받아 자라나게 하여 나무 전체가 고루 자라도록 하는데 목적이 있습니다.
　그런데 순과 가지는 무엇으로 구분하느냐구요?
　순은 부드러워서 목질화 되기 이전의 상태를 가리킵니다.
　즉 손톱으로 잘라서 잘라지는 상태를 순이라 하고 시간이 흐름에 따라 질겨지거나 단단해져서 가위로 잘라야 하는 시기가 오면 이를 가지라고 부릅니다.

▲ 소나무의 순은 손으로 분지를 수 있을 때 잎이 나올 부분을 일부 남기고 해준다.

　이렇게 순집기가 끝나고 나면 순고르기라는 것도 해야 합니다.
　봄이 오면 새순은 여기저기서 상당히 많은 순들을 뽑아냅니다. 특히 소재일수록 몸통 여기저기서 많은 순을 뽑아내는데 그중에서 나중에 가지로 쓸 순을 남기고 나머지는 모두 잘라 내거나 떼어내어 나무가 불필요한 부분에 영양분을 뺏기지 않도록 해주어야 합니다.

기존의 나무들은 이 순들을 그대로 방치할 경우에는 나무 자체가 새순에 힘을 집중하는 특성이 있어 이미 만들어진 다른 가지들이 약해지기 때문에 봄철 몸통에서 자란 순들은 그때그때 필요한 순만 남기고 모두 제거해주어야 하는데 이를 순고르기라고 합니다.

두 번째, 특히 순고르기에 신경을 써야 할 나무는 소나무와 단풍나무 분재입니다. 이 두 종류의 특징은 한 곳에서 여러 개의 순들이 나오기 때문입니다.

그런데 이 순들을 그대로 두면 이 나눠진 부분들이 영양분의 통로가 되어 굵어지게 되는데 이럴 경우 가지의 자연스러운 흐름을 방해하여 감상가치가 떨어지게 됩니다. 소나무는 단엽 이후에 순을 자른 자리에 여러 개의 순이 빼곡하게 뭉쳐나게 됩니다. 이 경우를 그대로 방치하게 되면 그 부위가 굵어져서 역시 감상가치를 떨어뜨리게 됩니다.

그래서 순고르기는 나무의 세력을 조절하고 가지의 흐름이 자연스럽게 하기 위하여 진행하는 작업입니다.  그리고 이 작업은 순이 자라나오는 즉시 해주는 것이 좋고 손으로 가볍게 처리할 수 있을 때 해주는 것이 시기적으로도 아주 유용합니다.

특히 건강한 나무일수록 이런 순들이 많이 나오는데 거꾸로 생각하면 이렇게 순이 많이 나오는 것은 그만큼 나무가 건강하다는 증거이기도 하니 귀찮아하지 말고 그때그때 제거해주는 것이 가장 이상적인 순고르기라고 할 수 있습니다.

순을 고르는 방법은 간단합니다.

소재를 처음으로 분 올림했을 때는 필요한 위치의 순을 남기고 나머지는 모두 솎아내는 방법입니다.

이 경우에는 크고 작고가 문제가 아니라 어디에 났느냐가 문제가 됩니다. 나무줄기를 기준으로  왼쪽과 오른쪽, 그리고 후면의 순서대로 가지 배치를 고려하여 남기면 됩니다.

다음은 한곳에서 고를 때의 방법입니다. 이때는 두 개의 순을 남기되 크기가 중간인  것 두 개를 남깁니다. 너무 커도 문제가 있고 작아도 문제가 있습니다. 이 순을 Y자 형태로 나누어 가지를 분기시켜 성장시키면 되는 것입니다.

이때 남기는 순의 자라는 방향은 아래쪽이거나 바깥쪽입니다. 위로 향하는 순을 남기면 그 순은 왕성한 힘을 받아 도장지로 자라날 위험이 크기 때문입니다.

## 나무에게 말을 걸다

## 7. 가지는 과감하게 잘라라.

"저거 눈에 거슬리는데……."
그래도 막상 가위를 대고 자르지는 못합니다.
자르면 이미 초보가 아닙니다.

　눈에 거슬리는 가지를 두고 초보자일수록 고민이 깊습니다. 선뜻 가위를 대지 못하는 것은 혹시라도 자르면 어떻게 될지 그 다음 모습이 떠오르지 않기 때문입니다. 이 문제는 초보자의 경우만은 아닙니다.
　분재에 대하여 상당한 내공이 쌓인 분들도 깊게 생각해보지 않아서 그냥 지나치는 경우도 있고 상처가 생길까봐 그냥 파는 분도 있고 아예 잘라야 하는지 자르면 안 되는지 몰라서 그러는 경우도 있고  자르면 가격이 떨어지기 때문에 자르지 못하는 경우도 생겨납니다.
　그래서 모처럼 구경 온 사람이 '어, 이거 눈에 거슬리는데' 이렇게 한마디 하면

▲ 팽나무 분재

분재 사랑하기

그때부터 고민이 생겨납니다.

  분재가 추구하는 것은 균형과 조화에 개성을 더한 아름다움입니다. 그런데 모든 나무가 이런 조건을 완벽하게 갖추고 있는 것은 아니어서 이 균형과 조화를 위해서 잘라야 할 가지들이 눈에 띄게 되고 막상 자르자니 고민이 깊어집니다.

  어떤 가지는 다른가 지들이 모두 곡을 이루었는데 저 혼자 반듯하게 자라 흐름을 거슬리는 나무도 있고, 불필요한 위치에서 튀어나와 눈을 찌를 듯한 가지도 있고, 한 쪽으로 쏠려 무거운 느낌을 주는 나무도 있습니다.

  눈에 거슬리면 무조건 잘라라. 이 말은 무턱대고 가지를 자르라는 말은 아닙니다.

  가지 하나를 자르다보면 기존의 나무 모습에 익숙한 분들은 나머지 부분이 어색해 보일 수도 있고 그러다보면 가지 하나하나를 모두 잘라내어 앙상하게 줄기만 남길지도 모르기 때문입니다.

  흔히들 인생사는 경험이라고들 합니다. 모르는 일, 하지 못했던 일, 생각지도 못한 일들이 우리 일상에서 흔히 일어나고 우린 그런 일들을 하나하나 추스르면서 경험이라는 것을 축적해갑니다.

  초보자들이 쉽게 나무 가지를 자르지 못하는 것은 이 경험이 미약하기 때문입니다. 주위에 분재를 좀 아는 분이 있다면 그분의 도움을 받아 가지 자르는 일에 도움을 구하는 것이 좋습니다.

  그런 분도 없다면 어느 날 미친 것처럼 과감하게 톱이나 가위를 대어보세요. 눈에 보이게 시원해진 모습을 보게 될 것입니다.

  사람들은 기본적으로 이 균형과 조화라는 것에 대하여 본능적인 감각을 갖고 있습니다. 그래서 김태희 얼굴을 보면 왜 아름다운지 설명을 하진 못해도 그냥 느낌만으로도 알아차립니다. 조금 더 깊숙이 들여다보면 그 얼굴의 이마, 눈썹, 눈, 코, 입. 피부색 등이 조화와 균형을 갖고 있기 때문입니다.

  그중에 하나라도 지나치게 크거나 작다면 우린 뭔가 부족하거나 어긋남을 느껴 예쁘다는 말을 하지 못할 것입니다.

  나무 가지를 자르는 것도 바로 이런 관점에서 시작합니다. 그 나무의 눈에 거슬리는 부분을 찾아 없는 것처럼 그림을 그려본 후 짧게 자르거나 아예 줄기에서부터 잘라내고 한걸음 나아가 앞으로 이런 식으로 배양해 나가야겠다는 계산이 있어야 합

니다. 그리고 그런 경험이 축적되어 다른 사람의 작품을 보고도 남겨두어야 할 가지, 잘라내어야 할 가지를 구분할 정도가 되면 그분은 이미 초보를 넘어선 것으로 보아야 합니다.

고민은 깊게, 그러나 결심이 따르면 과감하게 자르세요. 가지하나 잘랐다고 세상이 어떻게 되는 것은 아닙니다. 만약 잘못 잘라내었다면 그만큼 소중한 경험이라는 것을 얻게 되니 손해날 일도 아닙니다. 그래서 초보자는 귀하고 비싼 나무가 아니라 저렴한 소재부터 시작하는 것인지도 모르겠습니다.

## 8. 나 어떡해?

아니야. 이게 내가 꿈꾸던 내 모습이 아니었어!
이 대목 앞에서 우린 많은 고민을 합니다.
지금까지 살아온 날을 버리자니 그동안 투자해온 시간과 노력이 너무 아깝습니다.

▲ 흑느릅나무 분재(제주 생각하는 정원 소장)

그렇다고 이 일을 계속하자니 자신의 장래도 불투명할뿐더러 도저히 자신이 없습니다. 집에서 자기 하나만 보고 살아가는 처자식의 얼굴이 떠오르고 노숙자들의 모습이 오버랩 되기도 합니다. 한편에서는 지금보다 멋지고 당당하게 살아가는 자신의 모습이 떠오르기도 합니다.

　선택의 순간은 항상 이렇게 괴롭습니다. 이 가지를 잘라내야 할까, 아니면 이대로 키워가야 할까?
　여기에서 어느 책에서 읽은 일화 하나를 삽입합니다.
　두 사람이 길을 가고 있었습니다.
　그런데 그 두 사람의 눈앞에 구리 덩이가 여기저기 널려있는 것이 아니겠습니까? 두 사람은 자기가 짊어질 수 있을 만큼 그 구리덩어리를 짊어집니다. 그리고 가던 길을 계속 걸어갑니다.

　그렇게 걸어가다가 이번에는 은덩어리들이 여기저기 널려있는 곳을 지나가게 됩니다. 그러자 한사람은 지금까지 땀 뻘뻘 흘리며 지고 온 구리덩어리를 과감하게 버리고 은덩어리들을 주섬주섬 짊어질 수 있을 만큼 챙깁니다. 그러나 한사람은 지금까지 내가 얼마나 고생하며 이것들을 짊어지고 왔는데 라면서 고집스럽게 구리 덩어리를 계속 짊어지고 갑니다.

　그렇게 한참을 가다가 이번에는 금덩리들이 널려있는 곳을 지나가게 됩니다. 은덩어리로 바꿔지고 온 사람은 과감하게 은덩어리들을 버리고 다시 금덩어리로 짊어집니다. 그런데 구리 덩어리를 짊어지고 온 사람은 해오던 그대로 구리 덩어리를 고집스럽게 지고 집으로 돌아갑니다.
　누가 환영을 받았을까요?
　상업을 하는 분재인들에게 고민은 바로 이것입니다. 분명히 눈에 거슬리고 잘못된 줄은 알지만 상품성이라고 하는 것이 일단 풍성하게 보여야 하고 부피도 필요하기 때문에 쉽게 잘라내지 못합니다.

　힘들게 결단을 내려 잘라내 보았자 잘했다는 칭찬보다는 핀잔을 듣기 일쑤입니다. 이럴 때는 대부분 자신의 생각과 안목을 상업성과 슬며시 바꿔 버립니다. 미래에 대한 투자보다는 당장의 환금성을 위한 것인데 불행하게도 이런 나무는 쉽게 팔리지도 않습니다. 속절없이 시간만 허비하는 셈이 되는 것입니다.

 나무에게 말을 걸다

    잘못인 줄 알면서 그대로 키워가는 나무는 잘못된 부분을 잘라내지 않는 한 지속됩니다. 즉 가지가 뭉쳤다든지, 잘못된 위치에서 가지가 나왔다든지, 아니면 철사가 깊이 패여 두고두고 눈에 거슬릴 것 같다든지 하는 것들이 모두 잘라내야 할 것들입니다.

    그런데 그 결심이 쉽지 않은 것은 고생고생 하면서 지금까지 키워온 날들에 대한 미련 때문입니다. 상업인들은 풍성하게 보이는 것과 잘라내는 것 사이에서는 상당한 가격차가 발생하기 때문입니다. 아무리 오래 키웠더라도 가지를 여기저기 잘라내면 도로 소재상태로 돌아가 가격이 떨어지기 때문입니다. 그러나 잘라내지 않고 그대로 두면 어느 정도는 대가를 받을 수 있습니다.

    그러나 잘라내는 게 맞습니다. 필자 역시 잘라냅니다. 비록 시간이 더 걸리더라도 그것이 좋은 작품을 얻기 위한 유일한 방법이라면 잘라내고 새롭게 출발하는 것이 미래를 위해 더 효과적인 선택이라는 것을 이미 충분히 경험했기 때문입니다.

    길이 아니라고 판단했을 때 과감하게 걸어온 길을 포기하고 새롭게 출발할 수 있는 용기는 학과를 잘못 선택한 대학생에게나 직장을 잘못 선택한 사람에게나 배우자를 잘못 선택한 사람에게나 모두에게 필요한 법입니다. 과감하게 잘라내고 다시 시작하라.

    단 이 결심을 할 때에는 충분한 검증이 필요하다는 것을 결코 잊어서는 안 됩니다. 만약 이런 시행착오만 되풀이하다보면 평생을 출발만 하다가 끝나는 수도 있기 때문입니다.

▲ 풍년화 분재

분재 사랑하기

## 9. 철사감기는 아이 버릇 고치는 회초리다

"참 잔인하다. 나무에 저렇게 철사를 감아 고통을 주다니."
분재원에 들른 사람들이 가끔씩 하는 말입니다. 그러면 필자는 그 사람에게 가볍게 묻습니다.

"자녀들이 잘못하면 어떻게 하십니까?"
"그야 혼을 내지요."
"지금 저는 저 나무를 제멋대로 자라지 말라고 혼을 내고 있는 중입니다."

분재를 멀리 하는 사람들 중에서는 나무에 철사를 감아두는 것을 보고 잔인하다고 말하는 사람들이 많습니다. 과연 나무에 철사를 감아두는 것은 잔인한 일일까요?
자연에서 나무는 오래 성장하면 스스로 형태를 만들어갑니다. 여기에 가장 커다란 영향을 주는 것은 세월이라는 토대위에 바람과 햇볕의 작용입니다.
나무는 스스로 살아남기 위하여 바람이 잘 통하도록 스스로 가지를 성장시키거나 도태시키고 햇볕을 고루 받을 수 있도록 가지들의 성장을 본능적으로 조정합니다. 그래서 사람들이 보기에 노수거목의 자태를 갖춘 나무는 대개 백년을 넘게 산 나무가 대부분입니다.

그런데 분재는 이렇게 백년이 넘는 기간을 기다리며 하는 일 없이 물주고 거름 주고 하는 일만 할 수는 없습니다.

분재라는 개념 자체가 분 안에서 짧은 시간 동안 노수거목을 창조해야 하는 까닭입니다. 사람을 가르치는 교육 역시 마찬가지입니다.

교육학에서 보면 교

▲ 수형을 잡기 위해서 철사걸이를 한 철쭉나무 분재

165

 나무에게 말을 걸다

육의 개념을 인간 행동의 의도적인 변화라고 가르칩니다. 문제는 의도적인 변화라는 말입니다.

사람은 성장하면서 수많은 시행착오 끝에 경험을 축적하게 되고 그 경험을 바탕으로 지혜를 얻어냅니다. 아니면 시행착오만 거듭하다가 죽기도 합니다. 후자의 경우라면 인류의 진보는 아무래도 더 더뎌질 수밖에 없습니다.

그래서 가정에서는 인성을, 학교에서는 지식과 기술, 그리고 인격 향상을 위한 다양한 시도들이 이루어집니다.

그중에는 상도 있을 것이고 체벌도 있을 것이며 다양한 상담활동도 이루어지기도 합니다. 학생이 이루고자 하는 꿈을 위하여 채찍질과 당근이 함께 주어지며 목표를 정하지 못한 학생에게는 그 목표의식을 가질 수 있도록 다양한 검사와 상담이 이루어집니다.

▲ 명자나무꽃<산당화>분재

분재 역시 마찬가지입니다. 자연 상태 그대로 두면 나무는 바람과 햇볕의 영향을 받아 자기에게 가장 유리한 조건으로 성장하게 됩니다. 그리고 그 세월이 백년을 넘기게 되면 '와!! 저 나무 멋있다' 라는 탄성이 나오는 멋있는 나무가 됩니다.

그 아름다움을 경험한 사람들이 식물의 생리조건을 이용하여 한정된 공간에 나무를 심고 가꾸어 발전시켜온 것이 분재입니다. 그리고 짧은 시간동안 노수거목의 자태를 갖게 하기 위하여 철사를 감고 가지를 자르고 분의 흙도 갈아주면서 감상하기 좋은 수목의 미를 찾아가는 것입니다.

마치 아이들이 평생에 걸쳐 배워야 할 것을 단기간에 습득하도록 하는 일과 마찬가지입니다.

분재 사랑하기

　나무에게 철사를 감는 행위는 바로 이런 노력의 산물이며 아이들이 회초리를 맞아가며 잘못된 점을 고쳐가듯이 나무 역시 키우는 사람이 원하는 방향으로 자라도록 하는 것입니다.
　그러나 문제가 되는 것은 아이들을 가르치기 위해 들었던 매가 오히려 독이 되어 아이에게 마음의 상처를 안겨주거나 두고두고 아픔으로 남게 된다면 이런 회초리는 아예 하지 않는 것이 현명합니다. 나무를 관리하는데 있어서도 역시 마찬가지입니다.
　나무의 철사를 감는 것까지는 좋은데 그 철사를 감아놓은 것을 잊어버리거나 시기를 놓쳐 나무에 철사자국이 선명하거나 철사가 파고들어 가지가 끊어질 지경에 이르게 된다면 그때는 한마디 해도 좋습니다.
　"당신은 분재를 할 자격도 없는 사람이야."

　분재를 하는 것은 가장 기본인 미의식의 구현을 위해 하는 것입니다. 당연히 보기 좋아야 하고 아름다워야 합니다. 비록 철사가 파고들어도 나무가 고통을 느끼지 않지

▲ 담쟁이덩굴 분재

## 나무에게 말을 걸다

▲ 소나무 모아심기 분재 철사걸이

만 아름다움을 위해 시도했던 일이 흉터로 남게 된다면 그 철사를 감은 사람은 분재를 말할 자격이 없는 것입니다.

    예외는 있습니다. 철사를 감아놓고 방치를 해둠으로써 오히려 나무가 독특한 모양새를 유지하거나 빠르게 성장하거나 미적 가치를 높인다면 말입니다. 그러나 이 정도의 경지는 고수 중에서 고수에 해당하는 말이고 일반 분재인들이라면 철사를 감을 때의 정성만큼 그 풀어주는 일도 잘 해야 합니다.
    철사감기가 바로 분재의 수형을 창조하는 가장 중요한 예술행위이기 때문입니다.
    그리고 그 아름다움은 인간이나 나무나 이런 혹독한 과정을 거쳐서 만들어집니다. 분재가 예술인 까닭입니다.

## 10. 잎을 보면 뿌리의 상태를 알 수 있다

"어디 아파?"
"네. 새벽이 되면 속이 아파서 잠을 깨기도 하고 늘 피곤해요."
동료 여직원과 나누는 말입니다. 화장으로 덮은 눈 아래에는 다크서클이 생겨 눈동자를 만나러 가려면 10리길은 준비해야 될 것 같습니다. 화사한 화장으로 얼굴을 가리긴 했지만 화장발을 보니 피부에 제대로 먹혀든 것 같지 않고 분칠한 것처럼 보입니다.

"신랑도 참 무심하다. 병원에 데려가 검사라도 받아보지."
"이러다 낫겠지요."
그녀도 대개의 여자처럼 병원을 무서워했습니다. 엉덩이 내리고 주사 맞는 것도, 팔소매를 걷어 올리고 피를 뽑는 것도 그녀의 일상에서는 일어나서는 안 되는 피하고 싶은 일들 중에 하나였습니다.
결국 우여곡절 끝에 그녀는 병원에 가서 진단을 받았고 담석증이라는 병명을 얻었습니다.

▲ 철쭉 뿌리올림 분재

 나무에게 말을 걸다

"그냥 약으로 치료하면 안 될까요?"
또 그렇게 얼마간을 미적거리다가 결국은 수술을 받았습니다.
이제 얼굴에 낀 다크서클만 벗겨내면 됩니다. 그동안 쓰리고 아픈 일상으로 인해 구겨져있던 날들이 활짝 웃으면서 밝아지기를 기대합니다.
분재 역시도 마찬가지입니다. 사람은 얼굴과 표정으로 말하지만 나무는 잎의 색깔과 크기 등으로 자신의 상태를 말해줍니다.

송백류의 경우에는 종종 새로 나오는 순이 연녹색으로 자라는 경우가 있습니다. 아무리 영양제도 뿌려주고 거름도 주어보지만 좀체 나아질 기미가 보이지 않습니다. 원인을 찾지 못해 그대로 방치하게 되면 나날이 쇠약해져서 가지가 하나둘 말라갑니다.

원인은 간단합니다.
바로 분갈이를 하지 않아 물빠짐이 극히 안 좋은 상태이기 때문입니다.

이 상태에서 뿌리는 숨을 쉬지 못해 질식할 것 같은 상태에 놓이게 됩니다. 이 경우에는 흙을 모두 털어내고 새로운 흙을 보충해주면 됩니다. 그 원인을 모르니 답답한 상태가 지속되는 것입니다.

분갈이는 흙을 완전히 털어내고 새 흙을 넣어주는 것으로 단순한 작업입니다. 그런데 이 단순한 작업이 제대로 이루어지지 못했을 때 탈이 나는 것입니다.
'나 아파요!' 하면서 외치는 나무의 신음 같은 표정을 알지 못하면 괜히 아까운 나무만 저세상으로 보내는 결과를 불러오게 됩니다.
모든 식물들은 뿌리 쪽에 이상이 생기면 일단 잎끝이 마르게 됩니다. 뿌리는 끝없이 생장하면서 그 뿌리의 끝 생장점에서 물과 영양분을 흡수하게 됩니다.
그런데 그 뿌리가 성장할 수 없게 되는 환경, 예를 들면 분갈이를 해준지가 언젠지 손가락으로 꼽을 수 없다거나 이물질(아이를 키우는 집에서는 종종 짓궂은 사내아이들이 화분에 오줌을 누기도 합니다.)이 닿게 되면 나무는 그 고통을 잎으로 드러내는 것입니다.

이런 나무는 바로 나무에 표시를 해두었다가 분갈이 철이 되면 반드시 분갈이를 해주어야 합니다. 그리고 당장은 숨구멍을 열 듯 나무 송곳 등으로 분토에 구멍을 뚫어 숨을 쉬게 해주고 물이 잘 빠지도록 해주어야 합니다.

분재는 기본적으로 그 아름다움과 건강함을 감상하기 위해서 합니다. 그것도 병들고 시들어가는 대상이 아니라 항상 건강하고 밝은 모습을 유지하기 위해서 키웁니다.

그런데 우리가 그 나무들이 아프다고 하소연하는 표정을 읽지 못한다면 나무는 속을 알아주지 못하는 사람을 원망하면서 쓸쓸한 뒷모습을 남길 것입니다.

그러나 뒤늦게라도 그런 나무의 표정을 읽고 적절한 조치를 취해준다면 다시 건강해져 돌아온 여직원처럼 활기찬 삶을 이어가게 될 것입니다.

## 11. 이끼의 미학

▲ 예쁘게 잘 자란 비단이끼

분재를 전시하는데 있어 이끼는 마지막 화장이라고 볼 수 있습니다. 이 이끼에 대하여 여러 가지 이야기가 있는 것은 이끼가 갖는 두 개의 속성이 있기 때문입니다.

문제가 되는 것은 우산이끼라고 불리는 것인데 이 이끼는 물이 잘 빠지지 않는 분에서 발생하여 순식간에 분 전체를 덮어버립니다.

이렇게 분 전체를 덮게 되면 분 안의 흙은 공기가 통하지 않아 뿌리의 발달이 지장을 받게 되어 나무가 쇠약해지는 원인이 됩니다.

그러니까 엄밀히 따져서 이끼의 문제가 아니라 분의 과습이 문제가 되는 것인데 죄 없이 날아든 우산이끼가 모든 잘못을 뒤집어쓰는 셈이 됩니다.

이를 역으로 보면 우산이끼가 끼어있는 분은 물빠짐이 좋지 않은 상태를 보여주는 것이기 때문에 다음 기회에 분갈이해주면 되는데 눈에 거슬리는 이끼만 걷어내는 것이 인지상정인가 봅니다.

 나무에게 말을 걸다

어디 우산이끼뿐이겠습니까?

우리네 삶의 여기저기에서 생겨나는 무수한 신호들을 보면서 그 근원은 생각하지도 못하고 신호만 나무라는 경우가 허다하니 말입니다.

이끼 중에서 아름다움의 극치라고 불리는 것은 빌로드이끼라고도 불리는 비단이끼입니다. 전시회에 나오는 나무들은 대개 여기저기 널린 이 이끼를

▲ 우산이끼. 분 안에 습이 과했을 때 발생하여 뿌리의 성장을 방해합니다.

뜯어 모자이크 하듯이 붙여서 만든 것인데 필자가 운영하는 분재원에서는 자연 발생합니다.

사용하는 물을 자연수(냇물이나 빗물)로 하고 적당한 습기에 적절한 온도만 맞으면 마치 풀씨가 자라듯 분갈이 이듬해부터 이 이끼가 생겨나기 시작하고 3년째가 되면 어느 정도 볼만한 이끼가 만들어지며 4년째가 되면 분 안에 일부러 깔아놓은 듯한 아름다운 이끼가 완성됩니다.

그런데 재미 있는 것은 이렇게 최고의 아름다움을 가진 이끼도 5년째가 되면 망가지기 시작하는데 그 이유는 전자와 마찬가지로 물빠짐에 있습니다.

물빠짐이 좋지 않으면 이끼는 한쪽에서부터 시꺼멓게 죽어가기 시작합니다. 그리고 이 상태가 지속되면 이끼가 녹기 시작

▲ 잘 자란 비단이끼, 일명 빌로드이끼라고도 불립니다.

분재 사랑하기

하는데 마침내는 분 위를 해파리 같은 이물질로 덮어버려 물빠짐을 방해하고 뿌리를 질식시킵니다.

이런 분들은 다음해에 반드시 분갈이를 해주어야 합니다.

처음부터 끝까지 좋은 것이란 없다고 하지만 이 비단이끼는 예외입니다. 분갈이 후 나무

▲ 과습으로 죽어가는 이끼(검은 부분). 이것은 분갈이를 해주어야 한다는 신호입니다.

▲ 소나무에 낀 바위이끼. 고태미의 상징과도 같은 존재랍니다.

173

와 같이 생활하다가 나무가 최고의 아름다움을 보인 뒤 나무가 고통을 겪기 시작하면 먼저 사그라지면서 분 안의 상태를 온몸으로 보여주고 가니까 말입니다.

    마지막으로 언급할만한 이끼는 일명 바위이끼라고 불리는 회색빛 이끼입니다. 주로 석부작이나 소나무류 분재의 나무 등걸에서 자리 잡으며 더러 소나무 줄기를 타고 번식하기도 합니다.
    이 이끼의 특징은 전혀 이끼 같지 않다는데 있습니다. 마치 나무에 핀 검버섯처럼 이 이끼는 나무의 고태미를 더해주는 아주 훌륭한 요소가 됩니다.
    이 이끼 자체가 산행을 하면서 만나는 바위나 소나무 등걸 부분에 많기 때문일 것입니다.
    이끼를 빨리 번식시키는 방법은 수돗물은 염소 성분이 날아간 뒤 나무에 물을 주고 이 비단이끼 가루를 손으로 비벼 분위에 골고루 뿌려주면 쉽게 번식됩니다.
    그러나 무엇보다 자연스럽게 이 이끼가 번식하는 것을 지켜보라고 말하고 싶습니다. 이 이끼 역시 착생에서 완성, 그리고 소멸에 이르는 과정이 우리네 삶을 닮은데다가 이끼 자체로도 훌륭한 분재의 일부이기 때문입니다.

    그러나 예외 없는 규칙은 없는 법이라고 이런 이끼를 싫어하는 사람도 있습니다. 이런 경우에 이끼를 없애는 방법은 간단합니다.
    물 1리터에 발효식초(양조식초를 사용하면 큰일 납니다.) 200CC 정도를 희석하여 골고루 뿌려주면 이끼는 곧 전멸합니다.
    소중하게 유지시켜야할 소나무 수피에 이끼가 끼거나 이끼 자체가 싫은 사람들은 이 방법을 사용하면 간단히 제거할 수 있습니다.
    물론 나무에 별 영향은 주지 않습니다.

## 12. 화분은 나무가 입는 옷

▲ 송백류에는 색이 칠해지지 않은 무색분을 사용합니다. 무게감을 나타내며 분 안에 공기의 유통이 좋아 뿌리 발달에 도움이 됩니다.

나무들은 흙에서 떠나는 순간 분재로서의 일생을 시작합니다. 이때 처음 만나는 것이 이른바 플라스틱 화분입니다. 플라스틱 화분은 가격이 싸고 깊이가 있기 때문에 대개의 나무들은 여기에서 처음 소재시절을 보내게 됩니다.

이때 구태여 나무에 꽉 끼는 듯한 작은 분을 쓰는 사람이 있는데 이는 어린 아이들에게 꽉 끼는 옷을 입히는 것만큼이나 어리석은 행동입니다. 외출할 일이 아니라면 성장기 어린 아이들에게 낙낙한 옷이 좋듯 처음 분생활을 시작하는 나무에게는 분토가 조금 넉넉한 큰 화분이 좋습니다.

그렇다고 하여 화분의 크기에 맞게 뿌리를 넉넉히 잘라서 심는 것은 아닙니다. 화분은 크더라도 뿌리만큼은 짧게 자르고 이왕이면 자른 부분에 뿌리 발달을 촉진시키는 루톤을 황토나 적옥토 가루와 섞어서 물에 갠 다음 발라주는 것이 더 좋습니다.

나중에 나무가 정식 분에 옮겨질 경우를 대비해야 하기 때문입니다. 이렇게 뿌리를 잘라 분에 올리게 되면 풍부한 흙은 나무에게 커다란 집처럼 안식처가 됩니다. 뿌리 뻗을 공간이 넓고 흙의 양도 풍부해서 나무가 물의 적고 많은 것에 영향을 덜 받게 되기 때문입니다.

이렇게 분올림한 소재는 그동안 몸에 비축해둔 영양분을 바탕으로 싹을 내밀게 되고 그동안 분 안에서는 뿌리가 내리기 시작하여 분재로서의 일생을 시작하게 됩니다. 이렇게 분생활을 시작한 나무는 상품목의 경우는 대개 2~3년 정도 경과하면 본격적으로 사기 화분에 올라가게 됩니다.

조금 큰 중품이거나 대작일 경우에는 좀 더 많은 시간을 플라스틱 분이나 아예 배양지에서 생활하게 되는데 상품목이 유치원에 나가기 시작했다면 대작이나 중품, 혹은 장래성이 밝은 아이들은 좀 더 오래 배양하다가 제 몸에 맞는 분을 골라가게 되는

나무에게 말을 걸다

▲ 플라스틱 분에 심은 나무, 배양을 위하거나 분올림한 후 나무의 성장을 돕는데 적당합니다.

것입니다. 부언하여 분올림 과정에서 뿌리를 자르게 되는데 어떻게 잘라야 자연스러워 보일까요?

홍콩 영화에도 영화의 법칙이라는 것이 있듯이 분과 분재에도 법칙이란 것이 있습니다.

그중에서 가장 먼저 언급해야 할 부분이 뿌리의 절단면입니다.

대개 초보자가 땅에서 나무를 캐어 올릴 때는 아무렇게나 짧게 잘라 그냥 분에 올리게 되는데 조금 분재에 안목이 생기면 뿌리를 수평으로 절단하여 얇은 분에 올려도 뿌리의 절단면이 드러나지 않게 신경 쓰게 됩니다.

아무래도 분에 올렸을 경우 분과 나무가 맞지 않아 뿌리의 절단면이 위로 들리거나 드러나게 되면 눈에 거슬리는 부분이 생길 뿐만 아니라 공기 중에 노출된 뿌리는 새 뿌리가 내리지 않아 나중에 그 뿌리로부터 물과 영양을 공급받는 물줄기가 말라갈 위험이 높기 때문입니다.

이렇게 몇 년 동안 배양하여 나무의 기본 틀이 잡히면 대개 사기분에 올리게 되는데 플라스틱 분은 사각이나 원분, 혹은 타원분으로 모두 규격화되어 있지만 고급 분재를 심는 분은 그렇지 않습니다. 색깔, 크기, 높이, 모양 등이 천차만별입니다. 사람으로 치면 시장에 널린 옷과 같습니다.

사람도 마찬가지지만 분과 나무를 맞추는 것은 몇 가지 원칙이 존재합니다. 먼저 자연의 법칙인데 이는 자연 상태에서 나무가 자라는 환경을 분으로 표현하는 것입니다.

아무래도 정통 모양목의 경우에는 중후한 사각의 분이 어울릴 것이고 문인목은 넓은 세상에서 표표히 살아가는 모습을 드러내기 때문에 얇고 넓은 분이 어울리겠지요. 그리고 아무 나무나 편하게 받는 원분은 둥글둥글한 모습이 우리 시대의 원만한 인

분재 사랑하기

▲ 명자나무 분재

간상을 표현한다고 보면 됩니다. 또 현애 스타일의 나무는 아무래도 높은 곳에서 아래를 내려다보는 모습을 표현한 것이기 때문에 사각이나 육각, 혹은 원이나 팔각의 높은 현애분을 이용하게 됩니다.

 분과 나무를 지배하는 원칙중의 하나는 색깔에 관한 것입니다. 우리가 옷을 입을 때 피부가 하얀 사람이 검은 색 옷을 입으면 피부색이 더 도드라져 보이는 것처럼 분에서도 마찬가지 원칙이 적용됩니다. 흔히 보색관계라고 하는 것이 그것입니다.
 붉은 색 계열의 꽃이나 가을의 단풍을 보는 나무라면 청색이나 하늘색 계열의 화분이 어울리고 늘 푸른 소나무라면 갈색분이 어울립니다.
 특히 갈색분은 분명히 색깔이 있음에도 불구하고 일부러 색깔을 입히지 않아 무색분이라고도 불리는데 그 색깔도 색깔이려니와 유약을 바르지 않아 통기성이 좋고 중후한 느낌을 주기 때문에 일반 잡목의 대작에도 잘 어울립니다.

 분은 이렇게 나무가 입는 옷과 같습니다. 그 분들 중에는 대개 상품목을 심는 대중적인 분이 있는가 하면 수백, 혹은 수천만 원에 이르는 고가의 분도 존재합니다. 그렇다고 하여 놀라실 필요는 전혀 없습니다. 우리가 입는 옷 중에서도 단돈 몇 천 원짜리 옷이 있는가 하면 천만원대 고가의 옷들도 존재하니까 말입니다.
 그리고 옷에도 메이커라는 것이 있고 디자이너라는 사람이 있는 것처럼 분에도 생산하는 회사(예를 들면 옛날의 동래분이나 연원분)의 이름을 따서 붙여진 분이 있는가 하면 천광분처럼 만드신 분의 이름을 따서 만들어진 분도 있습니다.

그리고 일본에서 수입되는 분에는 고가의 분이 많은데 이는 아무래도 분재분을 생산하는데 우리보다 앞섰을 뿐만 아니라 그 분야에서 노력하는 사람이 많기 때문일 것입니다.

그러나 가만히 따지고 보면 분은 옷처럼 소모품에 지나지 않습니다. 격식에 맞는 장소에 나갈 때는 맵시도 가다듬고 색깔도 맞추고 모양도 신경 써야 하겠지만 구태여 집에서도 고가의 옷을 입고 조심조심 살아갈 필요는 없을 듯합니다.

그냥 가정에서 배양할 때는 거기에 맞을 정도로 너무 가볍거나 지나치지 않게 그 나무에 무난하게 어울리는 옷을 입혀주는 것이 분의 노예가 되지 않는 지혜가 아닐까 싶습니다.

요즘에는 분에 대한 관심도가 커져서 보잘 것 없는 나무를 명품 분에 심어놓고 나무 자랑이 아닌 분 자랑을 하는 경우도 가끔 봅니다. 본말이 전도된 이런 행동을 볼 때마다 마치 졸부가 명차를 타고 으스대는 것 같아 웃음이 나오곤 합니다.

## 13. 한번쯤은 얼어붙도록 내버려두라.

2005년 초겨울, 타이머로 맞춘 관수시설은 살얼음이 어는 새벽 추위 속에서도 물을 뿜어 올려 야외 전시장을 온통 은빛 세상으로 바꾸어 놓았습니다.

▲ 필자의 분재원에 겨울이 찾아와 황홀한 빛의 축제를 보여주던 날

분재 사랑하기

▲ 나무의 생명력을 믿을 때 이런 풍경은 근심이 아니라 경탄이 됩니다.

단풍든 나뭇잎이 아직 다 떨어지지 않아 본격적인 겨울이 시작되었다고 생각하지 않았던 터라 안심하고 있었는데 아침에 문을 열고 나서보니 나무 가지마다 열린 고드름은 수정을 매달아놓은 듯 현란한 빛의 축제를 열고 있었습니다.

그 풍경을 사진을 찍고 동영상으로 촬영하여 사이트에 올리고 나니 한쪽에선 걱정하는 소리가 들렸습니다. 미처 겨우살이 준비도 못했는데 얼음이 얼었으니 나무가 괜찮겠느냐는 것이었습니다.
그래서 그랬습니다.
"괜찮다."
나무는 이미 혹독한 겨우살이를 위하여 나름대로 준비하고 있다고 판단했기 때문입니다.
이보다 더 충격적인 일은 몇 년 후에 나타났습니다. 4월 초순. 이미 자연의 나무들도 새순을 내밀기 시작한 터라 나무들을 야외 전시장에 내놓았습니다.
그리고 갑자기 추워진 하늘.
파랗게 자라기 시작한 싹에 속절없이 눈발이 쌓이고 있었습니다.
나무에게는 이른 봄이 가장 큰 위기인데…….

알고 있는 분재 상식을 총 동원해 봐도 이건 벗어날 방법이 없었습니다.

179

 나무에게 말을 걸다

밤에 카메라를 들고 나가 그 모습을 찍는데 집사람의 원망 섞인 한숨은 안타깝다 못해 애처롭기까지 합니다.

십년 혹은 수십 년간 금쪽같이 키워온 나무들 수백 주가 하루아침에 장작으로 변할지도 모른다는 초조감으로 내린 눈을 쓸어보아도 속절없었습니다. 그렇다고 한밤중에 사람들을 동원해서 하우스 안으로 옮길 수도 없는 노릇이었습니다.

결혼 20주년 기념일이기도 한 그날을 그렇게 집사람과 마주하며 한숨을 쉬고 있었습니다. 팔자소관이지. 하늘이 하는 일을 누가 말리겠는가?

그러나 나무의 생명력은 강했습니다. 그렇게 눈을 맞고도 그 수많은 나무들 중에서 나무 한 주만 시든 잎을 다시 피워 올리지 못했을 뿐 나머지 나무들은 비록 동해로 인해 꼬불꼬불한 잎을 달고는 있었지만 건강하게 되살아났습니다.
　나무가 가진 생명력은 때론 우리의 상상을 초월합니다.
　그러나 대부분의 사람들은 두려워합니다.

재작년 전남 화순의 한 고등학교에서 집단으로 발병한 병의 원인을 밝혀보니 "너무 깨끗한 환경" 때문에 학생들의 신체 저항력이 떨어져서 생긴 병이라는 결론이 나왔을 때 얼마나 황당했던지.
　그러나 사실 우리는 이런 시대에 살고 있습니다.
　행여 잘못될까봐 노심초사하는 가운데서 나무도 우리 아이들도 온실 속의 화초처럼 자라납니다.

수백 년 동네를 지켜온 노수거목을 보면 거기에는 벼락을 맞은 자리, 태풍에 부러진 가지의 흔적들을 안고도 위풍당당하게 제 자리를 지켜내고 있습니다.

그러나 온실 속의 화초의 운명은 개업한 지 일 년쯤 지나 사무실에 가면 쉽게 확인하실 수 있습니다.
　잎은 떨어지고 가지는 마르고. 애지중지 보호받다가 자연 속에 내던져진 혹독한 시련을 이겨내지 못한 삶의 흔적입니다. 물론 온도가 맞지 않아 생긴 일이겠지만 이렇게 자란 나무들은 인생의 깊은 고뇌에서 비롯되는 향기가 없습니다. 대지를 향해 당당하게 내린 뿌리의 힘도 없습니다.

비록 추위에 약한 나무라도 한두 번 된서리를 맞고 들여놓는 것이 나무의 건강

▲ 새순이 쫑긋쫑긋 내밀 무렵 쏟아진 눈. 아, 그날은 결혼 20주년 기념일이기도 했습니다.

에 이롭습니다. 지금 당장보다는 조금 더 대범하게. 짧은 시간을 바라보기 보다는 먼 미래를 보고 단련시키는 것이야말로 나무를 튼튼하게 키우는 것이 아닐런지요.

우리가 비록 신은 아니지만 견딜 만큼의 시련을 나무들이나 아이들에게 안겨줄 때 나무도 아이도 더욱 튼튼한 생명력을 갖게 된다는 것을 알려주는 참으로 값진 경험이었습니다.

## 14. 단풍이 아름답게 물드는 조건

들판의 곡식들이 비워지고 마음이 스산해지기 시작하는 무렵, 단풍은 북쪽 바람을 타고 내려오기 시작합니다. 설악산에서 오대산에서 불붙기 시작한 단풍은 온 산하를 태워버릴 듯 남쪽으로 달리다가 마침내 제주도 근방에서는 화롯불처럼 잦아듭니다.

이쯤 되면 전국은 단풍으로 또 한 번 몸살을 앓게 됩니다.

단풍은 화려한 색깔뿐만 아니라 그 살아온 이력만으로도 충분히 매력을 갖고 있습니다.

봄날의 간지러운 빗방울과 여름날의 폭염, 그리고 초가을의 태풍까지 나뭇잎 한잎 한 잎에는 그 아픔과 기쁨의 시간들이 하나하나 녹아있습니다.

 나무에게 말을 걸다

그래서 어떤 나무는 발갛고 어떤 나뭇잎은 노랗고 또 어떤 나뭇잎은 생에 대한 미련처럼 푸른 기운을 반점처럼 간직한 채 거대한 단풍 숲이 됩니다.

우리네 사는 모습과 다를 바가 없습니다.
단풍은 나뭇잎 자체가 가지고 있던 여러 가지 성분 중에서 밤낮의 일교차가 심해지고 기온이 떨어지면 엽록소가 분해되면서 '안토시아닌' 색소가 생성되는 붉은 단풍과 '카로티노이드' 계열의 노란단풍, 그리고 '타닌'성 물질이 산화되는 갈색 단풍이 나타나게 됩니다.

이 황홀하도록 아름다운 단풍에도 비밀이 숨겨져 있습니다.
해마다 분재를 하면서 늘 똑같은 단풍을 기대해보지만 멀리서 보는 단풍과 바로 눈앞에서 지켜보는 단풍은 차이가 납니다. 멀리서 보는 단풍은 하나의 숲으로 보이지만 눈앞에서 보는 단풍은 잎 하나하나가 고유의 색을 띠면서 한 잎에서도 다양한 색깔이 나타나기 때문입니다. 분재는 당연히 숲보다는 이 잎 하나하나의 색깔에 주목합니다.
단풍이 아름답게 들기 위해서는 몇 가지 조건이 따라야 합니다.

첫째로는 그해 비와 바람이 순조로워야 합니다.
태풍이라도 불라치면 잎들은 찢기고 구멍이 나고 상처를 입어서 그 자리부터 꺼멓게 가을이 시작됩니다. 색깔이 고울 수가 없습니다. 해마다 단풍빛의 차이를 가져오는 중요한 요인 중의 하나가 바로 그 해의 기후입니다.

▶ 일 년 동안 반그늘에서 관리한 소사나무의 단풍. 노란색이 이채롭습니다.

분재 사랑하기

두 번째는 햇볕을 충분히 받아야 합니다.

같은 나무라도 햇볕이 잘 쪼이는 남쪽을 바라보는 잎과 북쪽을 바라보는 잎은 큰 차이가 있습니다. 그늘에 가린 잎과 정면으로 햇살을 받은 잎도 큰 차이가 납니다.

햇볕을 잘 받은 잎은 진분홍색으로 물들지만 햇볕이 부족한 곳은 노랗게 단풍이 듭니다. 그래서 한 나무에서도 그늘이 진 잎과 햇볕을 충분히 받은 쪽은 당연히 차이가 나서 하나의 잎에서도 오색찬란한 변화를 일으키는 마술이 됩니다.

▲ 선명한 진홍색의 꽃잎이 무르익는 봄날의 정취를 더해줍니다.

나무에게 말을 걸다

　세 번째는 거름과 밀접한 관련이 있습니다.
　영양성분이 충분한 나무는 늦게야 단풍이 듭니다. 그렇지 않고 거름이 부족한 나무는 일찌감치 단풍이 들었다가 떨어집니다. 같은 장소에서 관리하여도 먼저 단풍이 드는 나무는 건강상태를 체크하여 다음해에는 충분히 거름을 주어 관리해주는 센스가 필요합니다. 같은 종류, 같은 나무라도 이렇게 각자의 사정에 따라 단풍드는 시기가 달라지는 것입니다.

　네 번째는 심한 일교차가 단풍을 더 아름답게 합니다.
　대개 단풍은 서리가 내리면 드는 것으로 아시는 분이 많은데 사실 서리보다 일교차의 영향을 더 크게 받습니다. 새벽 기온이 5도 전후로 내려가고 한낮의 기온이 15도를 넘어서 그 기온차가 커질수록 단풍이 아름답기 때문에 아파트 베란다에서 황홀한 단풍을 구경하기 힘든 것도 서리를 맞지 않아서가 아니라 일교차가 작기 때문입니다. 이런 이유로 저녁에 나무에 엽수를 주어 잎의 표면 온도를 떨어뜨리고 창문을 열

▲ 곱게 물든 단풍 청현 분재

184

분재 사랑하기

▲ 아름답게 단풍이 든 소사나무

어 차가운 외기 기운을 끌어들이면 그냥 둔 것보다 엄청 더 뜨거운 단풍을 즐기실 수가 있게 됩니다.

단풍은 단순히 색깔의 향연이 아닙니다. 생의 정점을 향해 마지막으로 뜨겁게 지피는 불, 그래서 사람들은 그 빛깔에 매혹되는지도 모르겠습니다.

## 15. 소사 예찬

소사나무처럼 쓸모없는 나무도 있을까요? 다른 나무처럼 병을 치료하는 약제로 쓰이지도 않고 그렇다고 열매가 있어 배를 채워주지도 않습니다. 꽃이 피느냐 하면 보잘 것 없을 정도로 작습니다.

나무가 굵어 재목으로 쓰느냐 하면 그것도 아닙니다. 나무가 커서 그늘이라도 빌릴 수 있느냐 하면 그것도 거리가 멉니다. 하다못해 토끼에게 먹일 먹이로도 쓰이지 않습니다. 바닷가 근처에 사는 사람들에게는 아궁이에 불을 땔 때나 쓰는 흔한 화목 중의 하나일 뿐입니다. 그러나 이 쓸모없는 나무가 요즘 시대 들어 가장 대접받는 나무가 되었습니다. 일상생활에서는 아무짝에도 쓸모없던 나무가 분재 예술의 한 가운데 서서 소나무 못지않은 품격과 아름다움으로 많은 사람들에게 사랑을 받고 있으니 쥐구멍에도 해 뜰 날 있다는 말은 바로 소사나무를 위해 준비한 말인 듯싶습니다.

소사나무가 가진 첫 번째 미덕은 건강함입니다.
사람에게 이로운 나무는 다른 동물에게도 이로운 법이어서 온갖 병해충이 들끓습니다. 그러나 소사나무는 식용도 약용도 아니어서 사람에게 득이 없으니 병해충도 달가워하지 않습니다. 당연히 병해충이 없으니 건강할 밖에요.
거기에다가 강한 생명력까지 부여받았으니 제주의 끝에서부터 해안선을 따라가며 우리나라 전국의 바닷가에서 흔히 볼 수 있는 나무입니다.

## 나무에게 말을 걸다

굴나무는 남쪽 해안가 지방이 한계이고 대나무는 중부 지방이 한계인데 이 나무는 대한민국 어디에서라도 건강하고 아름답게 성장합니다. 비단 우리나라 뿐 만이 아니고 우리와 기후가 비슷한 외국에서도 생육이 아주 왕성합니다. 햇볕이 내려쬐는 양지뿐만 아니라 가지를 벌리고 잎을 피울 수 있는 공간만 있으면 비록 그늘이라도 생명을 부지해갑니다.

외국에서 우리 나무 소사가 인기를 끄는 것은 바로 이런 특성에서 기인합니다.

거기에다가 우리 민족성처럼 웬만한 시련은 모두 견뎌냅니다. 물이 부족하면 다른 나무는 죽는 경우가 많은데 이 나무만은 줄기가 말라도 그루터기에서 새움이 돋아납니다. 한마디로 어느 땅에서나 살아갈 수 있는 전천후 생명력을 갖고 있는 셈입니다.

두 번째는 미관상 아름다움입니다.

이 나무는 분재를 위해 태어났다는 말이 가장 잘 어울릴 정도로 분재가 갖추어야 할 모든 요소를 갖고 있습니다.

그 첫째가 작은 잎이요, 두 번째가 미끈한 수피이며 세 번째가 자잘하게 분기되는 가지이며 네 번째가 스스로 수형을 만들어가는 능력이며 다섯 번째가 강한 생명력입니다.

▲ 소사나무 분재 뿌리올림

분재의 잎은 작을수록 좋습니다.

소사나무는 자연 상태에서는 2~5센티미터 정도의 크기를 갖고 있지만 분에서 생활할수록 잎의 크기가 작아집니다.

그리고 오래된 나무일수록 그 단풍 또한 황홀하게 익어갑니다. 잎은 두껍지도 얇지도 않으며 거칠거나 너무 연약하지 않습니다. 그리고 봄이 오면 앙상한 가지에서 새순이 돋아나고 가을이 오면 황홀한 단풍을 연출합니다.

분재 사랑하기

　세 번째는 하얀 수피입니다. 소사나무는 분에서 배양할수록 그 수피가 지혜 깊은 노인처럼 하얗게 변해갑니다. 그리고 그 수피의 질감 역시 제각각이어서 나이가 적은 나무의 수피는 매끈하며 나이를 먹을수록 볼록볼록한 혹이 만들어져서 녹녹치 않은 세월의 긴장을 읽어낼 수 있습니다. 더 나이를 먹게 되면 깊은 골이 생겨서 한층 더 고태미를 자아냅니다.

　이 나무의 세밀한 가지는 겨울철 한수의 모습을 가장 분명하게 드러냅니다.

　촘촘하게, 그러면서 하나하나 분기된 모습이 전체로 보면 한덩어리가 되어 겨울하늘을 비질하듯 만들어진 모습에는 어렵게 세상을 살아가는 숱한 민초들의 이야기가 있습니다.

　더구나 스스로 질서를 잡아 수형을 만들어가는 모습에서는 법이 없어도 살아가는 이 땅의 백성들이 순후함과 질서가 그대로 드러나는 대목이기도 합니다.

　그리고 마지막으로 이 나무는 민초의 삶이 그러하듯 천개의 얼굴을 갖고 있습니다. 직간에서 곡간, 문인목, 석부작, 연근, 사간 등등 분재의 모든 수형의 연출이 가능합니다.

　천 개의 나무라면 천 개의 모습을 갖고 있습니다. 한마디로 분재의 모든 수형은 소사나무에서 시작해서 소사로 끝난다 할 정도로 소사나무는 잡목의 왕으로서 최고의 아름다움이자 분재의 교과서가 되는 것입니다.

　그렇다고 하여 소사가 모두 장점만 있는 것은 아닙니다.

　그 첫 번째가 강인한 생명력이 문제입니다. 모든 것들이 양면성을 갖고 있듯이 소사나무라고 해서 예외가 아닙니다. 며칠 물을 말리고 보면 다른 나무는 점차 갈색으로 죽어 가는데 이 나무만큼은 밑동에서 삐죽삐죽 새순이 올라옵니다. 키우자니 모양이 안 나오고 버리자니 살아있는 새순이 보입니다. 한마디로 천덕꾸러기로 전락하는 순간입니다.

　두 번째는 가격 편차가 너무 심하다는 것입니다. 비슷한 나무인데도 가격은 제각각이어서 상처의 유무, 가지의 배치, 나무의 고태감능 분재의 모는 요소를 석용시켜 가격이 결정되는데. 그 단계의 구분이 미세하여 일반 초보자의 경우는 바가지 쓰기가 십상인 나무입니다. 더구나 가격대도 단돈 몇 천원에서 몇 천만 원에 이르기까지 다양해서 한눈에 반해 거액을 들여 잘못 구입하고 나면 속았다는 느낌을 들게 만드는 것이 바로 이 나무입니다. 상처투성이인 나무를 고태감을 앞세우는 주인의 상술에 속아 두고두고 후회하게 만드는 것도 이 나무입니다. 그만큼 분재를 보는 눈이 정교해야만이 이 나무를 제대로 소장할 수 있다는 뜻이 됩니다.

 나무에게 말을 걸다

세 번째는 상처가 문제가 된다는 것입니다.

다른 나무도 마찬가지이겠지만 산채를 해서 키우다보면 이 상처는 아물지 않고 계속 썩어 내려갑니다. 초보자의 경우라면 안타까운 일이 아닐 수 없습니다.

그러나 일단 이 상처를 갈무리하는 법을 배우고 상처가 더 이상 타내려가지 않는 원리를 터득하고 나면 더 이상은 문제가 되지 않지만 그 이전까지는 이 상처 역시 난감한 문제임에 틀림없습니다.

네 번째는 인위적인 생산으로는 자연산의 발치에도 미치지 못한다는 것입니다.

물론 최근에는 어느 정도 기술이 발달하고 비록 재배목이라 하더라도 분에서 오래 생활하다보면 어느 정도 모양도 나오고 수형도 연출이 가능하지만 아직은 재배목이 자연산과 비교가 되지 않습니다.

거기에다 볼만한 자연산은 거의 채취가 불가능한 상태에서 수요는 갈수록 늘어 우리나라뿐만 아니라 세계 각국에서 소사의 인기는 날로 치솟습니다.

하니 잡목치고는 상대적으로 가격이 비싸져만 가니 이 역시 소사의 대중적인 인기를 막는 장애요인이 아닐 수 없습니다. 세상은 이중적인 구조 속에서 진행됩니다.

장점은 단점이 되고 단점은 장점이 되는 것이니 사람들의 지혜가 단점을 장점으로 돌려놓기도 하고 장점은 더욱 발전시켜 신의 경지인 완벽함에 도전합니다.

소사를 알면 분재가 보인다고 합니다.

모든 분재를 키우는 기본이 되는 나무라는 뜻입니다.

가지를 받아내고 수형을 만들어 내는 것이 모든 나무의 기초가 된다는 뜻입니다. 겨울철 나목이 된 상태에서 가지 배열이 그대로 드러나니 수형이 보입니다. 더구나 온갖 수형의 연출이 필요해서 소사만큼 다양한 표정을 갖고 있는 나무도 드뭅니다.

▲ 여러가지를 상상케 하는 소사나무 분재

분재 사랑하기

▲ 이 나무는 분재를 위해 태어났다는 말이 가장 잘 어울릴 정도로 분재가 갖추어야 할 모든 요소를 갖고 있습니다.

그리고 봄의 신엽, 여름의 녹엽 가을의 홍엽, 겨울의 한수, 특히나 한수의 모습은 나무의 상태를 한눈에 알 수 있게 해주기 때문에 분재 공부를 하는데 더없이 좋은 나무입니다.

그리고 소사나무는 분재인의 부지런함과 분재인의 기술을 한눈에 알아보게 만드는 그런 나무이기도 합니다. 정성을 쏟으면 쏟을수록 나무는 아름다워지지만 소사만큼 분명하게 그 진전을 일게 해주는 나무도 흔치 않습니다.

관심이 멀어지면 마디 사이가 멀어지고 관심이 깊을수록 단아해집니다. 강인한 생명력이 누구나 키우기 쉽고 주위에 흔하게 널린 나무이지만 그중에서 옥석을 가려 배양하다보면 소사나무만큼 가치 있는 나무도 없습니다.

더구나 다른 것도 아니고 우리나라에만 존재하는 우리 나무라는 사실에 더욱 정감이 가는 그런 나무입니다.

## 나무에게 말을 걸다

세계의 어떤 나무와도 겨룰 수 있는 가장 좋은 분재나무를 갖고 있는 것만으로도 우리의 분재계는 그만큼 희망을 갖고 있는 셈이 됩니다.

소사나무에 빠져 소사를 배양하면서 그 다양한 변화에 놀라고 해가 갈수록 깊어지는 맛에 감탄합니다.

한 주 한 주 천의 얼굴을 가지고 있으면서 이 땅에 사는 백성들의 표정과 성품을 그대로 표현하는 나무, 가장 흔하고 가장 귀한 나무, 평범하면서도 갖출 것은 다 갖춘 우리 민중의 속성을 그대로 닮아 내 얼굴을 들여다보듯 가꿔가는 우리의 보배같은 나무라는 생각을 자주 합니다.


## 16 풀을 뽑는 아이에게

지난 번 처음으로 우리집을 찾아온 너에게
화분의 풀을 뽑으라고 한 것은
일손이 부족해서도, 풀이 너무 우거져서도 아니었다.
진급이 되어 네가 우리반이 되고 나서도
너는 네 마음대로 학교에 오지 않았다.
몇 번의 연락으로도 안 되어
바쁜 시간을 쪼개어 너희 집을 방문까지 했어도
너는 좀체 학교에 나오지 않았다.
밤낮이 뒤바뀐 생활로 너는
너 스스로를 무너뜨리고 있었다.

◀ 화분 깊이 뿌리를 내려 좀처럼 뽑아지지 않는 잡초.

분재 사랑하기

보충수업이 끝나고 며칠 쉬는 동안
네가 우리집에 온 것은 전혀 뜻밖이었다.
학교도 쉽게 빠지는 네가
다른 아이들처럼 우리집으로 오리라고는
전혀 생각하지도 못했던 것이다.
그리고 그때 네가 입은 옷을 보고
네 마음의 변화를 읽으며 내심 반갑기까지 했다.
최소한 너는 우리집에 구경이나 하려고 놀러온 것 같지는 않았기 때문이다.

풀을 뽑는다는 것은
어쩌면 가장 쉬운 일인지도 모른다.
나 여기 있소 하고 싹을 내민 풀들을
하나하나 뽑아내기만 하면 되니까 말이다.
너 역시 그런 마음이었을 것이다.
쉽게 분에 달려들어 하나하나 풀을 뽑아가며

▶ 잡초가 자라나오는데도 사이클이 있습니다. 잡초 제거작업은 봄, 여름, 가을 등에 한번 정도 해주시면 됩니다.

 나무에게 말을 걸다

▲ 잡초는 주인의 발자욱이 멀어질수록 번성합니다. 이렇게 보이는
풀들은 분에서 보름만 지나도 무성하게 자라납니다.

깔끔하게 정리되는 분이 너에게는
작은 성취감마저 안겨 주었을 테니까.
그러나 평소 그런 일들을 해보지 않았기 때문에
얼마 지나지 않아 너는 상당히 힘들어하더구나.

그랬다.
참 쉬워 보이는 풀 한 포기를 뽑는 것도
제대로 하자면 결코 쉬운 일은 아니었던 것이다.

먼저 분 안에 있는 풀들을 하나도 남김없이 뽑아야 한다.
풀을 뽑으면서 빼먹어도 될 성싶은
눈에 잘 띄지 않는 작은 풀이나
낙엽에 묻힌 것들을 남겨두게 되면
이 풀들은 무서운 속도로 성장해서
네가 풀을 뽑았다는 사실을 무색하게 만들 것이다.

방심하면서 몇 개 남겨둔 작은 풀들이
어느새 자라 풀씨를 퍼트리며
네 수고와 정성을 흔적도 없이 지워버리는 것이다.
그리고 이 풀들이 시간이 지남에 따라 세력을 얻게 되면

## 분재 사랑하기

네가 가꾸어가야 할 나무는 쇠약해지기 마련이어서
분에 있는 풀들을 하나도 남김없이 뽑아내는 것은
생각보다 훨씬 중요한 일이 아닐 수 없다.
두 번째로는 제대로 뽑아내야 한다는 것이다.
대개 잡초라 하는 것들은
누가 뿌리지 않아도 바람결에 실려와
제가 살고 싶은 아무 곳에나 쉽게 뿌리를 내린다.
마치 너에게 가르쳐주지도 않았는데
네 마음대로 학교에 빠지고 또 그런 아이들하고 어울리는 것처럼
잡초는 애써 심지 않아도 잘 자라고
돌보아주지 않아도 무성한 숲을 이룬다.
그런 풀들을 눈에 띄는 대로 대충 뽑다보면
윗부분이 쉽게 잘려 뿌리는 그대로 분 안에 남게 된다.
그리고 그 뿌리는 다시 싹을 틔워 올려
예전보다도 더 단단한 뿌리로 분을 점령하고 만다.
우선 눈에 보이는 결점만 고치고
마음까지 뜯어고치지 않았을 때 일어나는 현상이기도 하다.

세 번째는 아예 몹쓸 풀이라면
어린 싹이었을 때 뽑아내야 한다.
어느 정도 성장한 풀들은
이미 분 속 깊숙이 뿌리를 내려
뽑는데 상당한 노력과 정성이 필요하다.
더구나 이런 잡초들은
미처 성장하기도 전에 꽃을 피우고
사방에 악의 풀씨들을 퍼뜨리게 된다.
그러나 어린 풀들은
손가락 힘만으로도 가볍게 뽑아낼 수 있다.

▶ 자연에서 얻은 뿌리를 40년 이상 배양하여 얻은 소사나무 분재의 자태. 두 개의 나무가 별개인 듯 하나인 듯 조화롭습니다.

 나무에게 말을 걸다

▲ 홍자단 분재

그리고 그 풀 하나를 뽑음으로써
나중에 묵은 풀을 뽑아내는 수고를 덜어낼 수가 있다.
그러나 이런 것쯤이야 하고
어린 풀들이라 하여 방심하게 되면
그 풀들은 어느새 단단한 뿌리를 네 마음에 내리게 된다.
습관도 이와 같아서
오래되어 굳어진 습관은 하루아침에 고치기 어렵지만
잘못을 깨닫는 순간 고쳐나가게 되면
이 습관은 너에게 가장 좋은 친구가 되어줄 것이다.

네 번째 무엇보다 네가 귀 기울여야 할 것은
이렇게 풀을 뽑은 다음 일주일 정도 지난 다음에는
다시 분을 둘러보아야 한다는 것이다.
이제 다 끝났다는 생각으로
안이하게 지내다 보면
네가 풀을 뽑으면서 남긴 잘린 뿌리 하나가

또 하나의 잡초가 되어 자라나기도 하고
이미 뿌려졌던 씨앗들이 싹을 틔우기도 한단다.
그래서 네 마음을 항상 정갈하게 하려면
한 번의 풀 뽑기로 그치는 것이 아니라
어느 정도 시차를 두고 두 번 세 번 다시 살펴보아야
처음 풀을 뽑던 마음 그대로를 유지할 수가 있다.
남들이 보기에는 하찮아 보이고 쉬워 보이는 작업이지만
제대로 하는 것은 참으로 힘들고 어려운 일이란다.

그러나 지금까지 너는
옆에서 사람들이 다그칠 때마다
풀을 뽑는 시늉만 하면서 살아오진 않았는지.
내일 모레 하면서 미루고만 살아오진 않았는지
풀을 뽑으면서 곰곰이 생각해볼 일이다.

▲ 향정목 <석부>

 나무에게 말을 걸다

그러면서 네가 모처럼 방문해서
하나 둘 다듬어가고 있는 이 화분들처럼
네 마음 밭에 널린 잡초들을 제대로 뽑아내어
네 마음에 심은 꽃나무 하나
정말 싱싱하고 아름다운 꽃으로 피어났으면 싶다.

▲ 가막살나무 분재

# 제4장 분재와 말을 섞다.

## 1. 분재와 배우자의 공통점

### 가. 아름다울수록 욕심내는 사람이 많다.
-아름다움을 보는 것은 초보자나 전문가 누구에게나 공평합니다.
그래서 아름다운 나무는 욕심내는 사람이 많나 봅니다.

### 나. 하루 한 차례 이상은 관심을 보여야 한다.
-그렇지 않으면 토라져서 시들거나 삐지거나 둘 중 하나죠.
사랑은 관심을 먹고 사는가 봅니다.

▲ 2015년 분재사랑전시회 출품작

 **나무에게 말을 걸다**

### 다 꾸준히 가꿀수록 아름다워진다.

-아무리 못생긴 나무라도 거기에 연륜을 더하여 가꾸다보면 어느새 아름다워지는 것을 목격하게 됩니다. 비록 흠결이 있다 해도 정성은 때로 기적을 낳습니다.

### 라. 제 눈에 안경이다.

- 남들이 뭐라 말해도 내 마음에 들어야 합니다.

### 마. 본인의 능력에 맞아야 한다

- 능력이란 말에는 여러 가지가 포함되어 있으나 분재를 이야기할 때는 관리 능력과 가격문제가 아닐까요? 저라고 미스코리아가 싫겠습니까? 능력 부족입니다.

### 바. 뛰어나게 아름다운 대상을 보고 집에 오면 힘이 빠진다.

-분재 전시회나 이름 있는 분재원에서 눈이 휘둥그레지는 나무를 보고 집에 와서 자신의 나무를 보면 잠시 허탈한 느낌, 마치 부인과 미스코리아를 비교하는 기분일까요?

▲ 2014년 한목회 전시회에 출품한 소나무 분재

분재와 말을 섞다

▲ 금송 주립분재. 금송의 특징은 해가 더 할수록 수피가 발달하여 독특한 모양을 이룹니다.

## 사. 방치해두면 사정없이 망가진다.

−그래서 꾸준한 관리가 필요한 거죠.

## 아. 지나치게 관심과 사랑을 쏟으면 탈을 일으킨다.

−그래서 아끼는 분재는 먼저 죽는 경우도 종종 생겨납니다. 가끔 얼굴에 생채기가 생기는 것도 마찬가지 이유입니다.

## 자. 밉다고 함부로 버릴 수 없다.

− 이것은 사람이나 분재나 마찬가지. 그래서 맨 처음 선택이 중요한 거죠.

## 차. 오래 같이 할수록 정이 든다.

−그래도 내 품에 있는 것이 의미가 깊죠? 오래 키우다보면 정이 들어서 예쁜지 못 생겼는지 무감각해지는 것도 하나의 증세라고 말할 수 있을 것입니다.

나무에게 말을 걸다

## 2. 분재를 해서 얻는 것들

왜 분재를 하는가 하는 문제는 쉽게 대답하기 힘듭니다. 가장 흔하게 듣는 대답이 '그냥 좋아서'인데 이 정답이 크게 틀리지는 않는 것 같습니다.

필자 같은 말쟁이들이 그 이유를 하나하나 집어내보기는 하지만 어디 그게 정답이겠습니까? 그래도 나름대로 분재를 하면서 분재를 하는 이유에 대하여 준비해둔 대답을 풀어놓습니다.

첫 번째는 스트레스 해소입니다.

녹색식물은 인간의 격한 감정을 순화시키고 나무를 보거나 만지는 동안 그 나무에 몰입하게 만듭니다. 녹색이라는 색 자체가 우리 인간의 마음을 잔잔한 호수처럼 가라앉게 하는 힘을 갖고 있습니다.

그래서 나무를 만지는 동안에는 차분해진 감성으로 자신의 삶의 모습과 현재의 삶에 대하여 깊이 성찰하게 되고 스스로 그런 것들을 이해하는 과정에서 자연스럽게 스트레스를 해소시킵니다. 아니 좋아하는 것에 몰두하는 것 자체가 스트레스가 들어설 공간을 주지 않는다는 것이 더 정답일지도 모르겠습니다.

두 번째로는 자연에 대한 이해입니다.

분재는 살아있는 생물이기 때문에 봄, 여름, 가을, 겨울에 따라 그 존재 방식이 다릅니다. 회색빛 건물 속에서 사계절 돌고 도는 삭막한 삶에서 분재는 잊고 있었던 계절감각을 일깨워줍니다.

그리고 여기서 머물지 않고 나무를 키우는 동안 놀랍게도 천지 순환의 질서를 깨닫게 되고 그 자연의 질서가 인간의 삶과 무관하지 않다는 것도 아울러 깨달아가게 됩니다.

세 번째는 상대에 대한 이해와 배려를 몸에 익히게 됩니다.

나무는 말을 하지 못하고 인간으로 치면 표정으로 이야기 합니다. 잎에 생기가 없는 것은 햇볕과 거름이 부족하다는 말이며 병이 침입한 것은 나무가 약해졌다는 증거입니다. 잎이 쳐지는

▲팽나무 분재

분재와 말을 섞다

▲ 여가 선용으로 무늬동백 분재를 손질하는 여인(해남 태안식물원)

것은 물이 부족해서이며 잎끝이 타들어가는 것은 뿌리 쪽에 문제가 있음을 알려줍니다.

이렇게 분재를 재배하면서 얻는 일련의 지식들은 바로 상대를 이해하는데 아주 요긴한 역할을 합니다.

따라서 분재를 하는 사람은 자신이 편리할 때 물을 주고 시간이 나면 거름을 주는 자기 중심적 생활방식에서 벗어나 상대인 나무를 중심으로 그가 필요로 하는 것을 해줌으로써 "나" 중심의 세계관에서 벗어나 상대의 입장에 서는 연습을 자주 하게 됩니다. 결국은 그런 사고방식은 자신의 삶의 영역을 확장하게 함으로써 인격 함양에도 큰 도움을 줍니다.

네 번째는 성질이 많이 죽습니다.

급하게 먹은 밥이 체한다고 욕심을 앞세워, 아니 내 성질대로 일을 하게 되면 나무는 반드시 탈을 일으킵니다. 빨리 결과를 보려는 욕심을 앞세워 무리하게 가지를 휜 소나무는 불과 몇 달 가지 않아 가지가 통째로 마르게 되고, 성장기임에도 불구하고 우선 보기 싫다고 플라스틱에 심은 나무를 고급 유약분에 옮기게 되면 그 나무는 서

201

 나무에게 말을 걸다

서히 세력을 잃고 죽어갑니다.

그래서 그 나무를 죽이지 않고 건강하게 키우려면 급한 성질을 죽이고 참고 기다리는 수밖에 없습니다. 물론 이렇게 말해도 이 말을 무시하고 위와 같은 일을 되풀이하는 사람은 수도 없이 생겨납니다.

그러나 그 끝에는 결국 나무가 쇠약해지거나 죽음이라는 예상된 결론이 기다리고 있음을 경험을 통하여 깨달아가게 되고 어느새 자연에 순응해지는 자신의 모습을 발견하게 됩니다.

이런 성격을 고치는데도 시간이 필요한 셈입니다. 분재는 바로 그 시간과의 싸움에서 자신이 버려야할 것들을 일러줍니다.

다섯 번째로는 미적 안목을 기르게 됩니다.

미적 안목이란 대개 배우고 익혀야 아는 것으로 알고 있지만 그 기저에는 생명의 본능이라는 자연의 질서와 무관하지 않습니다.

분재는 대개 노수거목의 형상을 짧은 시간 안에 완성하여 보는 것으로 정의합니다. 이런 노수거목의 모습은 일부러 찾아다니지 않아도 여행 중에 만나는 아주 오래된 마을의 뒷동산이나 길가의 소나무, 그리고 마을의 역사와 함께 해온 당산나무 등에서 어렵지 않게 발견할 수 있습니다.

▲ 눈향나무(제주아트랜드 소장)

▲ 취목을 해 본격 분재로 배양하고 있는 백일홍 분재가 단풍이 들어 그 자태가 아름답습니다.

그런데 그런 나무 대부분이 인간의 손길로 길러낸 것이 아니라 바람과 햇볕이 만들어왔다는 것입니다.

나무는 스스로 살기 위하여 햇볕을 가장 잘 받고 바람은 잘 통하도록 스스로 수형을 만들어갑니다. 그렇게 하여 백년의 세월을 넘기게 되면 우리가 카메라를 들이 댈 때 가장 멋진 모습으로 반겨줍니다. 자연의 나무들은 인간에게 아름다워 보이기 위해서도, 값비싼 정원수로 팔려가기 위해서도 아닌 스스로 생존본능으로 수형을 만들고 우리는 그것을 아름다움으로 받아들이게 되는 것입니다.

놀라운 것은 인간 역시도 이런 생존 본능 및 종족 번식 본능에 의해 아름다움을 창조한다는 것입니다.

우리나라가 세계적으로 자랑하는 고려청자는 누구나 다 아는 것처럼 여체를 형상화한 것들입니다. 풍만한 가슴은 자식들에게 많은 젖을 물려줄 것이고 풍성한 엉덩이는 출산을 쉽게 하여 더 많은 자손을 만들게 할 것입니다.

요즘 들어 베이글녀니 글래머니 하는 것들도 실은 다산과 깊은 관련이 있고 동안이라는 것에 열광하는 바닥에는 젊어야 많이 생산할 수 있는 자연의 법칙에서 벗어나지 않습니다. 이렇게 인간 역시도 생존본능과 자손의 번식이라는 두 가지를 의식하든 의식하지 않든 미의식의 기저에 깔아놓고 아름다움을 평가합니다. 분재는 이런 미적 기능에 충실한 것들입니다.

 나무에게 말을 걸다

　다만 자연에서 아주 오랜 기간 걸려야 하는 것들을 시간을 축소시켜 분 안에 표현하는 것이 다를 뿐입니다.
　분재는 이런 자연의 질서와 생존 본능이라는 것을 절묘하게 조합시킨 예술입니다.

　여섯 번째로는 균형과 조화의 아름다움을 찾아갑니다.
　인간의 삶은 영적인 것과 물질적인 것들이 적절히 조화를 이룰 때 가장 편안한 상태를 유지하게 됩니다.
　영적인 것이 넘치고 물질적인 것이 부족할 때는 놀라운 예술작품이 탄생하는 경우가 많습니다.  그러나 영적인 것이 부족하고 물질적인 것이 넘치면 우린 졸부라커니 된장녀라커니 하면서 멸시합니다.(사실은 그렇게 멸시하면서도 그것을 추종하는 우리는 그래서 철저히 이중적인 존재이기도 합니다.)
　우리 대부분은 이 양 극단의 중간에 놓여있습니다.
　예술가도 아니요 졸부도 아닌 그 중간 어디쯤에서 우린 자식을 낳고 살아갑니다. 그리고 이 중간 어디쯤에 '보통'이라거나 '평범'이라거나 하는 영역을 설정해 놓고 이렇게 말합니다. 평범하게 사는 것이 가장 힘들다.

▲ 철쭉 분재 뿌리올림

분재와 말을 섞다

▲ 2012년 불이분재 전시회에 출품된 소사나무 분재

이것은 어쩌면 공자가 말한 중용의 삶이 힘들다는 것을 반증하는 것인지도 모르겠습니다.

그 중용이라는 것도 결국 균형과 조화를 갖춘 삶이라고 해석하면 우린 분재를 통해 그런 삶의 모습을 실현갈수 있습니다. 눈에 거슬리는 것은 잘라내고 모자라는 부분은 채워놓고 어느 하나가 도장하거나 마르지 않고 고르고 가지런하게 정리된 분재의 모습은 바로 그 균형과 조화의 아름다움을 마음껏 드러내기 때문입니다.

비단 나무만의 문제가 아니라 분과 나무의 크기나 분과 나무의 색깔의 조화 역시도 무시힐 수 없습니다. 그리고 그 균형과 조화를 갖추는 감각은 어느 날 갑자기 찾아오는 것이 아니라 꾸준히 나무를 보고 만지는 동안 자연스럽게 찾아듭니다. 분재가 주는 선물인 셈입니다.

이상으로 분재를 하면서 얻는 것들을 챙겨보았습니다. 그러나 무엇보다 권하는 것은 이런 고급 취미 생활을 혼자 즐기려 하지 마시고 가족과 함께 하는 것이 더 좋다는 것입니다. 혼자만 즐기는 것보다는 가족과 함께 할 때 서로의 공감대가 더욱 넓어지기 때문입니다.

나무에게 말을 걸다

▲ 주목(신안분재공원 소장)

## 3. 분재를 하면서 해서는 안 되는 것들.

 분재를 하면서 안 되는 것들 하니까 아주 대단한 금기가 있는 것처럼 보일지도 모르겠습니다. 그러나 우리가 세상을 살아가면서 그리 대단하지는 않지만 해야 할 것과 해서는 안 될 것을 구별하여 행동하듯 분재에서도 당연히 해야 할 것과 해서는 안 될 것을 이야기합니다.

 첫 번째 삽화

 언젠가 왜철쭉 태간목을 매만지고 있는데 두 쌍의 부부가 찾아왔습니다. 그런데 그 중 한 여인네가 이렇게 말합니다.
 "햐, 이거 오십만 원은 되겠다."
 그 여인을 힐끗 바라보았습니다.

"당신은 한 2천 원짜리는 되겠네요."
갑자기 당황하는 여인네. 옆에 있던 남편이 거듭니다.
"모르고 한 소린데 너무 하는 것 아닌가요?"
"모르면 가만히 있어야지요. 함부로 평가하다가는 자신이 평가 당합니다."

두 번째 삽화

나무를 처음 키우게 된 J씨
분재원에서 볼 때는 별 볼품없어 보이더니만 집에 가져와 보니 여간 예쁜 게 아닙니다. 맞습니다. 그는 분재 초보자입니다. 그러나 나무를 보면 볼수록 분재원에서 본 두툼한 나무들이 자꾸 떠오릅니다.
"에라 모르겠다. 나도 빨리 한번 키워보자. 다음 주에는 마침 시골도 가고…"
시골에 다녀온 J씨, 가져온 요소 비료를 화분마다 하얗게 듬뿍듬뿍 뿌려줍니다. 그런데 불과 이틀 후
"어, 이상하다? 나무가 왜 죽지?"
화학비료는 나무의 천적입니다. 무리하게 욕심을 부리면 반드시 해가 됩니다.

▲ 비록 크기가 비슷하더라도 자연산과 재배목은 줄기의 고태미와 흐름 등에서 큰 차이를 보입니다. 사진은 해송 재배목입니다.

나무에게 말을 걸다

세 번째 삽화

나무가 막상 맘에 들어 가져오긴 했는데 가지 하나가 자꾸 눈에 걸립니다.

요가지만 제거하면 정말로 좋은 명목은 아니더라도 괜찮은 나무가 될 것 같습니다. 며칠 망설이다가 어느 날 과감하게 톱을 들기로 했습니다.

가지 하나를 땀 뻘뻘 흘리며 열심히 자릅니다. 그리고 나무를 보니, 어 이게 아닌데. 그렇습니다. 그 밑가지는 교과서에서는 잘라야 된다고 말했던 바로 그 가지.

그런데 그 가지를 자르고 나니 나무의 개성도, 전체의 조화도 깨어지고 맙니다.

"가지를 자를 때는 그 나무를 자르지 않은 분재원장의 의도를 파악하고 나름대로 완전히 확신이 설 때까지는 자르지 마라."

그제야 어디선가 본 이 글귀가 떠오릅니다. 그러나 이미 때는 늦었습니다.

네 번째 삽화

김씨는 분재원마다 들르는 구경꾼 마니아입니다.

남들처럼 호주머니가 두둑하지 못한 그는 욕심은 나지만 현실적으로는 그 나무를 구입하기는 힘듭니다. 그 대신 지난 번 산행에서 보아온 나무 한주가 자꾸 생각이 납니다. 분재원에 들러 구경하다보니 비슷하게 생긴 나무가 있긴 한데 가격이 만만치 않습니다.

돈 안 들고 가장 쉽게 간단한 방법은 산에서 베란다로 옮기는 방법.

김씨는 마침내 곡괭이 하나 달랑 들고 산으로 갑니다. 그리고 보물을 얻은 듯 캐내어 집에 와서 분에 올려놓고 봅니다.

며칠 동안은 참 흐뭇합니다.

그런데……. 문제는 자기의 마음을 나무가 알아주지 않는 것입니다.

며칠 지나니 잎이 쳐지기 시작하고 누런 잎도 생겨납니다.

열심히 물을 주어보지만 상태가 나아지지 않습니다.

결국 그 나무는 죽습니다. 사람에 대해서 아무것도 모르는 초보자가 아랫배가 살살 아프다고 하니까 부엌칼 들고 맹장 수술하겠다고 설치는 것과 다르지 않습니다.

비록 힘하게 살았어도 생명이 있는 것을 단순히 욕심이 난다하여 무분별하게 캐내어 죽이는 것은 분재계의 입장에서 볼 때도 소중한 자원을 하릴없이 소모시키는 것에 지나지 않습니다. 그리고 덧붙이자면 이렇게 무분별하게 산채를 하다가 적발될 경우에는 상당한 처벌과 함께 민사상의 책임도 함께 져야 합니다.

## 분재와 말을 섞다

다섯 번째 삽화

분재원을 구경 온 어느 사람이 말합니다.

여기 말고 다른 분재원에 가면 이정도 나무는 절반 값에 지나지 않는다고

그러면서 폭리를 취하는 사람 취급을 하며 친절하게도 그 분재원을 일러줍니다.

그래서 달려가 보니 헐 헐 헐.

여기서 본 나무는 자연목인데 거기서 보니 크기만 비슷한 재배목입니다.

나무의 격이 근본적으로 다릅니다. 단순히 크기와 모양만 보고 비교하는 것은 초보 분재인들이 쉽게 접하는 실수입니다.

나무는 수준이 높을수록 그 가치를 결정하는 일이 쉽지 않습니다. 언젠가 일본 근대분재에 소개된 수십억 하는 나무를 두고 말한 적이 있습니다.

이 작품을 우리 분재원에 가져다 놓으면 과연 얼마에 팔릴까?

억대는커녕 천만 원도 힘들 것이라며 웃은 적이 있습니다. 쉽게 판단하고 쉽게 비교하는 가벼운 사람들이 많을수록 분재 발전은 더디어집니다. 비록 공부를 하는 과정에서 생겨나는 일이라 해도 그것은 마음속에 접어둘 일이요, 자기 안목만이 절대적인 것이라 믿고 쉽게 비교하고 쉽게 말하는 것은 그만큼 자신을 가볍게 드러내는 일임을 항상 염두에 두어야 합니다.

▲ 눈향나무(제주아트랜드 소장)

나무에게 말을 걸다

▲ 제주흑누릅나무(제주 생각하는 정원)

## 4. 자연에 대한 이해가 명품을 만든다.

우리가 알고 있는 것에 대하여 우린 상당히 편파적인 선입관과 개념으로 무장되어 있는 경우가 많습니다. 자연이라는 말도 그대로입니다.

"자연스럽다" 라고 말할 정도로 우린 자연에 대하여 긍정적인 생각을 넘어 자연적인 것이야말로 최고의 선으로 이해하는 경우도 많습니다. 그러나 상대에 대한 이런 선입관은 냉정한 판단을 그르치는 중요한 요소가 되기도 합니다. 먼저 동물의 경우 도저히 '자연스럽'지 못한 측면을 가지고 이야기해 봅니다.

자연이란 약육강식의 세계입니다.
힘이 센 동물은 약한 동물을 잡아먹고 같은 종류라 하더라도 힘이 센 동물은 약한 동물을 왕따 시키는 것은 물론 암컷을 독차지하기 위하여 피비린내 나는 살생도 감행합니다. 만약 인간의 세계에서 이런 일이 일어난다면 어떻게 될까요?

분재와 말을 섞다

▲ 예술이란 자연을 모방하되 자연보다 더 자연스럽게 만들어 자연에게 돌려주는 일이다.

그러나 자연에서는 이를 자연의 한 부분으로 받아들입니다. 인간이 고등동물이고 위대하다는 것은 바로 이런 자연이 가진 함정을 극복하고 그 대안을 마련해왔기 때문입니다. 식물의 경우도 마찬가지입니다. 식물은 자기 그늘 밑에는 자신의 2세들이 자라는 것을 허락하지 않습니다. 봄철에 단풍나무 밑에 가보면 수없이 많은 단풍나무 어린 묘목을 발견할 수 있습니다.

그러나 아무런 조치를 취하지 않았는데도 장마철이 지나고 나면 그 어린 묘목들은 흔적조차 사라지고 맙니다. 어미 단풍나무 뿌리에서 같은 종을 죽이는 제초제 성분이 나와 장마철, 지하수위가 높아지면서 어린 묘목들을 죽게 만드는 것입니다.

그래서 큰 나무 밑에서는 어린 나무가 클 수 없다라고 말합니다.

이와 반대로 큰 사람 밑에서는 큰 사람이 나옵니다.

사람과 나무는 다르다는 뜻이 되지요. 아무래도 노목과 어린 묘목이 같은 조건에서 경쟁을 하게 되면 어린 묘목이 이길 수밖에는 없습니다. 이미 노목은 어느 정도 수형이 갖추어지면서 어린 묘목처럼 힘차게 자라날 수 있는 성장 동력을 잃어버렸기 때문입니다.

그래서 어미나무는 어린 묘목이 자기 영역에서 자라지 못하도록 일부러 동종을 죽이는 제초제성분을 흘려 어린 나무들이 성장하지 못하도록 방해하는 것입니다.

이런 경우는 단풍나무뿐만이 아니라 소나무도 마찬가지여서 소나무는 자기 종뿐만이 아니라 거의 모든 나무 씨앗이 자라지 못하도록 방해합니다.

소나무밭에 가면 다른 잡목이 별로 눈에 띄지 않는 이유가 바로 이 때문입니다. 솔밭에 가서 부엽토를 가져다가 씨앗이나 묘목을 심으면 제대로 자라지 못하는 것도 바로 이 때문입니다.

실제로 솔밭에 가서 주위를 돌아보면 그곳에서 자라는 것들은 공생을 하는 송이버섯, 그리고 진달래, 보춘화 정도입니다. 그만큼 철저히 자기 영역을 지켜 다른 나무들이 근접하지 못하도록 하는 셈입니다.

## 나무에게 말을 걸다

사람은 어떨까요? 사람이 이런 자연과 유사하다면 우린 짐승 같다고 표현합니다. 사람이 갖추어야할 인격, 교양 뭐 이런 것들이 부족하다는 뜻이기도 합니다. 그리고 이런 것들은 그냥 주어지는 것이 아니라 부단한 자기 성찰과 교육을 통해 이루어집니다.

분재도 결국 마찬가지입니다. 자연스럽다라는 말은 줄기의 곡의 흐름이나 가지 배열, 그리고 전체적인 수형 등이 인위적으로 조작한 흔적을 남기지 않고 이상화된 자연에 가깝게 표현되었다는 뜻이 됩니다. 만일 자연에서 이런 모습을 찾으려 하면 쉽게 찾아지지 않을 것입니다.

곧바로 선 줄기에서 가장 아래 가지가 굵고 다음 순차적으로 가지가 돌려나면서 굵기가 가늘어지는 정통 직간 수형이나 곡의 꺾이는 각도가 자로 잰 듯 밑 부분은 넓었다가 위로 갈수록 좁아지고 바깥으로 굽은 자리마다 정확하게 가지가 자라는 표준 모양목 형태의 완벽한 모습을 갖춘 나무도 없습니다.

한 마디로 분재란 자연에서 그 유장한 곡선이나 가지 배열의 원리 등을 취해오면서도 자연에서 부족한 부분을 채워 하나의 이상화된 자연을 만들어갑니다. 이에 대하여 필자는 조지훈 선생의 예술론을 인용하여 분재의 미를 표현하기도 합니다.

"예술이란 자연을 모방하되 자연보다 더 자연스럽게 만들어서 자연에게
　　돌려주는 일이다."

## 5. 한겨울의 사스기 수입

분재를 하면서 느끼는 즐거움 중의 하나는 작은 분 안에 심겨진 식물을 통하여 자연의 섭리를 깨달아가는 것입니다.

봄이면 꽃이 피고 여름이면 잎이 무성하고 가을이면 열매가 열리고 단풍이 드는 그런 단순한 진리에서부터 분갈이, 철사감기, 흙갈이 그리고 거름주기, 농약살포 등, 어디 하나 자연

▲ 철쭉 사스기(황산)

분재와 말을 섞다

의 질서 아닌 것이 없습니다.

그 자연의 섭리를 따라 움직이며 그 원리를 체득하는 동안 어느새 내가 자연을 닮아가는 것이야 말로 최상의 즐거움이라 할 것입니다. 그러나 모든 것이 다 이 질서 안에서 이루어지는 것은 아니어서 그 자연의 섭리를 조금이라도 어긋나면 자연은 가차없는 응징을 해오는 경우가 많습니다.

욕심을 내어 심하게 철사를 감아 곡을 넣으면 얼마 지나지 않아 그 가지는 반드시 말라있고 조금 빨리 키울 욕심으로 거름을 많이 준다 싶으면 나무는 뿌리부터 병이 듭니다. 그때마다 반성을 통하여 자신을 가다듬어 가면서 우리는 참분재인으로 거듭나게 됩니다.

오래된 흙은 털어내고 새 흙을 넣으면 새로운 뿌리가 돋아나 나무가 젊어지고 해충이 한두 마리 보인다 싶어도 미리 손을 써서 더 이상 피해가 확산되지 않도록 애를 쓰는 일도 호미로 막을 걸 가래로 막는 사태를 피하기 위한 지혜이기도 합니다.
이렇듯 자연의 질서 안에서 때(시기)를 맞추어 이루어질 때 분재는 건강하고 아름답게 성장합니다.

그리고 그 질서를 즐기고 거기에 발맞추게 되면 분재는 하나의 우주가 되고 기쁨이 되고, 삶의 보람이 되기도 합니다.

▲ 철쭉 욱천 현애

그러나 그러나 말입니다. 제가 조금 무리하게 욕심을 내어 일 년 중 가장 추운 동지섣달에 왜철쭉을 분에서 뽑아 뿌리의 흙을 한 점도 남김없이 털어내고 한 일주일에서 열흘 쯤 물 묻은 이끼로 싸맨 다음 한쪽 구석에 방치해두었다가 분올림을 하면 어떤 일이 일어날까요?

당연히 분재인이라면 사

213

## 나무에게 말을 걸다

스기는 한겨울에 분갈이를 하지 않습니다. 추위에 뿌리가 얼어 심한 얼병이 걸리게 되기 때문입니다. 건강하게 생육하던 나무라도 상당한 손상을 입게 될 뿐만 아니라 대부분의 나무는 분생활을 겪어나가던 중에 점차 얼병이 도져서 수관부부터 타 내리는 현상이 일어날 것입니다.

사스기라는 품종의 특성이 추위에 약하기 때문입니다.

소사나무를 이런 식으로 했다면 사스기보다는 손상이 적을 것입니다. 이렇듯 수종마다 특성을 파악하여 자연의 질서를 맞춰 나가는 일

▲ 철쭉 운월 반현애(쯔쯔기)

은 분재인에게는 무엇보다 중요합니다. 그러나 분재계를 들여다보면 이런 질서에 도전하는 일들이 아무렇지도 않게 일어납니다.

요즘 들어 사스기 마니아가 늘어나고 여기저기 사스기 전문 분재원들이 생기면서 이른 바 시장의 선점 효과를 위하여 한겨울임에도 사스기 수입 시장이 후끈 달아오르고 있습니다.

나무가 동해를 입는 것은 줄기가 아니라 대부분 뿌리입니다.

줄기는 어느 정도 추위에 단련되어 있지만 땅속에서 생활하는 뿌리는 추위에 전혀 단련되지 않았기 때문입니다.

그 뿌리에 동해를 방지하기 위하여 사스기는 대부분 3월에서 4월에 분갈이를 하고 이 시기에 수입되던 것이 상식이었습니다. 그럼에도 이런 현상이 일어나는 것은 자연의 질서보다는 인간의 탐욕이 앞서기 때문입니다.

순리에 맞춰 일을 진행하는 것이 아니라 스스로 분재인이라고 자처하면서도 나무야 어떻게 되든 돈벌이를 앞세우는 온당하지 않은 상술과 나중에야 어떻게 되든 먼저 사고보자는 일부 취미인들의 조급증이 원인이 되어 해동이 된 후에도 늦지 않을 시장

분재와 말을 섞다

이 때아니게 달아오르고 있는 것입니다.

긴 안목으로 바라보면 이것이 분재의 보급을 위한 것이 아니라 제살 깎아먹는 어리석음의 시작입니다.
큰 맘 먹고 구입하신 분들이 나중에 겪게 될 홍역을 생각하면 아찔해지지 않을 수 없습니다. 더구나 그런 사정 뻔히 아는 일본 분재인들이 사스기를 팔면서 우리나라를 어떻게 볼까 하고 생각해보면 한편으로는 분통터지는 일이 아닐 수 없습니다.
자신의 자그마한 이익을 위하여 일본에게는 봉이 되어주고 성질 급한 우리나라 취미인에게 뒤집어씌우는 행태를 보면서 자연의 질서를 다시 한 번 생각하게 됩니다.

이렇게 수입된 분재를 구입하신 분들은 빠르면 한 여름정도 되어 줄기의 영양으로 잠시 꽃을 피웠다가 신초를 내밀지 않아 점차 시들어가게 되면 본인이 분재관리를 잘못한 것이거니 하면서 자기 탓으로 돌리는 이도 많습니다.
당해 연도에 증상이 나타나는 것이 아니라 두세 해 뒤에 그런 현상이 온다면 틀림없이 자기 탓으로 돌리는 경우가 대부분일 것입니다.

順天者(순천자)는 興(흥)하고 逆天者(역천자)는 亡(망)이라 했는데, 그리고 아는 대로 행하라고 했는데 현실은 그렇지 않습니다.

자연의 질서에 따라 자신의 꿈을 분 안에 실현해가는 일.
스스로 소유하고자 하는 욕망을 억누르고 물질적인 탐욕도 잠시 접어두고 참고 기다리며 때를 맞추는 일.
그런 수련조차도 되어있지 않은 많은 사람들이 감히 생명을 다루는 분재를 한다고 말할 수 있을지. 한겨울임에도 불구하고 일본을 쫓아가는 안타까운 현실을 지켜보면서 같은 분재인으로 참괴의 부끄러움을 금할 수 없습니다.
때를 알고 때에 맞추는 계절의 순환에서 외톨이가 되지 않고 그 흐름에 맞춰 함께 움직일 때 우리가 꿈꾸는 아름다운 세계는 분 안에 가득 피어오를 것입니다.

## 6. 수형과 인간형

▲ 사간은 우리나라 사람들이 가장 좋아하는 수형입니다. 그러면 이 수형을 좋아하는 사람들은 어떤 사람들일까요?

사람을 분류할 때 여러 가지 기준이 있겠지만 그중에서 하나가 얼굴의 형태를 가지고 분류를 하는 것입니다. 전통적으로 미인형이라고 하는 계란형, 부잣집 맏며느리감으로 일컬어지는 보름달형, 성격이 괄괄할 것 같은 네모형, 그리고 누군가를 떠올리게 하는 세모형, 그리고 대쪽이라 불리던 사람의 역삼각형 등 전체 얼굴의 형태를 이런 식으로 나누고 거기에 따라 성격을 분류하는 경우가 있습니다.

분재 역시 크기에 따라 나누기도 하고 수종별 특성에 따라 나누기도 하지만 이런 사람의 얼굴 모습과 같은 형태로 나누는 것이 일반적인 수형의 기준이 됩니다.

첫째는 모든 나무에 표준이라 할 수 있는 모양목입니다.

미스코리아를 뽑을 때 얼굴 하나만 놓고 보아도 전체 비율에서 이마, 눈썹, 눈, 코,

▲ 표준 곡간은 세상을 순탄하고 평범하게 살아온 사람들이 좋아하는 경우가 많습니다.

▲ 직간은 상하관계가 분명한 직업이나 성격이 직선적인 사람들이 좋아합니다.

분재와 말을 섞다

▲ 여유로움을 아는 사람들이 좋아하는 문인목

입, 귀 등의 위치에 대하여 비율을 따지는 것처럼 모양목 역시 구부러진 각도를 이런 식으로 따져 나눕니다. 그래서 엄밀하게 말하면 자연에 없는 이상적인 수형이 됩니다.

이 나무는 주로 평범하게, 큰 일 겪지 않고 원칙대로 세상을 살아온 사람들이 좋아합니다.

사회생활 역시 제 나이에 학교에 진학하고 별 어려움 없이 취직하여 가정을 이루고 사는 경우가 많습니다. 그래서 가장 무난한 수형이자 대표적인 수형이 되는지도 모르겠습니다.

두 번째로는 직간형 수형입니다. 이 수형 역시 흔할 것 같지만 자연에서는 발견하기 힘든 수형입니다.
곧바로 자라되 가지의 굵기와 길이, 위치 등의 비율을 엄밀하게 계산하여 만들어 냅니다.

이 나무를 좋아하는 사람은 전형적인 군인이나 경찰등 주로 상하관계가 분명한 직업에 종사하는 사람들이 많으며 융통성은 좀 부족한 편입니다. 그러나 이 나무가 융통성을 가지고 따지진 않습니다. 사람이 가진 특성 중에서 강직성이라고 하는 부분을 표현한 작품이기 때문입니다.

세 번째는 요새들 흔히 말하는 문인목입니다
이 나무는 밑에서부터 가늘세~' 한줄기 뽑아 올려 수관부에 가시를 만들되 셜코 무겁지 않습니다. 과거 조선시대에 음풍농월하던 선비들이 좋아했음직한 수형으로 지금도 역시 그런 풍류를 즐기고 낭만을 이야기하는 사람들이 즐겨하는 수형입니다.

네 번째는 사간이라고 부르는 나무인데 이 수형은 우리나라에서는 좀처럼 환영받지 못하고 일부 사람들에게만 선택되는 나무입니다. 아무래도 나무가 한쪽으로 삐딱하게 기울어져서일까요?

217

이 나무는 일반적인 사고방식보다는 창조적인 사고방식을 하는 사람들이 선호하는 수형입니다. 그래서 사물 하나하나 현상을 보더라도 약간은 삐딱하게 보는 경향이 많습니다.

다섯 번째는 현애인데 이 나무는 특이하게 좋아하는 사람의 성격이 분명

▲ 취류형. 일명 바람나무 수형이라고 하는데 바람 부는 대로 나부끼는 모습이 여유롭습니다.

하지 않은 것 같습니다. 문인목과 비슷한 성격을 가진 사람들이 좋아할 것 같은데 그 이유는 이 현애가 높은데서 아래로 굽어 내려다보며 세상을 관조하는 느낌 때문일 것입니다.

다음으로 취류 혹은 바람나무라 하는 수형인데 이 수형은 바람을 받아 한쪽으로 가지가 쏠려있는 형태로 요즘 들어 인기를 얻고 있는 수형입니다.
바람과 전체적인 흐름에 걸맞게 이 나무는 개성과 여유를 합쳐놓은 성격을 가진 사람들이 좋아하는 경우가 많으며 주립보다는 좀 더 까다롭고 만들기가 쉽지 않습니다.
이 외에 요즘 각광받기 시작하는 부분이 특수목이라고 일컬어지는, 딱히 교과서에 언급된 수형 교본으로는 설명할 수 없는 작품들입니다.

과거 한때는 이런 나무도 분재냐고 거들떠보지도 않던 때도 있었지만 개성을 중요시하는 세태를 반영하여 개성적인 나무로 각광을 받고 있는 작품이기도 합니다.

이 나무의 특징은 한 마디로 변화가 심하다는

▲ 현애 분재는 세상을 내려다보는 관조와 여유가 있습니다.

것을 들 수 있습니다. 공식으로 정리되지 않기에 다양한 상상력을 불러일으키며 예술이라고 하는 장르에 가장 근접한 수형이기도 합니다. 못생긴 얼굴 하나로 세상을 평정한 이주일 스타일이라고나 할까, 그러면서도 이 나무는 이주일과 다른 것이 있습니다.

나름대로 균형 감각과 통일성을 갖춘데다가 조화로운 멋을 품고 있기 때문입니다.

주로 험지에서 생산하는데 필자의 분재원을 전국적인 분재원으로 성장시킨 그런 수형이기도 합니다.

사진에서 보시는 것처럼 모양이 틀에 박혀있지 않아 자유스럽고 개성이 톡톡 튑니다. 그렇다고 교과서적인 수형에 갖다 붙이기 어렵다 하여 무조건 특수목이라 하지는 않습니다. 무엇보다 이 특수목이 작품으로서 인정을 받으려면 전체 수형이 균형과 조화를 갖추어야 하기 때문입니다.

이처럼 나무의 수형과 그것을 좋아하는 사람들의 성격은 어느 한부분에서 일치하는 경우가 많습니다. 그 이유는 바로 나무의 수형이 단순히 자연의 모방이 아니라 그 수형 속에 사람들의 성격을 담기 때문입니다. 그리고 이런 나무를 어느 특정한 수형에 얽매이지 않고 나름대로 가치를 인정하고 모두 좋아하는 사람이 전인적인 인간형이 됩니다. 둥글둥글해지는 것입니다.

▲ 안목이 뽑아낸 특급 소재-마치 보석을 얻는 기분이었습니다.

나무에게 말을 걸다

## 7. 분재인의 종류

사람들은 나누기를 참 좋아합니다. 필자도 예외는 아니어서 벌써 분재의 종류가 아닌 분재인을 나누는 것만 보아도 금방 알 수 있지요.

첫 번째 분재인은 상업인으로서의 분재인입니다.

이런 사람은 나무를 철저히 상품으로만 취급합니다. 작품 수준이 어떻든 문제가 되지 않고 자기가 구입한 가격에서 일정한 마진만 남기고 사고파는 일을 되풀이합니다. 당연히 나무에 대한 어느 정도의 안목은 갖추어져 있으며 나무의 가치를 숫자로 환산하는데 탁월한 감각을 갖고 있습니다.

▲ 좋은 나무를 선택하는데 안목은 절대적입니다. 이 안목은 오랜 경험, 나무의 특성에 대한 이해, 그리고 가격 감각까지 종합적인 산물입니다.

사람들이 좋아할만한 분재를 가려내는데도 일가견을 갖고 있습니다.

이런 분들도 나무를 선택한 이상 분재를 좋아하는 것은 맞지만 그보다 더 중요한 것은 나무 역시 다른 물건과 마찬가지로 유통의 대상일 뿐입니다.

두 번째는 과시형 분재인입니다.

분재는 대개 처음 본 사람에게나 분재를 하는 사람에게 상당한 매력을 주며 그것을 소장하는 사람은 부러움의 대상이 되기도 합니다. 그래서 좋은 분재를 갖고 싶어 하는 것이 모두의 로망이 되는지도 모르겠습니다.

그런데 분재의 진정한 가치보다는 보여주기를 위한 분재를 하는 사람들이 있습니다. 이 사람들에게 중요한 것은 나무의 작품성이 아니라 이 나무를 얼마에 사들였고 누가 키우던 것이고 누가 만든 작품이다라는 사실입니다.

특히 이런 사람은 대작을 선호하는 경향이 많은데 대작일수록 상대를 압도하는 힘이 크기 때문입니다. 이런 사람은 분재에 쉽게 빠져들지만 얼마 가지 않아 분재들을 처분하고 다른 것에 눈을 돌립니다.

그동안 사들였던 나무들은 조금씩 망가져가고 결국은 헐값에 처분되어 뿔뿔이 흩어지게 됩니다.

분재와 말을 섞다

세 번째는 입으로 분재를 하는 분들입니다.

이 사람은 맨 처음에는 분재에 맛을 들여 하나둘 사 모으기 시작하다가 어느 정도 분재에 눈을 뜨게 되면 작품성이 좋은 나무에 매달리게 됩니다.

그러나 현실적으로 이런 것을 구입할 경제력이 되지 못하는 경우가 대부분입니다.

그래서 대리 만족을 위해 여기저기 들은 풍월로 마치 분재에 대하여 모든 것을 다 아는 것처럼 행세하고 다닙니다.

이런 사람일수록 자기가 부족했던 부분을 채우기 위하여 유독 아는 체, 잘난 체를 하기 쉬운데 옆에 입에 거품을 물고 분재를 설명하는 사람이 바로 그런 사람입니다.

이런 사람이 만약 돈이 넉넉히 있었다면 위의 두 번째 사람처럼 막무가내로 나무를 사들였을 사람입니다만 불행하게도 현실이 따라주지 않으니 어쩔 수 없이 현실에 대한 욕망을 이런 식으로 풀어내는 거라고 보면 맞습니다.

남의 작품을 앞에 두고 유난히도 단점을 찾아내어 깎아내리는 것도 바로 그런 자기보호의 일종입니다.

네 번째로 무책임한 분재인이 있습니다. 이 사람은 지나가던 분재원에서 분재를 보고 견물생심으로 분재를 사들인 사람입니다.

일난 사들였으니 물을 주기는 하지만 나머지 가지 정리나 거름주기 농약주기, 분갈이 등은 두 남의 일입니다. 그저 물만 주어도 황송한 일입니다.

▲ 뿌리를 씻어내는 것은 묵은 흙을 털어내는 것도 있지만 나무뿌리 상대를 확인하는 의미도 있습니다.

 나무에게 말을 걸다

　한마디로 자기중심적이어서 나무가 얼마나 고통스러워하는지, 얼마나 영양결핍에 시달리는지 알려고도 하지 않고 노력도 하지 않습니다. 동물로 치면 동물학대에 가까운 수준입니다. 한 가지 재미있는 것은 그렇게 몇 년 살다가 분재가 죽으면 다시 그 빈자리를 채우기 위해 분재원 앞을 서성거립니다. 영원한 이방인같은 존재라고나 할까요.

　대개의 분재원장들은 나무가 좋아 나무에 빠져 살다보니 분재원을 경영하는 경우가 많습니다. 다른 업종보다 떼돈을 버는 것도 아니고 무거운 것을 너무 자주 들다보니 허리들이 상해 있어도 나무가 좋아서 나무를 키우고 키우다보니 정이 들어 버리지 못하는 경우가 많습니다.

　그래서 분재원장들은 대개 자그마한 나무라도 나무의 특성을 알고 그 생김새에 가장 어울리는 수형을 연구하고 때맞춰 물과 거름, 철저한 병해충 방제로 자신만의 분재를 만들어가는 사람이 의외로 많습니다.

　분재를 시작한 지 얼마나 되었느냐고 묻지 말고 지금 분재에 막 관심을 갖기 시작했다면 진정한 분재의 도가 무엇인지를 한번 깊이 고민해볼 일입니다. 그래서 분재원에서 천덕꾸러기 신세를 면치 못하는 아이를 데려다가 지극 정성으로 키워 나만의 자식을 만들었을 때의 기쁨, 그리고 그 과정에서 우주와 자연의 질서를 발견하고 스스로를 이에 동화시켜나가는 것이야말로 분재인 중에 으뜸이 아닐까 생각해봅니다.

▲ 느티나무 실생목

## 8. 분재의 수업료

얼마 전 아는 분이 다녀가셨습니다. 분재 경력 20년 정도 되는 초짜입니다.

아주 오랜 옛날 분재를 좋아하여 조금 키우다가 이리저리 삶에 떠밀려 다니다가 하나둘 나무들을 죽이고 이제 명퇴를 해서 시간이 넉넉해지자 다시 분재 쪽으로 돌아온 것입니다. 이분, 어느 정도 경제적 여유를 갖게 되자 여기저기 오가며 맘에 드는 분재들을 하나둘 사 모으기 시작합니다. 돌아다니면서 이런 저런 사람을 만나고 분재원장이 권하는 나무들도 사들이고 경매장도 기웃거리며 쌈직하다 싶으면 눈에 콩깍지가 끼어 사들이기 시작합니다. 그렇게 한 일 년 지나고 나니 분재수만 200여개를 상회합니다.

집사람은 세탁물을 널 공간도 없다고 투정이지만 나날이 늘어가는 분재들을 보니 마음이 뿌듯해지기 시작합니다. 그런데 어느 날부터인가 왠지 나무들이 못나 보이기 시작합니다. 시간이 지나면서 안보이던 흠들이 하나둘 보이기 시작합니다.

아. 그래서 사람들이 좋은 나무를 선택하는가보구나. 뒤늦게 중요한 사실을 깨달은 이 분은 분재를 구입한 분재원에 도로 사줄 수 있느냐고 묻지만 언감생심입니다.

더구나 하도 여기저기서 구입하다보니 나무를 바꿔 오기도 여의치 않습니다.

▲ 목백일홍

 나무에게 말을 걸다

▲ 소나무라고 해서 무조건 키우기 힘든 것이 아니라 햇볕과 바람이 충분한 곳이라면 누구나 물만 주어도 건강하게 키워갈 수 있습니다.

일단 인터넷 카페에 올려보지만 반응은 영 신통치 않습니다. 큰 맘 먹고 가격을 반 토막 쳐서 올려도 사람들은 별로 관심을 보이지 않습니다. 한마디로 맥이 다 풀립니다. 그러는 동안 여기저기 고급 취미인들을 찾아다니며 좋은 나무를 감별하는 방법은 어느 정도 익혀두었습니다.

그 안목으로 비교적 가격이 저렴한 분재원의 나무들도 서너 주 찜해두었습니다. 맘은 급한데 여기저기 카페에 올린 나무들은 엉뚱한 소리만 들릴 뿐 좀처럼 팔리지 않습니다. 어쩔 수 없이 알음알음 하여 분재원에 연락해서 일단 마음에서 멀어진 것들부터 정리를 시작합니다. 구입가의 1/3. 어떤 나무는 1/10 가격에 팔려갑니다. 아니 하나하나의 가격이 아니라 열 개에 얼마, 전체에 얼마 하는 식으로 가져갑니다. 눈물이 나지만 어쩔 도리가 없습니다.

그리고 맘에 드는 나무를 찾아갑니다. 그래. 이정도 나무면 그래도 어느 정도 마음의 위안은 될 거야. 그렇게 자위해보지만 그동안 날린 나무가격만 고급 승용차 한 대 값이 넘습니다. 이런 것을 분재의 수업료라고 부릅니다.

분재를 제대로 알게 되기까지 지불하는 돈을 가리키는 말입니다. 처음부터 믿을만한 분재원을 하나 선택하여 지속적으로 거래하면서 업그레이드를 통해 좋은 작품으로 하나하나 바꿔가며 모아가는 것, 수업료를 따로 지불하지 않고도 얼마든지 좋은 분재를 소장하는 방법이 있음에도 우린 당장 눈앞의 유혹에 휘둘립니다. 그리고 앞서 경험한 사람들처럼 똑같은 한탄을 내보냅니다.

"내가 미쳤지. 이것도 나무라고!!!"

## 9. 취목의 함정

몇 해 전 지인이 암 수술을 받았습니다.

대개의 수술이 그렇듯이 이 지인 역시 가장 어려운 시기에 암이 찾아왔습니다. 엎친 데 덮친 격이라고 살림이 파산 지경에 이르자 그동안 잠자고 있던 암의 씨앗이 자라나서 끝내는 생명을 위협하는 암세포로 자라게 된 것입니다.

불행은 그렇게 찾아옵니다. 건강하고 행복하고 속된 말로 잘 나간다고 할 때는 멀쩡하다가도 어려운 시기에 삶이 곤궁해지면 마치 소리 없이 엎드려있던 그림자가 벌떡 일어나 뒤통수를 치듯이 그렇게 달려듭니다.

미리 그 암의 유전자를 발견했다면 그래서 사전에 그 유전인자를 제거했다면 아무리 불행이 닥쳐도 꿋꿋이 다시 일어설 수 있다는 확신이라도 얻을 터인데 그렇지 못한 것이 현실입니다.

분재에 있어서 특히 잡목 분재인 소사나무나 단풍나무에 있어서 상처는 바로 이런 암 유전인자와 같은 구실을 합니다. 땅에서 분으로 올라와 생육 초기에 아예 싹이 나오지 않거나, 어느 정도 건강하게 성장하다가 수형의 틀이 완성되고 한참 볼만해질 무렵 잠시 병해충이나 물 부족, 또는 기상이변이 닥치면 갑자기 중요한 가지가 마르거나 한쪽에서부터 죽어가기도 합니다.

▲ 소사나무를 취목하고 있는 모습. 소사나무나 단풍나무처럼 상처에 약한 나무는 손가락굵기의 이상이 되면 다음에 문제가 되는 경우가 생깁니다.

 나무에게 말을 걸다

▲ 분경. 거대한 자연을 축소시켜놓은 모습입니다. 사진은 진미분경원 작품 일부

 그런데 이런 나무를 뽑아보면 예외 없이 뿌리 쪽에 크게 잘린 상처가 있습니다. 그 나무가 성장하는 동안에도 한쪽에서는 뿌리가 썩어가다가 결정적인 순간이 오면 나무에게 치명적인 위해를 가하는 것입니다.

 그래서 고급 소재를 선택할 때는 바로 이 뿌리 쪽에 상처가 있나 없나를 보는 것이 중요합니다. 그렇다고 일일이 분에서 뽑아내어 흙을 완전히 털어낸 다음 확인해볼 수도 없으니 답답한 노릇입니다.
 유능한 한의사는 사람의 체형만 보고도 그 사람이 어떤 병을 앓고 있거나 앓을 것인지를 추리해냅니다. 분재에 대하여 어느 정도 눈뜬 사람이라면 100% 정확하지는 않더라도 그루 솟음새, 줄기의 곡. 살아온 수령과 굵기, 가지 배열만 보고도 뿌리의 상태를 추리해냅니다.
 소재나 작품 중에서 아래의 뿌리부분에 혹성을 이룬 것들이 있는데 이 나무들은 대개 뿌리 쪽에 큰 상처가 없습니다.

 혹으로 된 소재들이 각광을 받는 이유가 바로 이 때문입니다.
 자연에서 성장할 때 뿌리 바로 아래 부분에 바위나 큰 돌이 들어있어 잎에서 만들

분재와 말을 섞다

어진 영양분이 뿌리로 내려가지 못하고 뭉치게 되고 그 뭉친 부분에서는 굵은 뿌리보다는 잔뿌리가 발달하게 되어 자연히 상처가 없게 됩니다.
   다른 하나는 손가락 굵기에서 취목을 하여 길러낸 소재에는 상처가 없습니다. 대개 이 굵기의 상처는 나무가 성장하는 동안 자른 자리가 캘러스로 덮이게 되는 경우가 대부분입니다.

   따라서 상처 없이 뿌리가 사방으로 잘 발달한 완벽한 나무를 만들어가게 되는데 이런 연유로 명목은 취목으로 만들어 진다는 말이 금과옥조처럼 쓰입니다. 그러나 여기에도 함정은 있습니다. 그 과정을 알지 못하고 취목에 재미를 붙인 분재인은 그럴듯한 줄기가 보이면 굵기에 상관없이 무조건 칼날을 들이댑니다. 그리고 길지 않은 시간에 상당히 그럴듯해 보이는 소재나 작품을 만들어내기도 합니다.
   그러나 굵은 부분에서 취목을 한 나무는 바로 이 암의 유전자를 태생적으로 갖고 태어나는 것과 다르지 않습니다. 나무가 건강하게 관리되고 성장할 때는 아무런 탈을 일으키지 않지만 자칫 한번이라도 소홀하게 되면 반드시라고 할 정도로 문제를 일으키기 때문입니다.

   이렇게 말하면 혹자는 그렇게 말할지도 모르겠습니다. 그러니까 그런 일없이 꼼꼼

▲ 메이폴의 꽃

227

 나무에게 말을 걸다

▲ 자연을 모범으로 삼되 자연 그 이상의 모습을 연출해내는 것이 예술입니다.

하게 관리하면 될 거 아니냐고. 딴은 그렇습니다. 그러나 우리가 인생 살아가는데 늘 해만 뜨는 쨍쨍한 날만 계속되던가요?

인생의 희로애락의 구비에서 가끔 가슴 아프게 애써 키운 나무를 놓아 보내야 하는 아픔을 겪지 않으면서 보다 완벽한 작품으로 키워가려면 사소한 기본을 지켜가는 것이 참 분재인의 길이 아닌가 생각됩니다.

분재와 말을 섞다

## 10. 분재를 완벽하게 시작하고픈 당신께

처음 산으로 분재를 접하고 산으로 소재를 캐러 갔을 때입니다. 산 여기저기를 뒤지면서 말 그대로 그림 같은 나무, 이미 분재로 완성된 나무이거나 그런 형태의 나무가 따로 있는 줄 알고 열심히 여기저기를 둘러보고 다녔습니다. 그랬더니 같이 갔던 일행이 한마디 합니다.

"산에서 분재를 찾으려고?"

지금 생각하면 어리석기 짝이 없는 행동이었지만 모든 것이 초보였

▲ 눈으로 보이는 뿌리 부분의 상처. 이것은 이 나무의 수명을 앞당기는 요인이 됩니다.

기에 용서되었습니다. 장래 자기가 키워가고 싶은 소재를 찾는다는 것을, 그리고 한 걸음 더 나아가 분재가 될 만한 소재를 찾아야 한다는 것을 그때는 까맣게 모르고 우물가에서 숭늉만 열심히 찾았던 것입니다.

그런데 요즘에도 그런 분을 만납니다.

소재를 선택하는 단계에서부터 완벽함을 추구합니다.

상처는 일체 없어야 하고 수형은 어느 정도 만들어진 것이어야 합니다.

심지어는 이파리 하나도 벌레 먹은 것이나 누렇게 변한 것이 있으면 심각한 문제가 있는 것으로 간주하여 자주 전화를 해옵니다.

윤놀이나무 분재 ▶

나무에게 말을 걸다

"괜찮습니다."

이렇게 말씀 드려도 그분의 막무가내입니다.

서두에 말씀드렸다시피 분재를 시작하는 분들이 어느 정도 특별하다는 것은 말씀드렸지만 이 경우에는 아주 특별한 경우입니다.

세상에 완벽한 인간이 없듯이 분재라고 예외는 아닙니다. 분재 역시도 이미 다 만들어졌다고 생각되는 나무에서조차도 문제는 있습니다. 그런데 배양 과정에서 생긴 어쩔 수 없는 것을 가지고 사기꾼 운운하시면 필자가 먼저 답답해집니다.

우리나라 사람들의 혈액형은 A형이 가장 많더군요. 이 A형을 가진 분들 대개가 완벽함을 추구하는 분들이 많고 그중에서도 특별한 분들이 좋아하는 분야이다 보니 어쩔 수 없이 처음부터 설명을 해야 합니다.

분재는 공산품이 아닌 생명을 가진 존재입니다.

그러기에 같은 모양으로 만든다 해도 결과는 각기 다른 모양이고 그런 소재 중에서 고르는 사람의 안목에 따라 좋은 나무와 좀 떨어지는 나무로 구별될 뿐 모든 소재는 다 결함을 가지고 있으며 배양 과정에서도 이런 결함은 여러 가지 요인으로 발생합니다.

그런데 작은 가격으로 소재부터 시작하다보니 아무래도 조금 문제가 있는 분재,

▲ 30년 세월을 뒤로 한 자란

죽은 듯이 기다리다가 오뉴월에 슬며시 꽃을 피웁니다.
이렇게 핀 꽃들이 모두 감으로 익어가지는 않습니다.
많은 꽃들이 힘들게 세상 구경을 나왔다가
봄이 끝나갈 무렵 하염없이 지고 말지요.
많은 분들이 분재의 봄을 시작했다가
이 무렵이면 스스로 포기하곤 합니다.

이렇게 어렵사리 맺은 감들은
한여름이 지나면서 뭉실뭉실 커나가게 됩니다.
살을 찌우고 씨를 키우며 비로소 감이 되어가는 것이지요.
이 시기가 되면 분재인의 식욕도 왕성해집니다.
수많은 정보와 기술을 습득하면서
여름날의 감잎처럼 늘 목이 마릅니다.
이렇게 가을이 시작될 무렵이면
외형상으로는 이미 갖출 것은 다 갖춘 감이 되어갑니다.
문제는 막상 먹어보면 무지하게 떫다는 것입니다.
분재에 대하여 조금은 알 것 같은 시기가 도래한 것입니다.
이때쯤 되면 입이 간지럽고 손이 가만히 있질 않습니다.

▲ 우리 조상들은 감을 따고, 까치밥으로 몇개씩 남겨놓았습니다.

 나무에게 말을 걸다

▲ 아무리 명목이라도 흠을 잡기 시작하면 끝이 없습니다. 사진은 모과나무 주립.

앞에 누가 서있으면 아는 체를 해야 직성이 풀리고
어느 고수가 잡아놓은 나무라도
가지 하나쯤은 제 맘대로 비틀어보아야 직성이 풀립니다.

다른 사람이 분재의 분자만 꺼내놓아도
청산유수가 되어 설익은 말들을 쏟아냅니다.
잘 익어가는 홍시를 보고서도
왜 그렇게 단단하지 못하고 물러 터졌느냐고
호통을 치는 시기가 이 시절의 모습입니다.
비로소 사춘기가 시작되는 것이지요.
사람의 생명을 받아 하나의 인격체로 바로 서기 전에
이 시기를 준비해둔 것은
떫은 감이 그러하듯

분재와 말을 섞다

인생 역시 자연에서 벗어날 수 없기 때문은 아니었을지.
이런 감의 특성을 모르고 감을 따먹은 사람에게는
상당한 고통을 안겨주기도 합니다.
감은 감이되 감이 아닌 시절이지요.

이 시기를 슬기롭게 넘기면 감은 비로소 단내를 풍기기 시작합니다.
서리가 내릴수록 감은 더욱 농밀한 향과 맛으로 익어갑니다.
색깔도 탐스럽게 변해갑니다.
저 역시 아직은 농익은 홍시가 되지 못했기에
세월을 다독이며 손끝을 익혀가면서 늘 가지 끝에 매달린 홍시를 꿈꿉니다.
언젠가 단단하게 뭉친 것들을 모두 풀어내면
나의 분재, 나의 인생, 내 삶의 모든 것들이
겨울이 시작될 무렵 까치밥으로 남아있지 않을까 기대하면서요.

◀수피(나무의 껍질)이 거칠게 발달하는 황피소사입니다. 이정도 수피가 발달하려면 약 30여년의 세월이 필요합니다. 그리고 앞으로 키워갈수록 더욱 수피가 발달하여 아주 진귀한 작품이 되어줄 것입니다.

237

## 13. 자연의 순리에 하나 되는 방법

"보세요. 이미 꽃눈이 맺혀 있잖아요. 이 꽃눈이 내년 봄에 꽃을 피울 거예요."
태양이 이글거리는 여름 한낮, 이미 맺혀진 철쭉의 꽃눈을 가리키면 대개의 사람들은 깜짝 놀랍니다. 그러나 이렇게 준비하는 것은 철쭉만이 아닙니다.
다음해 봄에 꽃을 피우는 거의 모든 나무들이 이미 최소한 6개월 이전에 꽃눈을 만들어 숨겨두거나 드러냅니다. 나무는 다음 일 년을 이렇게 준비하는 것입니다. 사람만이 미래를 내다보고 준비하는 삶을 산다고 하는 것이 얼마나 큰 착각인가를 보여주는 예가 아닐 수 없습니다.

우리 눈에 보이지 않을 뿐, 나무는 계절의 순환에 맞추어 지금 자기가 무엇을 해야 할 것인가를 정확하게 알고 그것을 진행하는 것입니다.
언젠가 동료 중에 한분이 이런 말도 했던 것을 기억합니다.
"주말에 돈 버느라 고생하셨죠?"
수학과목을 담당하고 있기 때문에 숫자에 밝은 것을 알고는 있지만 이런 질문을 받는 것은 곤혹 그 자체입니다.
그래서 물었습니다.

▲ 못생긴 모과지만 그 꽃은 이렇게 앙증맞게 피어납니다.

분재와 말을 섞다

▲ 목단 분재

"자네는 돈 벌기 위해서 지금 수업에 들어가나?"
상대가 머쓱해집니다. 물론 결국에는 돈을 벌기 위해서 들어간 것은 맞습니다.
그러나 돈이 수업에 들어가는 모든 이유는 아닐 것입니다. 무엇보다 그 시간에는 수업에 들어가야 할 시간이고 그 시간에 맞춰 아이들에게 가르쳐야 할 단원이 있습니다. 돈은 그런 모든 것들이 진행 된 다음에 결과로 남게 됩니다.

그런데 오로지 돈이 목적이라면 사람들의 삶은 얼마나 팍팍해질까요?
분재를 하면서 느끼는 것 중의 하나가 '농부의 마음'입니다.
봄이 되면 열심히 씨를 뿌리고 잡초가 돋아나면 본능적으로 뽑아내고 작물이 병에 걸리면 노심초사하면서 누렇게 익어가는 곡식들을 바라보는 그 흐뭇함.

농산품 가격이 폭락하여 얼굴에 잔뜩 내천(川)자를 그릴 때까지는 농부는 결코 돈을 벌기 위하여 농사를 짓지 않습니다. 다만 작물이 때가 되어 싹이 트고 자라고 꽃을 피우고 열매를 맺듯 농사를 짓는 사람은 그 계절에 맞춰 해야 할 일을 묵묵히 해나가는 것입니다.

## 나무에게 말을 걸다

그것을 오로지 돈을 벌기 위해서라고 매도해버리는 것은 얼마나 얄팍한 계산인지 정작 물음을 던진 사람들은 알지 못합니다.

제 계절에 해야 할 일을 묵묵히 해낸 나무들처럼 사람 역시도 그 계절에 맞춰 그 계절에나 시간에 해야 할 일이 있습니다.

자식을 키우는 것도 사업을 하는 것도 모두 이 "때" 라는 것이 있어 그 일에 충실하지 않으면 반드시 후회를 남기게 됩니다.

문제는 그 때를 아는 것입니다.

분재를 하는 동안에는 계절의 순환과 경험에 맞추어서 그 일을 진행해나가면 문제가 발생하지 않습니다. 문제는 언제 그 일을 하느냐 입니다.

오랜 경험이 축적된 사람들은 굳이 날짜 계산을 하지 않아도 나무의 상태만 보고도 그 때를 알아차립니다.

▲ 단풍나무 분재.

그러나 초보의 경우에는 이야기가 달라집니다. 회사에서도 마찬가지입니다. 아무리 똑똑한 사원이라도 신입이라면 당황하고 시행착오를 겪기 마련입니다. 더구나 나무를 키우는 환경이 사람마다 다르기 때문에 분재 서적이나 분재원, 분재카페 등에서 제공하는 정보나 자료는 어디까지나 참고자료에 지나지 않습니다.

나만의 순환 시스템을 만들어 가야 하는 것입니다.

가장 좋은 방법은 일기나 작업일지를 기록하는 것입니다.

매일 매일은 아니더라도 최소한 일주일 단위로 하여 자기가 한 일을 기록해 두었다가 그 결과까지고 함께 부언해두면 다음해에 작업을 진행할 때 커다란 참고가 됩니다. 물주기 삼년이라고 첫해에는 너무 많이 주어서, 다음해에는 너무 적게 주어서, 마침내 3년째가 되면 적절한 물주기를 터득한다고 하듯 분재관리 3년도 이렇게 만들어집니다.

그리고 그것이 숙달되어 몸에 익숙해지면 누가 뭐라 하지 않아도 내년에 피울 꽃을 준비하는 나무들처럼 자기가 해야 할 일이 보이게 됩니다.

자연과 동화되는 자신을 만나게 되는 것입니다.

## 14. 가능하면 나무는 여럿을 키워라.

"요새 애들은 왜 이렇게 약한지 몰라. 우리 때는 안 그랬는데……."
맞습니다. 요즘 애들은 참 약합니다.
덩치는 더 커지고 몸무게도 늘었는데 조금만 힘이 드는 일을 시켜도 헉헉대고 어려운 일이 닥친다 싶으면 지레 겁을 먹고 움츠립니다. 길거리에서 담배 피는 아이들을 빼놓고 나면 튼튼한 애들이 거의 없습니다.
어른들은 이렇게 애들의 건강을 걱정한다면서도 학교 체육시간을 꼬박꼬박 지켜 운동을 시키면 난리를 냅니다.

"체육은 무슨, 그 시간에 공부를 해야지."
거기다가 여학생들은 피부가 타느니 어쩌니 하면서 그늘 속으로만 숨습니다. 약해지는 것이 당연한데 사람들은 그 원인을 종종 잊어버립니다.
우리 어렸을 때는 그랬습니다.

저녁밥을 먹고 동네 공터에 모이면 아이들은 진 뺏기 놀이나 술래잡기를 하면서 놀았습니다. 진 뺏기 놀이를 하면서는 공동체의 목적을 위하여 단합을 했고 숨바꼭질을 할 때는 무섬증을 참아가며 더 찾기 힘든 곳으로 숨어들었습니다.
혹시나 옆에 있을지도 모르는 귀신들 덕분에 담력을 익히던 시간이기도 했습니다.

▲ 이렇게 다양한 소재들 중에서 가능성이 가장 뛰어난 나무들만이 예술의 분재 소재가 됩니다.

물론 짓궂은 아이들은 한밤중 공동묘지 다녀오기 같은 과격한(?) 게임으로 쿵쾅거리던 심장의 고동소리를 체험하기도 했습니다.
여름철에는 냇가에서 수영을 하며 전신 운동을 했고 겨울에는 콧물 질질 흘려가며 팽이치기, 자치기, 얼음지치기 등을 하면서 외기의 기온과 조화를 이루는 법을 익혔습니다.

그런데 요즘은 어디 그런가요?
여름철에는 에어컨 빵빵한 실내에서 땀이라는 것을 모르고 살고 겨

 나무에게 말을 걸다

울철에는 훈훈한 방안에서 컴퓨터 게임을 하느라 어깨 고장을 일으킵니다.

 먹을 것이 없어 양푼 하나에 이것저것 섞어 비벼놓고 한 숟가락이라도 더 먹으려던 삶의 본능은 조금 힘들다 싶으면 높은 곳에서 뛰어내리는 일에만 용감해졌습니다.

 먹을 것이 없어 배를 쫄쫄 굶었던 우리가 진수성찬으로 챙겨주는 것도 부족하여 일일이 떠먹여 줘야 하는 아이들 앞에서 한숨 쉬는 세상에 와있습니다.

 자식들이라고 해봐야 한둘이 고작이니 신줏단지 모시듯 하는 세태가 만들어낸 풍경입니다.
 그래서 분재인들은 말합니다. 키우려면 열다섯 주 이상을 키워라. 아이들이 많아서로 경쟁을 하면서 성장을 하면 잘 아프지도 탈이 나지도 않습니다. 서로 경쟁과 협동의 틀 속에서 기운을 주고받으며 내면을 다지기 때문입니다. 그러나 외톨이로 버려진 아이들은 과보호, 혹은 무관심 속에서 하얗게 말라갑니다.

▲ 이름만 쥐똥나무. 꽃은 순백색의 청아한 향기를 품고 있습니다.

분재와 말을 섞다

나무들 역시 생명이 있는 것이기 때문에 기를 발산하게 되고 그 기는 키우는 사람과 다른 나무들과의 기의 교감을 통해서 생명 에너지를 얻으며 살아갑니다. '한 나무를 키워도 이렇게 힘든데 그 많은 나무를 어떻게 다 키워.' 하시는 분이라면 어렸을 적 한번 돌아보세요.

그때는 컴퓨터도 스마트폰도 없었습니다. 먹을 것은 항상 부족했습니다.
그 사람들이 지금 세계 10위의 경제 부국을 이룬 주인공들입니다.
과외는커녕 참고서 한권 살 돈도 없어 전전긍긍하던 우리가 만들어낸 현실입니다.
그런데 지금 우리가 애지중지 키우던 아이들은 어떤 미래를 만들어갈까요? '
거칠게 키우자. 야생처럼. 서로 경쟁하고 아껴주며 같이 살아가도록……'

▲ 나팔꽃 분재(이춘희 선생 작품)

 나무에게 말을 걸다

　분재도 아침저녁으로 들여다보며 매만져주는 것이 아니라 때론 일정한 거리를 두고 키워갈 때 건강하게 자라납니다. 그리고 한주를 키우나 열주를 키우나 관리하는 데는 크게 시간이 더 들어가지도 않습니다.

　또한 분재는 아이들 키우는 만큼 많은 돈이 들지도 않습니다. 그리고 결정적인 것은 작은 돈으로도 숫자를 채우는 것은 얼마든지 가능하다는 것입니다.
　쓸 만한 소재를 골라 하나하나 매만져가며 키워가는 분재, 거기에도 이렇게 보이지 않는 경쟁과 조화의 맑은 빛이 숨겨져 있습니다.

▲ 일명 특수목. 개성이 강한 사람들이 선호하는 수형이다.

## 15. 분재 철학?

온라인에서 왕성히 활동을 하고 있는 분이 초보시절 올린 글에 이런 글이 있었습니다.

"철학"이 있는 분재원이 보이지 않는다. 맞습니다. 먹고 살기 바쁜데 무슨 철학 운운하며 분재를 사고파는 일을 하겠습니까?

저 역시 그때에는 철학이고 뭣이고 그냥 나무가 좋았고 매만지는 것이 즐거웠으며 한주 손질하고 나서 느끼는 쾌감과 성취감은 다른 소재를 또 찾게 만드는 원동력이 되었습니다.

그러다가 분력 20년이 넘게 되니까 분재라는 것에 대하여 막연하게나마 눈뜨게 되고 나름대로 몇 가지 생각이 간추려집니다. 이론이 아니라 몸과 마음으로 겪어낸 경험을 통해 분재를 바라보는 관점과 분재를 하는 이유에 대하여 이런 저런 생각을 갖게 되는 것입니다.

그간 이 말을 곱씹어보면서 느낀 것은 분재를 시작하면서 철학을 갖게 되는 것이 아니라 분재를 해가는 과정에서 생겨난다는 것입니다. 분재를 보는 안목과 분재에 대

▲ 세계에서 오래 된 주목 분재로 수령은 약 950년, 싯가는 약 50억(제주아트랜드 소장)

## 나무에게 말을 걸다

▲ 취목하여 모수로부터 떼어놓은 소사나무 소품 소재. '완벽한 존재'를 향한 예술의 꿈이 담겨 있습니다.

한 생각 등이 어우러져 이른바 분재에 대한 관점이 만들어지는 셈입니다. 그리고 그것이 다른 삶의 길과 무관하지 않음도 깨닫게 됩니다.

기존에 학교 교육은 획일적인 교육이었습니다. 모든 아이들은 국어 영어 수학에 도사가 되어야 했고 그렇지 못한 아이들은 경쟁에서 도태되었습니다. 모든 아이들이 공부만을 잘할 것을 강요받았고 좀 먹고 사는 집안 같으면 피아노학원 같은 곳은 필수적인 삶의 장식처럼 여기기도 했습니다.

그러나 요즘은 조금 다릅니다. 사람이 모든 것을 다 잘할 수는 없다. 그러니 잘하는 것은 더 잘하게 하고 모자라는 부분은 남들에게 뒤떨어지지 않을 정도면 된다. 중요한 것은 대상에 대하여 일단은 모든 가능성을 열어두고 파악한 뒤에 그 아이의 장점을 찾아 어떻게 개발할 것인가를 고민해야 한다. 그것이 교육이다.

이렇게 교직 생활 20년을 넘기면서 얻은 나름 교육 철학은 분재에도 그대로 적용됩니다. 물론 모든 나무를 다 그렇게 만드는 것은 아닙니다. 그중에서 분재로 키워갈 수 있는 소재를 찾아내고 어떻게 키워갈 것인가를 구상하고 그것을 만들어가는 과정

입니다. 남이 버린 소재라도 한 번 더 검토해보고 그 가능성을 찾아내는 눈이 바로 보배를 찾아내는 안목이라는 것도 얼핏 이해하게 되었습니다.

그리고 다양한 관점을 갖출수록 더 많은 소재를 찾아낸다는 것도 알게 됩니다.

이렇게 찾아낸 소재를 내가 원하는 모양으로 만들어가는 것이 아니라 나무가 갖고 있는 모습을 토대로 그 나무에 가장 어울릴 것 같은 수형을 찾아내는 일.

그리고 그것이 설사 기존의 분재에 관한 ABC를 벗어나는 경우가 생기더라도 거기에 구애받지 않고 나름대로 그 나무의 미래를 그려볼 수 있는 것이 20년 분재 생활이 남긴 자취입니다.

실제 분재라는 것은 실제 나무를 다루는 기술뿐만이 아니라 나를 찾아가는 과정이기도 합니다. 나의 가능성을 스스로 찾아보고 나의 장단점을 분석해보고 무엇이 문제인가를 고민하고 내가 아닌 상대의 입장에서 생각해보고 나 스스로를 객관화하여 바라보는 일 등이 바로 그것입니다. 분재를 보는 안목도 마찬가지입니다.

일단은 좋은 소재건 나쁜 소재건 일단 내 손에 들어온 나무들은 차별하지 않습니다. 좋은 나무는 한 번 더 손을 보고 한 번 더 거름을 주고 한 번 더 농약을 치는 것이 아니라(이렇게 과보호를 하게 되면 그 나무는 가장 먼저 고사하게 됩니다) 관리하는 방식은 모두 동일합니다.

일찍이 세익스피어가 언급한대로 왕자와 거지는 구더기에게는 맛이 다른 두 가지 음식일 뿐이라는 진리를 실천하는 것입니다.

따라서 수천만 원을 호가하는 분재를 겁이 나서 어떻게 키우느냐고 묻는 사람에게는 이렇게 말해줄 여유도 생겼습니다.

"만 원짜리든 수천만 원짜리 분재든 그것은 사람이 나누는 인위적인 구분일 뿐 실상은 모두 같은 나무다."

그리고 두 번째는 그 나무에 대하여 나름대로 이해하려 노력하는 것입니다. 나무마다 기본 틀이 다르면 그

▲ 취목하여 모수에서 떼어놓은 소재. 이렇게 가늘어도 20년 고태미를 보여줍니다.

 나무에게 말을 걸다

기본 틀에 맞추어 완성된 모습도 달라져야 합니다.
  그 차이를 인정하고 거기에 맞게 만들어가는 방법을 터득해가는 즐거움이야말로 분재인이 갖는 진정한 즐거움이 아닐까 생각하게 됩니다.

  모양목 소재는 모양목으로 만들어주고 문인목 소재는 문인목으로 만들어가면서 그 나무가 만들어낼 미래의 모습을 상상하는 즐거움이야말로 분재를 하는 또 하나의 즐거움입니다. 내가 문인목을 좋아한다고 하여 모두 문인목으로 만들어가는 것이 아니라 소재에 가장 어울리는 모양을 만들어 주는 것이 좋은 작품을 만들어가는 길임을 이해하게 됩니다.
  그리고 빼놓을 수 없는 것은 기다림입니다. 앞서서 필자가 분재인이 갖는 특징 중의 하나가 불같은 성격이라고 말한 적이 있는데 이 불같은 성격을 누그러뜨리는 것은 기다림을 몸에 익히는 것입니다. 그 기다림은 단순한 기다림이 아니라 그 소재를 보고서 1년, 10년 앞을 내다보는 미래를 보는 안목으로 연결됩니다.

  내 맘대로 조급하게 맘먹은 것을 당장 실행에 옮기는 것이 아니라 때가 아니면 움직이지 않고 가만히 지켜보는 담담한 시선을 유지할 수 있는 것은 분재를 통해 터득하게 되는 중요한 삶의 변화가 됩니다. 따라서 몇 년 만에 얼렁뚱땅 완성된 형태를 만들어 즐기는 것이 아니라 미래의 계획표대로 하나하나 가지를 늘리며 키워가면서 미래의 모습을 구상하는 동안 나는 늙고 나무는 제 모양을 찾아갑니다.
  어찌 보면 분재를 한다는 것은 인생길을 걸어가면서 자신이 걸어가는 발자국을 나무라는 형태로 보여주는 일인지도 모르겠습니다. 기본 틀을 잡고 잔가지를 늘려가면서 때를 익히고 자연에 순응하며 스스로 균형과 조화를 갖추어 가는 것이 진정한 분재인의 삶, 그것이 바로 분재 철학은 아닐까 생각합니다.

분재와 말을 섞다

## 16. 예솔의 분재 철학 1

분재원을 하는 이유를 묻는다면 여러 가지로 답할 수 있을 것입니다. 누구는 돈을 벌기 위해서라고 말하고 누구는 나무를 좋아하기 때문이라고 말할 것입니다. 그리고 또 누구는 나무를 통하여 세상과 소통하고 인정받기 위해서라고 말하는 사람도 있을 수 있습니다.

필자 역시 분재원을 처음 시작할 때 목표는 그랬습니다.
교사 월급으로는 백만 원 넘는 나무 한 주도 구하기 힘들다. 그러니 분재원을 해서 백만 원짜리 이상 백주를 모으자. 그렇게 맘먹고 처음으로 해송 씨앗을 뿌리던 날(1995년 3월 22일) 새벽꿈은 아직도 생생합니다.
학교 옆에 하늘을 찌를 듯한 산이 하나 있었습니다.

그 산으로 학생들을 데리고 소풍을 갔는데 수십 길의 그림같은 폭포가 맑은 물을 쏟아내고 있었습니다. 그리고 그 물은 학교 앞 벌판을 모두 채워 바다로 만들고 있었습니다.
그런 꿈을 꾸고 씨를 뿌린 해송을 팔뚝 굵기 이상으로 키워놓고도 단 한주도 상품화 하지 못했습니다. 나무보다 분재원이 더 빨리 성장해버린 탓으로 나무를 돌볼 틈이 없었던 것입니다.

처음 분재원을 시작할 때는 나무 한주를 눈앞에 가져다 놓고 이리저리 매만지는 재미에 빠져 있었습니다. 책에서, 그리고 지나가는 사람에게서 배운 지식 하나 하나를 그대로 나무에 적용해보고 그 사실 여부를 판단하면서 나무에 대한 지식을 체득하는 시기이기도 했습니다.

그렇게 하다가 인터넷을 만나고 마치 도도한 물결에 휩쓸리듯 예솔은 하루가 다

▲ 필자의 분재원 소사나무 분재

249

나무에게 말을 걸다

▲ 물푸레나무 분재_. 나무가 단단하고 여물기 때문에 도리깨 열이나 제기 만드는데 쓰입니다.

르게 발전을 거듭했습니다. 그 때 철학이라고 하면 우습지만 그랬습니다.
    내가 경험하고 확인 한 것만 분재 사이트에 올리자. 그리고 누구라도 우리 사이트를 보면 나무를 키워갈 수 있도록 만들어보자.

    처음 분재를 사고 나서 어떻게 키워가야 할지 막막하던 그 순간을 떠올리며 분재원에 들른 손님들이며 분재원장들이 하나둘 던져놓은 분재 지식들을 그때그때 메모해놓았다가 실험하고 확인한 사항들을 하나하나 사이트에 채워놓았습니다.

    당연히 반발이 뒤따랐습니다. 분재 기술은 물론 분재 도구조차고 공개를 꺼려하던 당시 분위기에서 일부 분재원장들의 항의는 당연하고 경력이 많은 취미인조차도 '우리가 수천만 원 수업료를 들여 터득한 분재 노하우를 요새 젊은 사람들은 일이년 사이에 터득해서 우리 앞에서 선생노릇을 하려 한다' 라는 이유였습니다. 그러나 분재에 대한 지식의 공개는 당연하다고 생각했고 그래야 한다고 믿었습니다.

    이미 경력이 쌓인 분재원장들은 말했습니다. 나무를 죽여야 또 산다. 그러니 나무

분재와 말을 섞다

를 파는 데만 집중해라. 그러나 저의 생각은 달랐습니다. 나무가 살도록 만들어 놓아야 나무를 키우는데 재미를 붙인다.

안목은 업그레이드되는데 공간이 부족하게 되면 여기서 바꾸어주면 된다. 나무에 정성을 쏟은 만큼 나무가 키우는 사람을 배신하게 해서는 안 된다.

다양한 방법이 시도되었습니다. 나무가 고사하는 이유가 진흙이 공기구멍을 막기 때문이라는 것을 알게 되어 그 많은 마사토를 모두 물에 씻어 분갈이 했습니다. 결국 나중에는 진흙을 모두 씻어내면 나무가 성장하지 못한다는 것을 알게 되어 이 작업을 중단하고 적절한 접점을 찾아내긴 했지만 나름 가치 있는 시도가 되었습니다.

걸치기 밥에 살찐다고 뚜렷하게 내세울 스승이 없기에 예솔에 오시는 모든 분들은 필자의 스승이 되어주었습니다. 그리고 그들이 흘려놓는 말들을 하나하나 기록해 두며 예솔의 자산으로 쌓아갔습니다.

쉽고 편하게 남의 글을 옮길 수도 있었습니다. 당시에는 그래봤자 일본글을 번역한 것이 전부였지만 자존심이 허락하지 않았습니다. 그렇게 예솔의 문장 하나하나가 완성되었습니다. 그리고 결과만을 정리하는 것이 아니라 원인과 과정을 밝혀 이해하기 쉽도록 했습니다.

▲ 해송 석부작. 세 개의 나무를 모아심기한 것으로 줄기의 조화가 이상적이어야 합니다.

## 나무에게 말을 걸다

▲ 애기 진궁분재 배양 중

 이 마음은 나무를 매만지는데도 그대로 적용되어 '프로정신'이라는 이름으로 설명되었습니다. 자기가 만들거나 판매한 나무는 본인이 책임을 지라. 그 책임은 제대로 분올림하고 제대로 물을 주고 제대로 철사를 감았다가 풀고 제대로 순을 정리하고 가지를 만들어가는 일일 것입니다. 단기간에 그럴듯한 나무를 만드는 것이 아니라 늦더라도 기본이 충실한 나무가 오래간다는 믿음을 분에도 그대로 실천해가는 것입니다.

 그렇게 성장해가면서 예솔은 장사꾼이면서 장사꾼이기를 거부했습니다. 최소한 나무를 줄떼기로 떼어다가 얼마의 이익을 붙여 되파는 시장은 되지 말아야겠다는 생각을 했습니다.

 아무리 작은 나무라도 내가 소장하고 키워 갈만한 나무들을 하나하나 고르고 그것을 키워나가며 그것에 마음을 둔 사람들과 만나는 기쁨은 어느 분재원장에게 "손님보다도 더 까다롭게 나무를 고른다"라는 타박을 듣기도 했습니다.
 이 기조는 지금까지도 그대로 이어져 몇 배의 돈을 지불하더라도 하나하나 키워갈 만한 소재를 골라내는 작업을 중단하지 않습니다.

## 분재와 말을 섞다

　반 전체가 아니라  반에서 1~2등 하는 아이를 고르듯 자질이 우수하여 키워갈 만한 소재를 하나하나 고르고 그것을 분올림하여 배양하여 분재를 기르는 재미를 더해 갈 수 있도록 했습니다. 간혹 하자가 발생한 나무는 최소한 왜 싸게 파는지 충분히 설명해드려서 최소한의 양심을 지키고자 했습니다.  좋은 나무는 해를 묵을수록 그 가치가 더해진다는 것을,

　그리고 나에게는 수없이 많은 나무들 중의 하나이지만 이 나무를 선택한 사람에게는 단 하나의 나무가 된다는 진리는 지금까지 예솔을 이끌어가는 중요한 지표중의 하나가 되었습니다.

　그리고 다른 하나는 내가 분재를 좋아하여 시작한 일인데 누구에게라도 내가 키운 분재로 상처를 줘서는 안 된다는 생각을 했습니다.

　그러려면 저 자신에게 솔직해야 했고 때로는 피해를 감수하는 일도 받아들여야 했습니다. 대표적인 것이 소사나무의 취목이었습니다. 소사 같은 경우에는 뿌리를 자른 자리가 크면 나중에 반드시 탈을 일으킵니다.

　이 자른 자리는 암세포와 같아서 건강할 때는 아무런 문제가 없지만 물을 건너뛰거나 약해지면 가지가 마르거나 고사하는 원인이 됩니다. 예솔이 고집스럽게 손가락 굵기의 소사만을 취목하는 이유가 바로 이 때문입니다.

▲애기 진궁 모아심기 분재

## 나무에게 말을 걸다

    그렇지 않고 장사에 눈이 팔려 그럴 듯한 부분을 굵기에 상관없이 취목하여 판매했다면 아마 떼돈을 벌었을 지도 모릅니다. 첫눈에 반해 구입한 나무가 해를 묵을수록 잘못되거나 미워진다면, 있는 정성 없는 정성 다 쏟았는데도 그 나무가 잘못된다면 그것을 키운 사람의 잘못이 아니라 분재원의 잘못입니다.
    그런 나무들은 양심상 누구에게도 권하지 못합니다. 작아도 당당하게 권할 수 있는 작품을 만들고 싶었습니다.
    그러나 그것도 만족스럽지는 못했습니다.
    소재가 가진 취약점으로 인해 잘못된 나무들만 따로 모아 업자들에게 이른바 덤핑을 했는데 회원 한분이 그걸 문제 삼은 것이었습니다.
    다른 데는 다 그렇게 해도 예솔에서는 그렇게 하면 안 된다는 것이었습니다. 그렇다고 산 나무를 태워 없앨 수도 없고 팔자니 찜찜하고. 처음에는 그 회원을 원망했습니다.
    '도대체 나보고 어쩌란 말이냐.'
    이 해답은 그 후로도 수많은 시간이 흘러가서야 서서히 답을 보여주었습니다. 어느 날 그 잘못된 나무를 보며 취목을 생각했고 그것을 어느 정도 안목이 있는 사람들이 선택하는 것을 보고 '아, 이것이구나!' 하면서 무릎을 쳤습니다. 그리고 그 나무는 비단 잘못된 나무를 완벽한 나무로 만들어가는 작업을 지나 예술을 상징할 수 있는 작품으로 발전 가능성이 보이기 시작했습니다.

▲ 개량된 철쭉 분재. 어쩌면 이렇게 가느다란 줄기에 풍성한 꽃들을 달았을까요?

분재와 말을 섞다

▲ 필자의 분재원에 있는 소사나무 뿌리올림 분재

　잘생긴 나무나 문제가 있는 나무나 해마다 네 번 정도 순을 자르고 정리하는 작업을 반복하다보니 취목을 할 소재들이 무한정 많았던 것입니다.
　비단 줄기 자체가 잘못된 나무뿐만이 아니고 수형이 잘못 만들어진 나무도 역시 그 소재가 되어주었습니다. 그것이 바로 '세지소사' 입니다. 예솔 아니면 만들 수 없는 것 ' 아니 정확하게 말하면 누구라도 만들 수 있지만 취목을 할 수 있는 소재들은 다른 분재원에서는 흔하지 않았습니다.

　대부분의 분재원들이 고급수를 제외한 나머지들은 가지를 속성을 덮어 씌워 그럴 듯하게 만든 뒤 판매하지만 예솔에서는 비록 소재 자제에 문제가 있더라도 가지 하나 하나를 자르고 매만지는 작업을 명목을 다루듯 되풀이 해왔기 때문입니다. 그래서 줄기 자체에 흠이 있더라도 가지 하나하나 만큼은 오래된 고목의 형상을 유지했고 그것을 떼어 놓으니 노목의 풍취를 만들어 내었습니다.

　그리고 그것이 20여년이 되어가면서 또 하나 새로운 가능성을 열어준 것입니다.

## 나무에게 말을 걸다

   그 나무들을 겨울에 가지를 정리하면서 따로 모으고 비교적 한가한 5월이 되면 껍질을 벗기고 이끼를 덧대어 취목을 합니다. 그래서 요즘도 20년 묵은 가지의 껍질을 벗깁니다.

   이 나무는 판매에 신경을 쓰지 않습니다.

   원하시는 분들이 있다면 분양은 하지만 앞으로 10년, 예솔을 상징할 수 있는 작품으로 거듭날 것입니다. 이를 위하여 이미 알려진 지식들을 기반으로 여러 노하우를 축적하고 새로운 사고의 지평을 열어가면서 우리나라 분재의 자존심인 소사의 영역을 넓혀갈 것입니다.

   필자는 지금까지 '어서 빨리 이것을 팔아치우던지 때려치우던지 해야겠다. 라는 말은 입에 올리지도 생각하지도 않습니다. 나무 자체가 가져다주는 행복을 알기 때문입니다.

▲ 산철쭉

분재와 말을 섞다

▲ 필자의 정원에 있는 소나무 분재의 가지 위에 가끔씩 새들이 찾아와 놀다 가기도 합니다

    교사를 하면서 분재원을 같이 운영하다보니 놓치고 잃어버린 것이 한두 가지가 아닙니다. 친척집의 애경사에는 집사람이 늘 혼자 다녀왔고 우리 아이들의 어린 시절에는 여행가서 함께 찍은 가족사진이 몇 장 보이지 않습니다. 그러나 얻는 것이 있으면 놓치는 것이 있는 것이 세상사, 그것을 탓하지 않고 겸허하게 받아들일 수 있게 되었습니다.

    언젠가 속칭 '잘 나가는' 한 분재인을 만나 이렇게 물은 적이 있습니다.
분재를 하면서 가장 힘든 일은 무엇이었습니까?
남들이 하지 않는 일을 개척해나가는 것이 가장 힘들었다.
예솔도 한때는 그렇게 생각했습니다.
지금 누가 묻는다면 저는 이제 달리 말할 것입니다.

    새로운 영역, 남들이 한 번도 밟지 못한 미지의 영역을 개척해나가는 즐거움. 그것이 비록 고단하고 시행착오를 되풀이하는 일일지라도 그것을 즐거움으로 받아들일

 나무에게 말을 걸다

수 있는 여유. 그것이 또한 필자를 행복하게 하는 일이기 때문입니다.

　나무는 관심과 사랑을 쏟는 만큼 건강한 아름다움으로 되돌려줍니다. 그러나 세상은 자기가 맛있게 먹은 물에 침을 뱉으며 돌아 섭니다. 세상이 야생처럼 육식성으로 바뀌기 때문입니다.
　이제 그 세상을 어떻게 식물성으로 바꿀 수 있는가? 대한민국 전체는 힘들겠지만 분재를 사랑하는 분만큼이라도 그렇게 넉넉한 가슴으로 만날 수 있기를. 그 소망을 품으며 오늘도 웃자란 순을 잘라냅니다.

▲ 꽃이 만발한 때죽나무 분재

## 17. 예솔의 분재 철학 2

　예솔에 오시면 만나는 두 가지가 있습니다.
　하나는 그 많은 분들이 있음에도 불구하고 분에 풀이 자라는 분이 거의 없습니다. 눈에 띄기만 하면 뽑아냅니다. 손님과 이야기를 하는 중에도, 물이나 액비를 주다가도 풀이 보이면 조건반사처럼 풀을 뽑습니다. 여기에 그치지 않고 남의 분재원에 가서도 분에 풀이 보이면 필자도 모르게 풀을 뽑고 있습니다.
　남의 분재원에서조차 풀을 뽑는 것을 자각하면서 혼자 웃기도 하지만 손에 붙은 습관은 무섭습니다.

　'서울에서 강릉에서 부산에서 팔도의 사람들이 먼 거리를 달려 예솔에 올 때는 화분에 풀이 넘치고 지저분한 모습을 보기 위하여 오는 것이 아니다. 깨끗하게 관리하는 것, 그것이 먼 길을 달려오신 분들에 대한 최소한의 예의다.' 그래서 분위에 내린 풀들은 오래가지 못합니다.
　내가 허락한 생명이 아니기에 깊이 뿌리내린 잡초는 뿌리까지 들어내어야 직성이 풀립니다. 그리고 그런 잡초들이 아예 발을 붙이지 못하게 분갈이 할 때는 흙을 모두 털어내는 것도 그 이유 중의 하나입니다.

　다른 하나는 철사가 파고든 나무가 거의 없습니다. 거의라고 말한 이유는 일부러 철사가 파고들게 하는 나무도 한두 그루쯤은 존재하기 때문이고 외부에서 들어오는 나무들 중에는 그런 나무들도 한두 주 섞이기 때문입니다.

　그러나 여느 분재원에서 보듯 잡목임에도 불구하고 구렁이 감아놓은 듯 줄기며 가지에 철사가 파고들어 흉측한 상처를 남긴 나무는 정말 구경하기 힘이 듭니다.
　분재란 근본적으로 보아서 즐거운 나무입니다.
　그리고 건강한 생명력으로 보는 사람에게 행복한 느낌을 주어야 합니다. 그런데 그런 나무에 철사가 파고든 흔적은 그런 즐거움을 모두 빼앗아 갑니다.

　나무에 철사가 파고들었다는 것은 주인이 게으른 사람이라는 뜻입니다. 게으르지 않다면 나무에 별로 관심이 없이 그저 장사에만 신경 쓰는 사람일 것입니다. 그것도 아니라면 초심은 예쁘게 꾸미더라도 나중에는 뒤처리를 깔끔하게 하지 않는 처음과 끝이 다른 사람일 것입니다.
　예솔의 잡목은 일 년에 최소한 세 번의 정리 과정을 거칩니다.
　5월에서 7월에 걸쳐 순집기를 합니다. 봄 햇살을 받아 무성하게 자라는 순을 잘라

나무에게 말을 걸다

내어 속에 자라는 약한 가지들에게도 고루 햇살이 비치게 하고 속눈을 틔워 올려 가지 전체가 조화롭고 풍성하게 만들기 위한 작업입니다. 이 기간에 겨울 동안 나무에 걸어두었던 철사를 풀어냅니다.

다음에는 9월 초순경 가지를 정리합니다. 이 기간의 가지 정리는 불필요하게 길게 자란 가지들을 정리하여 겨울눈을 충실하게 하고 단풍 들었을 때 가지 끝이 가지런하게 보이도록 하는 장점을 갖고 있습니다. 이 시기에 다시 흐트러진 가지에 철사를 감습니다.

세 번째는 겨울에 하는 본격적인 정리 작업입니다. 사람들은 이때가 분재원에서는 가장 한가한 시간이 아니냐고 묻곤 하는데 실상은 가장 바쁜 계절이기도 합니다.

겨울에는 잎이 모두 진 상태라 가지 배열이 환하게 드러납니다. 이때는 가지 정리뿐만이 아니라 필요한 경우 철사를 걸어 나무 수형을 교정합니다.

어린 나무나 소재가 아니라면 이렇게 세 번의 단계를 거치게 되면 나무에 철사가 파고들 시간이 없습니다. 이렇게 철사의 흔적을 남기지 않는 가장 큰 이유는 앞서 이야기 드린 것처럼 가르치되 상처를 남기지 않게 하기 위해서입니다.

매끈하고 고운 피부가 모든 여인의 소망이듯 나무 역시 그런 피부로 세상과 만나게 하기 위해서이기도 합니다.

이런 바탕위에서 예솔의 분재는 여러분과 만납니다.

세 번째는 비록 소재 상태라도 활착을 한 연후에 분양하는 것을 원칙으로 합니다.
소재는 대개 활착 단계에서 10~20% 정도는 일부 가지가 망가지거나 뿌리를 제대로 내리지 못하고 죽는 경우가 많습니다. 그러기 때문에 가격 또한 저렴합니다. 그러나 소비자 입장에서는 좋고 예쁘고 가격이 싼 나무를 찾습니다.

그래서 조금 더 저렴하게 하다 보니 본인의 실력을 떠나 조금이라도 더 저렴한 나무에 손이 가게 되어있습니다. 그런 심정을 십분 헤아려 예솔에서는 소재가격으로 분양하되 활착하는 동안 무료로 관리해드립니다.

그 기간에 혹시라도 죽는 나무가 있으면 다른 나무로 교환도 해드립니다.
굳이 그냥 팔아도 되는 것을 이렇게 하는 이유는 활착 과정에서 어쩔 수 없이 죽어가는 나무도 누군가는 수많은 고민 중에서 선택한 단 하나의 나무이기 때문입니다.

그것이 분재를 조금 더 알고 조금 더 경험을 한 제가 관리하는 것이 그래도 조금 더 안전하다는 생각이 깔려 있기도 합니다.

## 분재와 말을 섞다

　그러기에 소재 하나를 고를 때에도, 그리고 분작업을 통해 분양할 때도 예솔은 예솔이 가지고 있는 모든 분재 지식과 경험을 총동원하여 가장 최적의 포인트를 찾아내고 그것을 실천하려 노력합니다.
　그것이 예솔을 사랑해주시는 분들에 대한 예의라고 생각하기 때문입니다.

　분재가 좋아서 분재를 하는 사람은 그 분재로 인해 다른 사람들에게 상처를 주어서는 안 됩니다. 분재를 통해 행복해지고 그런 기쁨을 함께 누리는 것. 그것이 예솔을 예솔이게 하는 마지막 분재 철학입니다.

▲ 필자의 분재원에 있는, 고태미가 풍부한 주목 분재